# LA
# *PARTICIPATION*
# *ÉLECTORALE*
# *AU*
# CANADA

~

*Volume 15 d'une collection d'études*
*réalisées pour le compte de la Commission royale*
*sur la réforme électorale et le financement des partis,*
*dans le cadre de son programme de recherche.*

# LA PARTICIPATION ÉLECTORALE AU CANADA

~

Sous la direction de
**Herman Bakvis**

Volume 15 de la collection d'études

COMMISSION ROYALE SUR LA RÉFORME ÉLECTORALE
ET LE FINANCEMENT DES PARTIS
ET
GROUPE COMMUNICATION CANADA
ÉDITION, APPROVISIONNEMENTS ET SERVICES CANADA

DUNDURN PRESS
TORONTO ET OXFORD

WILSON & LAFLEUR
MONTRÉAL

© Ministre d'Approvisionnements et Services Canada, 1991
Imprimé et relié au Canada
ISBN 1-55002-134-6
ISSN 1188-2751
Catalogue Z1-1989/2-41-15F

Publié par Dundurn Press Limited et Wilson & Lafleur Limitée en collaboration avec la Commission royale sur la réforme électorale et le financement des partis, Groupe Communication Canada — Édition, Approvisionnements et Services Canada.

**Données de catalogage avant publication (Canada)**

Vedette principale au titre :
La participation électorale au Canada

(Collection d'études; 15)
Publ. aussi en anglais sous le titre : Voter turnout in Canada
ISBN 1-55002-134-6

1. Élections — Canada — Statistiques. 2. Vote — Canada. 3. Participation politique — Canada. I. Bakvis, Herman, 1948–    . II. Canada. Commission royale sur la réforme électorale et le financement des partis. III. Collection : Collection d'études (Canada. Commission royale sur la réforme électorale et le financement des partis); 15.

JL192.V6814 1991        324.971        C91-090552-5

Dundurn Press Limited
2181, rue Queen est
Bureau 301
Toronto (Canada)
M4E 1E5

Dundurn Distribution
73 Lime Walk
Headington
Oxford, England
OX3 7AD

Wilson & Lafleur Limitée
40, rue Notre-Dame est
Montréal (Québec)
H2Y 1B9

# TABLE DES MATIÈRES

~

# *F*IGURES

# *T*ABLEAUX

# AVANT-PROPOS

~

LA COMMISSION ROYALE sur la réforme électorale et le financement des partis a été créée en novembre 1989 pour enquêter sur les principes et procédures qui devraient régir l'élection des députés et députées à la Chambre des communes et le financement des partis politiques et des campagnes électorales. Pour procéder à une telle analyse exhaustive de notre système électoral, nous avons mené un vaste programme de consultations publiques et conçu un programme de recherche étoffé, afin que nos recommandations s'appuient sur des études et analyses empiriques solides.

L'étude approfondie du régime électoral à laquelle s'est livrée la Commission constitue une première dans l'histoire de la démocratie canadienne. Elle s'imposait d'autant plus que les changements d'ordre constitutionnel, social et technologique des dernières décennies ont profondément transformé la société canadienne et modifié les attentes des citoyens et citoyennes envers le processus politique. Qu'il suffise de mentionner l'adoption, en 1982, de la *Charte canadienne des droits et libertés* qui a fortement sensibilisé les Canadiens et Canadiennes à leurs droits démocratiques et politiques ainsi qu'au fonctionnement de leur système électoral.

On ne saurait surestimer l'importance d'une réforme électorale. Alors que les travaux de la Commission se poursuivaient, les Canadiens se sont montrés vivement préoccupés par des questions constitutionnelles de nature à modifier en profondeur la Confédération. Au-delà de leurs opinions ou de leurs allégeances politiques, les Canadiens et Canadiennes conviennent que toute réforme constitutionnelle doit être animée par un souci de justice et de respect des règles démocratiques; nous ne pouvons supposer que le régime électoral actuel répondra toujours à ce critère ni qu'il ne saurait être amélioré. Il est essentiel que la légitimité du Parlement et du gouvernement fédéral ne puisse être mise en doute; dans ce contexte, la réforme électorale peut à la fois affirmer la légitimité des institutions politiques et renforcer leur capacité à projeter une vision de l'avenir du Canada qui suscite la confiance et l'adhésion des citoyens et citoyennes de ce pays et qui promeut l'intérêt national.

Durant son travail, la Commission a veillé à protéger nos acquis démocratiques, sans nécessairement écarter les valeurs nouvelles qui insufflent une nouvelle dynamique à notre régime électoral. Pour que celui-ci reflète véritablement les valeurs politiques contemporaines, un simple rafistolage des lois et pratiques électorales actuelles ne suffira pas.

Étant donné la portée de notre mandat, nous nous devions d'examiner attentivement la gamme d'options possibles. Nous avons commandé plus d'une centaine d'études, réunies dans une collection comportant 23 volumes. Convaincus que le Canada doit se doter d'un régime électoral qui se compare avantageusement aux meilleurs régimes contemporains, nous avons étudié les lois et processus électoraux de nos provinces et territoires, ainsi que ceux adoptés par d'autres nations démocratiques. La somme impressionnante de données empiriques et d'avis spécialisés ainsi recueillis ont incontestablement enrichi nos délibérations. Nous nous sommes constamment efforcés de voir à ce que les recherches effectuées pour la Commission soient rigoureuses sur le plan intellectuel, mais aient aussi une portée pratique. Toutes les études ont été commentées par des pairs, et plusieurs auteurs ont pu soumettre leurs résultats provisoires à des experts politiques et universitaires à l'occasion de colloques nationaux consacrés aux principaux aspects du régime électoral.

La Commission a confié son programme de recherche à la tutelle compétente et avisée de M. Peter Aucoin, professeur de science politique et d'administration publique à l'Université Dalhousie. Nous avons la conviction que le travail du professeur Aucoin de même que celui des coordonnateurs de recherche et des chercheurs dont les résultats figurent dans ce volume et dans les autres de la collection seront pour longtemps une source précieuse d'information pour les historiens, les politicologues, les parlementaires et les fonctionnaires chargés de l'administration de notre législation électorale. Nous croyons que ces recherches intéresseront également de nombreux Canadiens et Canadiennes qui se préoccupent de nos pratiques électorales ainsi que la collectivité internationale.

Je me joins aux autres commissaires pour exprimer ma profonde reconnaissance envers le personnel de la Commission pour la détermination et le dévouement dont il a fait preuve. Je tiens aussi à remercier toutes les personnes qui ont participé à nos colloques, ainsi que les membres des équipes de recherche et des groupes consultatifs dont les conseils nous ont été d'un grand secours.

Le président,

Pierre Lortie

# INTRODUCTION

~

L E PROGRAMME DE RECHERCHE de la Commission royale a embrassé tous les aspects du régime électoral canadien. L'ampleur même du mandat confié à la Commission commandait un programme de recherche d'envergure, susceptible d'enrichir concrètement les délibérations des commissaires.

Destiné à fournir aux commissaires une analyse détaillée des facteurs qui ont façonné notre démocratie électorale, ce programme fut axé principalement sur la législation électorale fédérale, bien que nos recherches se soient également attardées à la Constitution canadienne, aux institutions parlementaires, aux pratiques des partis politiques, aux organes de presse, aux organisations politiques non partisanes et au rôle des tribunaux vis-à-vis les droits constitutionnels des citoyens. Nous nous sommes constamment efforcés d'envisager nos recherches sous un angle historique, de façon à situer les phénomènes contemporains dans le contexte de la tradition politique canadienne.

Nous savions que notre étude des facteurs influant sur la démocratie électorale canadienne, tout comme notre évaluation des propositions de réforme, serait incomplète sans un examen attentif de la situation des provinces et territoires canadiens et d'autres démocraties. Voilà pourquoi le programme de recherche a mis l'accent sur l'étude comparée des principales questions soumises à notre attention.

Outre les coordonnateurs de recherche, les agents de recherche et le personnel de soutien de la Commission, plus de 200 spécialistes provenant de 28 universités canadiennes, du secteur privé et, dans plusieurs cas, de l'étranger ont participé aux études. La plupart des chercheurs étaient des spécialistes en science politique, mais nous avons aussi eu recours à des experts d'autres domaines, notamment du droit, de l'économie, de la gestion, des sciences informatiques, de l'éthique, de la sociologie et des communications.

En plus de préparer des rapports de recherche pour la Commission, nous avons été amenés à contribuer à une série de colloques et d'ateliers auxquels ont participé, outre les commissaires, des chercheurs, des représentants des partis politiques et de la presse, et d'autres personnes possédant une expérience pertinente des partis politiques, des campagnes électorales et des affaires publiques. Ces rencontres ont permis aux participants de discuter de divers thèmes inhérents au mandat de la Commission; elles auront aussi fourni l'occasion à des personnes ayant une connaissance intime du monde politique de jeter un regard critique sur nos travaux de recherche.

Cet examen public a été suivi de l'évaluation interne et externe de chaque étude par des spécialistes du domaine concerné. Dans chaque cas, la décision de publier l'étude dans la collection ne fut prise que si l'évaluation des pairs s'avérait favorable.

La Direction de la recherche de la Commission a été divisée en plusieurs secteurs, placés sous la tutelle de coordonnateurs de recherche responsables des études relevant de leur domaine, dont voici la liste :

| | |
|---|---|
| F. Leslie Seidle | Le financement des partis politiques et des élections |
| Herman Bakvis | Les partis politiques |
| Kathy Megyery | Les femmes, les groupes ethno-culturels et les jeunes |
| David Small | Le redécoupage électoral; la délimitation des circonscriptions; l'inscription des électeurs |
| Janet Hiebert | L'éthique des partis |
| Michael Cassidy | Les droits démocratiques; l'organisation du scrutin |
| Robert A. Milen | La participation et la représentation électorales des Autochtones |
| Frederick J. Fletcher | Les médias et la couverture des élections |
| David Mac Donald (coordonnateur de recherche adjoint) | La démocratie directe |

Ces coordonnateurs ont dans un premier temps recruté des chercheurs qualifiés, ont géré les projets de recherche et ont préparé les manuscrits pour publication. Ils ont également participé de près à l'organisation des colloques et ateliers de leur domaine de recherche, en plus de préparer des exposés et des synthèses pour appuyer les commissaires dans leurs délibérations et faciliter la prise de décisions. Ils ont, enfin, apporté leur concours à la rédaction du rapport final de la Commission.

Au nom de la Commission, je désire remercier les personnes ci-après qui ont généreusement contribué, chacune selon ses compétences particulières, à l'exécution du programme de recherche.

Qu'il me soit permis de souligner en premier lieu l'excellent ouvrage des coordonnateurs de recherche, qui ont contribué de façon notable aux travaux de la Commission. Confrontés à des délais serrés, ils ne se sont jamais départis de leur bonne humeur et de leur gentillesse, et je les remercie tous et toutes de leur appui et de leur coopération indéfectibles.

Je tiens en particulier à exprimer ma reconnaissance à Leslie Seidle, coordonnateur principal de recherche, qui a supervisé le travail de nos agents de recherche et du personnel de soutien à Ottawa. Son zèle, sa détermination et son professionnalisme ont été un modèle pour les autres membres de l'équipe. Je remercie de même Kathy Megyery, qui a assumé des fonctions semblables à Montréal avec autant de talent et de résolution. Son enthousiasme et son dévouement ont été une source d'inspiration pour nous tous.

Au nom des coordonnateurs de recherche et en mon nom personnel, je tiens à remercier nos agents et agentes de recherche, Daniel Arsenault, Eric Bertram, Cécile Boucher, Peter Constantinou, Yves Denoncourt, David Docherty, Luc Dumont, Jane Dunlop, Scott Evans, Véronique Garneau, Keith Heintzman, Paul Holmes, Hugh Mellon, Cheryl D. Mitchell, Donald Padget, Alain Pelletier, Dominique Tremblay et Lisa Young. Leur aptitude à effectuer des recherches dans une foule de domaines, leur curiosité intellectuelle et leur esprit d'équipe ont été d'un précieux secours à la Direction de la recherche.

Sans le professionnalisme et la coopération inestimables du personnel de la Direction de la recherche dont les noms suivent, la tâche des coordonnateurs et des analystes aurait été beaucoup plus ardue : Paulette LeBlanc, adjointe administrative qui a géré le cheminement des diverses études; Hélène Leroux, secrétaire des coordonnateurs de recherche, qui a produit les notes de synthèse destinées aux commissaires et qui s'est chargée, avec Lori Nazar, de surveiller l'avancement des projets vers la fin du programme; Kathleen McBride et son adjointe, Natalie Brose, qui ont créé et mis à jour la base de données des mémoires et des comptes rendus d'audiences; et Richard Herold et son adjointe, Susan Dancause, qui ont géré notre centre de documentation. Nous remercions aussi Jacinthe Séguin et Cathy Tucker, nos réceptionnistes, qui ont fait plus que leur devoir en nous aidant de nombreuses manières à respecter nos délais.

Nous avons eu la chance d'obtenir le concours de chercheurs hors pair, provenant aussi bien du milieu universitaire que du secteur privé. Leurs contributions forment la trame de ce volume et des 22 autres de la collection. Je tiens à souligner l'excellence de leur travail, et je les remercie sincèrement d'avoir su se plier de bonne grâce à des délais toujours très serrés.

Nous avons bénéficié, pour notre programme de recherche, des conseils avisés de Jean-Marc Hamel, conseiller spécial du président de la Commission et ex-directeur général des élections du Canada, dont les connaissances et l'expérience se sont avérées un atout irremplaçable.

De nombreux autres spécialistes ont accepté d'évaluer les études, ce qui a permis non seulement d'améliorer leur teneur, mais aussi d'obtenir maints conseils précieux dans une foule de domaines. Mentionnons en particulier les professeurs Donald Blake, Janine Brodie, Alan Cairns, Kenneth Carty, John Courtney, Peter Desbarats, Jane Jenson, Richard Johnston, Vincent Lemieux, Terry Morley et M^{me} Beth Symes ainsi que Joseph Wearing.

Préparer, en vue de leur publication, un nombre aussi élevé d'études en moins d'un an exige une maîtrise absolue des métiers de l'édition, et nous avons eu la chance à ce chapitre de pouvoir compter sur le directeur des communications de la Commission, Richard Rochefort, et sur la directrice adjointe, Hélène Papineau, épaulés à leur tour d'une équipe talentueuse composée de Patricia Burden, Louise Dagenais, Caroline Field, Claudine Labelle, France Langlois, Lorraine Maheux, Ruth McVeigh, Chantal Morissette, Sylvie Patry, Jacques Poitras et Claudette Rouleau-O'Toole.

Pour mener à bien le projet, la Commission a aussi fait appel à plusieurs entreprises spécialisées. Nous sommes ainsi profondément reconnaissants à Ann McCoomb (vérification des références et des citations), à Marthe Lemery, Liette Petit, Pierre Chagnon et au personnel des Communications Com'ça (contrôle de la qualité des textes français), à Norman Bloom, Pamela Riseborough et aux associés de B&B Editorial Consulting (adaptation et contrôle de la qualité des textes anglais) et à Mado Reid de Quio (production des textes français). Al Albania et son équipe de la société Acart Graphics se sont chargés de la conception graphique des volumes et ont produit quelque 2 400 tableaux et figures.

La publication des études de la Commission constitue le plus vaste projet d'édition réalisé au Canada en 1991, projet que nous n'aurions pu mener à terme sans la coopération étroite des secteurs public et privé. Du côté du secteur public, nous tenons en particulier à souligner l'excellent service que nous ont fourni la section du Conseil privé du Bureau de la traduction du Secrétariat d'État du Canada, sous la direction de Michel Parent, ainsi que Ruth Steele et Terry Denovan, du Groupe Communication Canada, du ministère des Approvisionnements et Services.

À titre de coéditeur des études de la Commission, la société Dundurn Press, de Toronto, s'est acquittée avec brio de sa tâche, ce dont nous lui sommes reconnaissants. La société Wilson & Lafleur, de Montréal, a de son côté collaboré avec le Centre de documentation juridique du Québec pour faire un travail tout aussi admirable en ce qui concerne la publication de la version française des études.

Des équipes de rédacteurs, de réviseurs et de correcteurs d'épreuves ont travaillé avec la Commission et avec les éditeurs, dans des délais souvent impitoyables, pour préparer quelque 20 000 pages de texte en vue de leur composition, de leur mise en page et de leur impression. Toutes ces personnes, citées ailleurs dans ce volume, ont fourni un travail qui fut grandement apprécié.

Nous adressons nos remerciements au directeur exécutif de la Commission, Guy Goulard, et aux équipes de soutien administratif et exécutif composées de Maurice Lacasse, Denis Lafrance et Steve Tremblay (finances); Thérèse Lacasse et Mary Guy-Shea (personnel); Cécile Desforges (adjointe au directeur exécutif); Marie Dionne (administration); Anna Bevilacqua (dossiers); et Michelle Bélanger, Roch Langlois, Michel Lauzon, Jean Mathieu, David McKay et Pierrette McMurtie (personnel de soutien); ainsi que Denise Miquelon et Christiane Séguin (bureau de Montréal).

Nous devons des remerciements spéciaux à Marlène Girard, adjointe au président, qui a grandement contribué au succès de notre tâche en supervisant les aspects logistiques du travail de la Commission, au milieu des horaires chargés du président et des commissaires.

Je tiens à exprimer ma profonde reconnaissance à ma secrétaire, Liette Simard, dont le sens aigu de la gestion et la patience exemplaire ont réussi à contenir le côté désordonné de mon style de travail, propre à tant d'universitaires. Elle a également assuré la coordination administrative de la révision des dernières versions des volumes 1 et 2 du Rapport final de la Commission. Je dois beaucoup à ses efforts et à son aide inlassable.

Finalement, au nom des coordonnateurs de recherche et en mon nom personnel, je tiens à remercier le président de la Commission, Pierre Lortie, les membres Pierre Fortier, Robert Gabor, William Knight et Lucie Pépin, et les ex-membres Elwood Cowley et le sénateur Donald Oliver. Ce fut un honneur de travailler auprès de personnes aussi éminentes et éclairées, dont les connaissances et l'expérience nous ont tellement apporté. Nous tenons en particulier à souligner l'esprit créateur, la rigueur intellectuelle et l'énergie du président, qualités qu'il a su insuffler à toute l'équipe. Sa direction exceptionnelle, qui nous incitait sans cesse à l'excellence, restera longtemps une source d'inspiration pour chacun de nous.

Le directeur de la recherche,

Peter Aucoin

# PRÉFACE

~

L'EXERCICE DU DROIT DE VOTE est sans conteste la forme première de participation politique dans toute démocratie moderne. Le suffrage représente l'outil le plus puissant aux mains des citoyens et citoyennes pour faire connaître leurs préoccupations à leurs gouvernants et contrôler ceux et celles qui aspirent au pouvoir. Le degré de participation électorale témoigne de l'état de santé d'une démocratie. Un faible taux de participation pourra refléter l'aliénation politique d'une part considérable de la population et miner la légitimité du mandat confié aux élus, tout comme le peu de confiance qu'il dénote peut entacher la reconnaissance des institutions politiques qui constituent les fondements du pays. En revanche, un taux élevé sera vu comme une caution de l'ordre politique et le signe d'une population soucieuse du bien-être de la nation.

Les Canadiens et Canadiennes ont longtemps tenu pour acquis que notre taux de participation électorale comptait parmi les plus élevés qui soient. Il est vrai que le taux de participation aux élections fédérales de l'après-guerre s'est maintenu aux alentours de 75 % d'une élection à l'autre. Dans l'opinion publique, ce pourcentage passe pour être remarquablement élevé. Or, les études réunies dans le présent volume démontrent qu'il n'en est rien. Certes, le taux de participation canadien se compare avantageusement à celui des États-Unis, mais si l'on élargit la base de comparaison, notre moyenne tombe sous la barre des 50 % pour l'ensemble des pays démocratiques et, plus récemment, sous celle des 25 %. L'écart ne cesse d'ailleurs de s'élargir entre les taux de participation électorale qu'affiche le Canada et ceux d'autres pays. Comme le signale Jerome Black dans son étude, un certain nombre de démocraties nouvellement créées connaissent un taux de participation supérieur à celui du Canada.

C'est pour élucider les facteurs responsables de ce taux relativement faible et trouver des pistes de solution que la Commission royale sur la réforme électorale et le financement des partis a commandé trois études distinctes dans le cadre de son programme de recherche. Deux questions connexes y tiennent une place centrale : dans quelle mesure le processus même du scrutin — le mode d'inscription des électeurs et électrices, les heures de scrutin, l'emplacement des bureaux de vote — favorise-t-il ou inhibe-t-il la participation, et des changements d'ordre administratif ou institutionnel seraient-ils susceptibles de la rehausser ?

Dans la première étude, Munroe Eagles compare des données du recensement aux taux de participation dans les circonscriptions fournis par Élections Canada pour tirer quelques conclusions sur les facteurs structurels qui influencent la participation électorale. L'auteur établit, d'une part, une corrélation négative entre le taux de participation et la mobilité de la population, la proportion de familles à faible revenu et la proportion d'autochtones et, d'autre part, une corrélation positive pour ce qui est de la proportion de diplômés universitaires, de gestionnaires et d'administrateurs dans chaque circonscription. Il relève également des variations régionales marquées, que ne peuvent expliquer à eux seuls les écarts de revenu ou les disparités économiques d'une région à l'autre. Par ailleurs, la participation dans les circonscriptions urbaines et rurales ne présente pas de différence appréciable, et les fuseaux horaires ne peuvent justifier, contrairement à la croyance populaire, la faible participation enregistrée dans les provinces de l'Ouest. Certaines variables politiques, telles les sommes dépensées dans les circonscriptions par les candidats et candidates en présence ainsi que l'intensité d'une compétition électorale, ont par ailleurs peu d'effet sur le taux de participation.

Certaines des conclusions de Eagles recoupent celles de Jon Pammett dans son étude sur l'exercice du droit de vote, réalisée à l'aide de données sur les élections nationales canadiennes et de sondages Gallup effectués depuis plus de vingt ans. Son étude permet de cerner la relation entre le taux de participation, la structure sociale et les attitudes politiques, tout comme elle confirme l'incidence positive du niveau de scolarité et du statut social. À l'instar de Eagles, Pammett a mis en lumière les disparités parfois très prononcées entre les régions : il existe, par exemple, un écart de plus de 15 % entre Terre-Neuve et l'Île-du-Prince-Édouard. Selon Pammett, l'âge constitue toutefois la variable la plus importante, les jeunes électeurs et électrices ayant en effet moins tendance à exercer leur droit de vote. Au chapitre des attitudes électorales, les abstentionnistes sont ceux qui manifestent le moins d'intérêt envers la politique et qui doutent le plus de l'effet de leur vote sur l'issue du scrutin. Constatation peu étonnante, qui confirme la théorie voulant que l'abstention soit signe d'aliénation politique.

Les conclusions de Pammett concordent généralement avec celles d'autres pays. Deux points ressortent toutefois de son étude. D'une part, les écarts considérables relevés dans le taux de participation de certaines catégories d'électeurs et d'électrices laissent croire que des études antérieures ont pu sous-estimer l'impact de facteurs sociologiques. Ainsi, un habitant de l'Île-du-Prince-Édouard, marié, pratiquant de l'Église unie et exerçant une profession libérale, est deux fois plus susceptible d'exercer son droit de vote qu'un célibataire de la Colombie-Britannique, inscrit à l'université et ne professant aucune religion. Le mérite de Pammett est d'avoir réussi à décoder les motifs qu'invoquent certains abstentionnistes, nonobstant les facteurs précités. Il a ainsi pu déterminer que le taux d'abstention masquait parfois des empêchements d'ordre administratif, telles les difficultés d'accès au bureau de scrutin ou l'absence du votant de sa circonscription le jour du scrutin. Grâce à cette distinction, Pammett a pu trier les abstentionnistes en deux groupes : les « désintéressés » et ceux ayant été « administrativement privés du droit de vote ». Partant de l'hypothèse selon laquelle une partie des derniers, et une proportion moindre des premiers, seraient plus enclins à voter si on leur facilitait l'accès au scrutin avant celui-ci ou le jour même, Pammett estime qu'on pourrait augmenter d'environ 7 % le taux de participation aux élections fédérales.

Ces projections hypothétiques sont toutefois loin d'être probantes, souligne Pammett. Tout au plus sont-elles révélatrices de l'incidence déterminante des modalités du scrutin sur le taux de participation, ce que corrobore l'étude comparative fouillée de Jerome Black sur la question. Cet auteur postule en premier lieu l'importance des règles institutionnelles. S'inspirant de données qu'il a lui-même colligées sur des élections dans une trentaine de pays, Black relève d'abord les caractéristiques générales des institutions politiques, à commencer par les divers régimes électoraux — la représentation proportionnelle et le scrutin majoritaire uninominal par exemple — ainsi que les règles qui déterminent l'accès. Black soutient notamment que l'assouplissement des règles électorales faciliterait aux électeurs et électrices l'exercice de leur droit de vote et, partant, rehausserait la participation électorale. À titre d'exemple, il cite le cas de la Suède, où plus de 30 % des bulletins sont déposés avant le jour du scrutin grâce au vote par anticipation. Dans les circonstances, on ne s'étonnera guère que le taux de participation dans ce pays soit plus élevé que la moyenne et qu'il ait augmenté considérablement depuis l'assouplissement des règles électorales. En Nouvelle-Zélande, des efforts particuliers ont été déployés pour aménager des bureaux de vote dans des lieux publics très fréquentés, tels des centres commerciaux ou des hippodromes, et permettre aux électeurs de voter ailleurs que dans leur circonscription. Ces mesures, explique Black, ont permis à la Nouvelle-Zélande d'afficher un taux de participation parmi les plus élevés des démocraties où le vote est libre. Ce pays possède également un régime d'inscription obligatoire à la liste électorale, autre facteur pouvant expliquer le taux élevé de participation.

Les études précitées, et en particulier celles de Black et Pammett, recommandent des modifications précises au mode de gestion du processus électoral afin d'accroître le taux de participation électorale au Canada : leurs suggestions visent notamment les heures de scrutin, l'emplacement des bureaux de vote et les modalités du vote par anticipation. Certaines de ces recommandations susciteront vraisemblablement un débat public : c'est le cas du scrutin le dimanche, auquel plusieurs intervenants et intervenantes aux audiences de la Commission se sont vivement opposés. Il est par ailleurs éloquent qu'aucun de ces auteurs n'ait prôné le vote obligatoire, témoignant en cela de l'opinion des Canadiens et Canadiennes à ce sujet. Pour emprunter un aphorisme attribué à George Orwell, l'une des libertés fondamentales est celle de pouvoir dire non. Accroître le taux de participation par la force d'une loi ne contribuerait guère à rehausser la légitimité du processus électoral. C'est pourquoi les principes dont s'inspirent les recommandations énoncées formellement ou implicitement dans les pages qui suivent tendent plutôt à asseoir cette légitimité sur le retrait de toutes contraintes au libre exercice du droit de vote.

Le présent volume fait partie de la collection publiée par la Commission royale sur la réforme électorale et le financement des partis, et témoigne de l'importance que celle-ci a accordée à des travaux de recherche originaux à l'appui de ses délibérations et de ses recommandations.

Comme tout programme de recherche d'une telle envergure, la production de ce volume, l'un d'une série de 23, a été rendue possible grâce à la collaboration d'un grand nombre de personnes. J'adresserai d'abord mes remerciements aux auteurs et auteures des rapports de recherche, qui ont bien voulu nous faire partager leurs connaissances et leur expertise, souvent dans de courts délais, et qui se sont pliés de bonne grâce aux échéances et exigences imposées par la Commission. Leur tâche ne s'est pas limitée à rédiger les études; ils ont aussi été appelés à présenter des exposés devant la Commission et lors des colloques de recherche, et à répondre aux demandes de renseignements pendant la préparation du rapport de la Commission.

Plusieurs autres personnes provenant du milieu universitaire, des partis politiques, du gouvernement et du secteur privé ont aussi prêté leur concours, soit à titre de membres de comités de révision par les pairs, soit à titre de participants à des colloques de recherche, ou tout simplement à titre de personnes-ressources lorsque nous avions besoin d'informations cruciales sur des sujets spécialisés. Leur empressement a été des plus appréciés. Je tiens à remercier tout particulièrement Grant Amyot, Donald Blake, Kenneth Carty, William Chandler, Jane Jenson,

Richard Johnston, Hugh Thorburn et Steven Wolinetz, qui n'ont pas hésité à mettre leur temps et leur sagesse à la portée des membres et du personnel de la Commission tout au long de ses travaux.

Je ne saurais en outre passer sous silence l'aide et le précieux soutien que nous avons reçus de la part du personnel de la Commission à Ottawa et à Montréal, notamment Paulette LeBlanc, Hélène Leroux, Lori Nazar et Liette Simard, qui ont acheminé avec compétence et rapidité les documents de recherche entre le coordonnateur, les chercheurs et les réviseurs; Richard Herold et Susan Dancause, responsables du centre de documentation de la Commission; Kathleen McBride, spécialiste des systèmes d'information; ainsi que les agents de recherche de la Commission, Eric Bertram, Peter Constantinou, Keith Heintzman, Hugh Mellon et Donald Padget, qui ont souvent travaillé tard le soir à réunir de la documentation et à préparer certains rapports de recherche. Je souligne en particulier l'apport inestimable d'un coordonnateur adjoint de recherche à la Commission, David Mac Donald, dans la préparation des exposés soumis à l'attention de la Commission à partir des travaux de recherche. À tous et à toutes, je réitère mon appréciation de leur excellent travail.

Je voudrais enfin exprimer toute ma gratitude au directeur du programme de recherche, Peter Aucoin, ainsi qu'aux commissaires Pierre Fortier, Robert Gabor, William Knight et Lucie Pépin, sans oublier le président, Pierre Lortie, pour m'avoir fourni l'occasion de travailler avec eux et de partager leur expérience et leur connaissance approfondie du plus fascinant des sujets que l'on puisse aborder, soit la dynamique et le fonctionnement interne des partis politiques.

Le coordonnateur de recherche,

Herman Bakvis

# LA PARTICIPATION ÉLECTORALE AU CANADA

~

# 1

# LA PARTICIPATION ET L'ABSTENTIONNISME AUX ÉLECTIONS FÉDÉRALES CANADIENNES
## Une analyse écologique

~

**Munroe Eagles**

APRÈS AVOIR NÉGLIGÉ la question pendant des décennies, les chercheurs et chercheuses s'intéressent de plus en plus à la participation politique. Un point central de la présente étude est la participation au scrutin. Même si voter est le geste politique le plus courant que posent les citoyens et citoyennes, entre 20 % et 30 % des électeurs et électrices s'abstiennent ordinairement de le faire aux élections fédérales canadiennes (Scarrow 1967a; Mishler 1979, tableau 2.2). Bien que l'abstentionnisme pose moins de problèmes au Canada que dans certains autres pays (par exemple, les États-Unis), il importe, pour évaluer la santé et la vitalité du système politique canadien, de comprendre pourquoi certains citoyens se rendent aux urnes le jour de l'élection et d'autres non.

Même si la circonscription constitue la pierre angulaire de la démocratie parlementaire au Canada (une élection nationale est essentiellement une série de scrutins simultanés dans les circonscriptions), on en sait bien peu sur les déterminants de la participation électorale à cet échelon. L'évolution des préférences, d'ordre méthodologique, des politicologues explique au moins en partie cette lacune. Depuis les années 60, tout au moins, les chercheurs ont eu tendance à se fier aux résultats d'enquêtes par sondage pour étudier l'effet des variables individuelles de la participation, comme l'efficacité politique, l'intérêt envers la politique, l'âge, le revenu, l'instruction et l'identification partisane, pour n'en énumérer que quelques-unes (voir Mishler 1979; Clarke *et al.* 1984, 139–147). La présente étude vise à faire progresser la compréhension de cette dimension négligée de la vie politique canadienne.

La tradition respectable des enquêtes par sondage sur la participation au scrutin a grandement contribué à notre compréhension des différences quant à la propension à voter chez des électeurs potentiels. Mais ces analyses, pour plusieurs raisons, n'ont pas réussi à expliquer pleinement la dichotomie « participation/abstention ». Nous présentons plus bas des arguments qui témoignent de l'importance de comprendre la participation au scrutin dans une perspective globale ou « écologique[1] », théoriquement d'abord, puis dans le cadre d'une analyse détaillée des phénomènes locaux de participation au scrutin lors des trois dernières élections fédérales au Canada (1980, 1984, 1988). Pour ce faire, nous évaluerons deux modèles complémentaires de variations locales de la participation au scrutin, dont l'un est axé sur les caractéristiques socio-économiques de différentes circonscriptions et l'autre, sur leur mobilisation politique. Le but premier de l'étude est donc de compléter la recherche sur les variables individuelles, qui est en vogue actuellement, en relevant des déterminants globaux (ou écologiques) significatifs de la participation électorale.

## LA JUSTIFICATION DE L'ANALYSE ÉCOLOGIQUE DE LA PARTICIPATION

Vu la préférence actuelle pour les analyses fondées sur des enquêtes par sondage, il convient de justifier brièvement au départ le choix d'une méthode dite « écologique ». Ce choix se défend, d'une part, à cause des déficiences méthodologiques des techniques d'enquête appliquées aux questions de participation électorale et, d'autre part, à cause des avantages particuliers qu'offrent des données globales pour ce genre d'analyses.

D'abord, le grand problème des analyses de participation fondées sur des enquêtes réside dans la couverture géographique limitée du sondage. Presque toutes les enquêtes comportent un certain degré de regroupement pour réduire les coûts des interviews, ce qui fait que l'échantillonnage est tiré d'un sous-ensemble restreint de circonscriptions électorales. Pour des raisons d'efficacité, la plupart des échantillons ne comprennent pas habituellement de répondants et répondantes provenant de régions éloignées. Non seulement cet échantillonnage restreint le champ des variations spatiales qui peuvent apparaître dans les analyses de résultats d'enquêtes, mais le nombre relativement faible de répondants issus de chaque segmentation régionale rend l'étude de variations géographiques à l'intérieur du pays peu concluante et sujette à d'importantes erreurs d'échantillonnage. Les analyses écologiques basées sur des données globales ont l'avantage marqué d'inclure toutes les circonscriptions et tous les électeurs et électrices, quel que soit leur lieu de résidence.

Des recherches faites au Canada et à l'étranger montrent que presque toutes les enquêtes obtiennent une déclaration de la participation au scrutin supérieure à la participation réelle (voir Wiseman 1986, 23; Crewe *et al.* 1977, 46). Cela indique qu'il faut se garder de se fier aux seules mesures de participation fondées sur les déclarations des répondants, comme on en trouve dans presque tous les rapports de sondage. Cette surestimation constante s'explique en bonne partie par la réticence manifeste des abstentionnistes à admettre en entrevue qu'ils ne sont pas tout à fait des citoyens et citoyennes modèles (pour un examen plus approfondi du problème, voir Wolfinger et Rosenstone 1980, annexe A, 115–118; Swaddle et Heath 1989). Il y a donc de fortes chances que les analyses d'enquêtes sur la participation et l'abstentionnisme soient influencées, entre autres, par le biais plus général d'un conformisme social. Cependant, les chiffres de participation au scrutin qu'on emploie dans les analyses écologiques sont fondés sur le comportement réel (par opposition au comportement déclaré) et sont aussi fiables que le système électoral peut l'être[2].

Enfin, on peut justifier de façon plus positive l'analyse écologique par les avantages particuliers que présente la méthode. Des études ont montré que les taux de participation résultent d'un large éventail de facteurs, en plus des caractéristiques individuelles que les sondages peuvent facilement mesurer (pour recension récente de la question, voir Milbrath et Goel 1977, 123–143; Lane et Ersson 1990). En d'autres termes, toutes choses étant égales par ailleurs, des personnes semblables peuvent fort bien se différencier dans le fait de voter ou non, en fonction de facteurs qui tiennent à l'environnement sociopolitique. En voici une liste partielle : caractéristiques du cadre légal du processus électoral (par exemple, Crewe 1981; Powell 1986); faible majorité de voix au niveau local et intensité de la lutte que se livrent les partis (Scarrow 1967b; Denver et Hands 1985; Irvine 1976); cohésion du milieu (Eagles et Erfle 1989); allégeances et intérêts de groupes (Uhlaner 1989a); milieux interpersonnels (Straits 1990; Uhlaner 1989b), et activité d'un tiers parti (Denver et Hands 1985; Mughan 1986, 52–55). Comme les données globales au niveau local se rapportent nécessairement à au moins quelques-uns de ces facteurs, les analyses écologiques qui en procèdent sont particulièrement indiquées pour évaluer l'incidence de ces variables collectives de la participation politique.

### Le plan de la recherche et de la méthodologie

Comme nous l'avons déjà mentionné, cette recherche vise à mesurer et à expliquer l'influence de plusieurs facteurs collectifs sur les taux de participation au scrutin. Après avoir donné un aperçu général de certaines croyances populaires touchant la participation au scrutin, nous analyserons les résultats des élections de 1980, 1984 et 1988. Plusieurs raisons justifient ce champ historique limité.

En premier lieu, les chiffres nationaux de participation au scrutin de 1896 à 1988, qui figurent dans le tableau 1.1 (i), ne révèlent aucune tendance précise à long terme qui exige de pousser l'analyse aussi loin dans le temps. Qui plus est, les trois élections que nous examinons ici fournissent une bonne variété de taux de participation (le taux de participation au scrutin de 1980 a été le plus faible depuis 1953, tandis que celui des élections de 1984 et 1988 fut légèrement au-dessus de la moyenne). Par conséquent, bien que l'analyse porte sur une période relativement courte, elle inclut en fait un degré important de variabilité sur le plan de la participation au scrutin.

En deuxième lieu, la variabilité géographique des taux de participation, quoique relativement modeste, est habituellement supérieure à la variabilité historique. Le tableau 1.1 (ii) en donne une indication générale. L'intervalle de variation de la participation électorale *moyenne* dans les provinces est de 19 points de pourcentage (comparativement à 17 points pour l'intervalle de variation des taux nationaux de participation enregistrés entre 1896 et 1988). La participation tend manifestement à être la plus faible à Terre-Neuve, puis en Alberta, en Colombie-Britannique et au Québec. Nous procéderons plus loin à l'analyse des différences régionales dans la participation, mais on est tenté de penser que les niveaux inférieurs à la moyenne dans ces provinces peuvent se rapporter à une vieille tendance à la domination d'un seul parti.

Aussi appréciables que soient les différences de participation au niveau provincial, la variabilité est encore plus grande au niveau des circonscriptions. Par exemple, l'écart entre le plus bas et le plus élevé des taux de participation à l'élection de 1988 était de 29 % (voir l'annexe A pour les moyennes et les écarts types de la participation dans les circonscriptions lors des trois dernières élections). Cela explique la décision d'analyser la variabilité géographique plutôt qu'historique de la participation électorale.

Nous proposons deux modèles pour expliquer les variations géographiques de la participation au scrutin. Le premier analyse la relation entre des variables socio-économiques et la participation au

**Tableau 1.1**
**Participation aux scrutins fédéraux, 1986–1988 : phénomènes généraux**

| (i) | Données nationales historiques | | |
|---|---|---|---|
| Année | Participation (%) | Année | Participation (%) |
| 1896 | 62 | 1953 | 67 |
| 1900 | 77 | 1957 | 74 |
| 1904 | 72 | 1958 | 79 |
| 1908 | 70 | 1962 | 79 |
| 1911 | 70 | 1963 | 79 |
| 1917 | 77 | 1965 | 75 |
| 1921 | 68 | 1968 | 76 |
| 1925 | 66 | 1972 | 77 |
| 1926 | 68 | 1974 | 71 |
| 1930 | 76 | 1979 | 76 |
| 1935 | 75 | 1980 | 69 |
| 1940 | 70 | 1984 | 75 |
| 1945 | 75 | 1988 | 75 |
| 1949 | 74 | | |

| (ii) | Variations provinciales de la participation moyenne depuis 1896 | |
|---|---|---|
| | Participation moyenne (%) | Nombre d'élections |
| Terre-Neuve (après 1949) | 63,7 | 14 |
| Île-du-Prince-Édouard | 82,9 | 23 |
| Nouvelle-Écosse | 75,7 | 27 |
| Nouveau-Brunswick | 76,1 | 27 |
| Québec | 72,6 | 27 |
| Ontario | 73,1 | 27 |
| Manitoba | 72,9 | 27 |
| Saskatchewan (après 1911) | 76,2 | 23 |
| Alberta (après 1911) | 68,7 | 23 |
| Colombie-Britannique | 70,9 | 27 |

*Sources* : Mishler 1979, tableau 2.2, p. 31 (pour les données de 1896 à 1974); Canada, Élections Canada 1980a, 1980b, 1984a, 1988a (pour les données de 1979 à 1988).

scrutin, tandis que le second étudie l'effet des variations d'intensité de la mobilisation politique sur cette participation. Une description plus détaillée de ces modèles et des variables qui les composent sera fournie plus bas. Leurs paramètres sont évalués à l'aide de techniques de régression bien connues dites des « moindres carrés ordinaires ». On a rassemblé à cette fin des données provenant de diverses sources. Les renseignements sur les caractéristiques socio-économiques des circonscriptions fédérales proviennent de totalisations de données des recensements de 1981 et de 1986 (Canada, Statistique 1983, 1988)[3]. Les rapports d'élection par circonscription ont été tirés des rapports publiés par Élections Canada (Canada, Élections 1980b, 1984a, 1988a). Les données relatives aux dépenses électorales proviennent de la même source (Canada, Élections 1980c, 1984b, 1988b).

## LES CROYANCES POPULAIRES AU SUJET DES VARIATIONS DE LA PARTICIPATION AU SCRUTIN

Bien que la recherche sur les phénomènes écologiques de la participation électorale au Canada ne soit pas très avancée, la plupart des « autorités » et des analystes dans le domaine partagent plusieurs croyances populaires qui méritent d'être examinées brièvement. Par exemple, on croit généralement que le climat extrême du pays a provoqué des variations saisonnières de participation au scrutin (voir Wearing 1988, 77). Ainsi, les élections en hiver devraient entraîner des taux de participation inférieurs, à cause de la plus grande difficulté d'y mener une campagne intensive et de la probabilité que les électeurs et électrices puissent difficilement se rendre aux urnes le jour du scrutin. On s'attend aussi à ce que les élections tenues pendant les vacances estivales attirent moins de votants, car ceux-ci ont plus de chances d'être occupés à d'autres activités saisonnières (plus agréables). Les taux les plus élevés devraient donc être enregistrés aux élections de printemps et d'automne.

Le tableau 1.2 (i) présente quelques données qui étayent cette croyance. La seule élection tenue en hiver depuis 1896 (février 1980) n'a attiré aux urnes que 69 % de l'électorat. Le temps froid n'est cependant pas l'unique explication de ce résultat. Sans égard à la saison, les électeurs et électrices peuvent avoir été peu disposés à retourner aux urnes moins d'un an après l'élection précédente (tenue en mai 1979), pour choisir essentiellement entre les mêmes candidats et candidates et les mêmes chefs de parti. En outre, le fait que le Parti libéral du Canada jouissait d'un avantage de 20 % dans les sondages d'opinion lors du déclenchement des élections a dû contribuer à l'apathie de l'électorat.

Quant aux autres saisons, on note les variations prévues. Les campagnes tenues en été attirent moins de votants que les élections tenues soit au printemps soit à l'automne, même s'il convient de préciser que les écarts saisonniers moyens de participation ne sont guère renversants.

**Tableau 1.2**
**Examen de certaines croyances populaires : influences saisonnières, partisanes et rurales-urbaines sur la participation au scrutin**

| | Participation moyenne (%) | Nombre d'élections |
|---|---|---|
| (i) Variations saisonnières depuis 1896 | | |
| Élections tenues au printemps (21 mars au 20 juin) | 76 | 7 |
| Élections tenues en été (21 juin au 20 septembre) | 71 | 9 |
| Élections tenues en automne (21 septembre au 20 décembre) | 73 | 10 |
| Élections tenues en hiver (21 décembre au 20 mars) | 69 | 1 |
| Moyenne (1896–1988) | 73 | 27 |
| (ii) Élections de maintien et de déviation depuis 1896 | | |
| Élections de maintien | 73 | 17 |
| Élections de déviation | 72 | 10 |

| | Participation moyenne (%) | Nombre de circonscriptions* |
|---|---|---|
| (iii) Différences entre régions rurales et urbaines depuis 1980 | | |
| Élection de 1980 | | |
| Rurale | 70,1 | 132 |
| Urbaine | 68,8 | 150 |
| Élection de 1984 | | |
| Rurale | 75,5 | 132 |
| Urbaine | 75,6 | 150 |
| Élection de 1988 | | |
| Rurale | 75,5 | 137 |
| Urbaine | 75,2 | 158 |

*Sources* : Mishler 1979, tableau 2.2, p. 31 (pour les données de 1896 à 1974). Canada, Élections Canada 1980a, 1980b, 1984a, 1988a (pour les données de 1979 à 1988).

*Le partage rural-urbain des circonscriptions est fondé sur la proportion de la main-d'oeuvre qui travaille dans le secteur primaire des industries de l'agriculture, de la pêche et des forêts. Pour les recensements de 1981 et de 1986, on a employé 4 % comme point de partage — les circonscriptions comptant moins de 4 % de la population active dans les trois secteurs primaires étaient qualifiées d'urbaines, tandis que les autres étaient considérées rurales.

Une autre croyance répandue au sujet des variations du taux de participation découle de l'idée que les élections reflètent le jugement collectif sur la valeur d'un gouvernement (Key 1966; Fiorina 1981). Ceux et celles qui le pensent prétendent que la participation au scrutin devrait être plus élevée quand l'électorat est mécontent du gouvernement. Autrement dit, la motivation de punir un gouvernement sortant pour son rendement médiocre (c'est-à-dire de « mettre les pourris dehors ») peut être plus efficace pour attirer les électeurs et les électrices aux urnes que celle de récompenser les gouvernements compétents. À l'extrême, ce genre de mouvement de masse rétrospectif peut entraîner une « élection critique », caractérisée par un taux élevé de participation et un réalignement des forces sociales soutenant les partis politiques (Burnham 1970, 7 et 8). Par ailleurs, on a vu, dans la stabilité historique relative des chiffres globaux de participation électorale au Canada, l'une des raisons des longues périodes de prédominance d'un seul parti qui ont marqué l'histoire politique récente du pays (Scarrow 1967b, 113).

Selon cette hypothèse, la participation au scrutin devrait être plus élevée aux élections où le parti sortant est remplacé au Parlement (élections de déviation) qu'à celles où le parti sortant garde le pouvoir (élections de maintien)[4]. Le tableau 1.2 (ii) montre qu'en général, il n'en a pas été ainsi pour près des cent dernières années d'histoire canadienne. De fait, le taux moyen de participation aux élections de maintien a été légèrement supérieur à celui des élections de déviation durant cette période. Il semble probable que des influences plus fortes agissent sur les taux de participation.

Des observateurs et observatrices des élections canadiennes ont aussi remarqué que la participation est généralement plus grande dans les milieux ruraux que dans les milieux urbains (Milbrath et Goel 1977, 106–110; Scarrow 1967b, 108–110). Plusieurs causes peuvent être invoquées pour expliquer cet écart. Scarrow utilise un exemple québécois pour soutenir que la participation était plus faible dans les circonscriptions montréalaises où un parti était assuré de remporter le siège en jeu (à cause de « l'apathie des sièges acquis ») que dans les circonscriptions rurales où la lutte était plus serrée. Son argument n'est peut-être pas valable ailleurs qu'au Québec cependant, car l'analyse des circonscriptions ontariennes que Grossman (1967) a effectuée laisse croire qu'il y a plus de chances de trouver des sièges acquis dans des régions rurales. Une explication probablement plus plausible des taux de participation plus élevés en milieu rural serait que les pressions exercées par la collectivité sont plus efficaces dans ces milieux plus petits et moins anonymes, où les gens ont tendance à se connaître et à entretenir des relations sociales.

Bien qu'une analyse complète des présumés écarts liés au degré d'urbanisation doive comprendre des mesures de contrôle d'autres facteurs possibles d'influence (comme nous le ferons plus loin), on peut se faire une idée de ces écarts en partageant les circonscriptions en catégories « rurale » et « urbaine » et en comparant les taux de participation aux récentes élections — Scarrow (1967b, 108 et 109) présente les résultats d'une analyse semblable pour la période comprise entre 1925 et 1958. Il aurait sans doute été préférable d'employer les chiffres de densité de population pour classer les circonscriptions, mais ces données n'existent pas pour toutes les circonscriptions à chaque élection. Nous avons donc plutôt utilisé, comme indicateur du degré d'urbanisation, la proportion de la main-d'œuvre qui travaille dans les secteurs de l'agriculture, de l'exploitation forestière et de la pêche[5].

Le tableau 1.2 (iii) présente les résultats d'une analyse de ce genre effectuée pour la période de 1980 à 1988. De toute évidence, les causes des participations plus élevées qui se voyaient autrefois en milieu rural canadien ont dû se dissiper au tournant des années 80. On ne relève pas d'écart rural-urbain important dans aucune des trois élections des années 80, et lors de l'élection de 1984, les taux de participation étaient légèrement plus élevés dans les circonscriptions urbaines.

**Tableau 1.3**
**Taux de participation aux élections complémentaires tenues depuis 1980**

| Année | Participation moyenne (%) | Nombre d'élections complémentaires |
|---|---|---|
| 1980 | 57,4 | 1 |
| 1981 | 60,6 | 5 |
| 1982 | 66,1 | 3 |
| 1983 | 64,3 | 3 |
| 1986 | 58,5 | 2 |
| 1987 | 56,4 | 3 |
| 1988 | 59,5 | 1 |
| 1989 | 52,2 | 1 |
| 1990 | 45,2 | 2 |

*Source* : Données tirées de divers rapports diffusés par Élections Canada sur les élections complémentaires. Les chiffres de 1990 nous ont été communiqués par le personnel d'Élections Canada et restent à vérifier.

Une dernière croyance populaire concerne la faible participation qui s'attacherait aux élections complémentaires (Scarrow 1967a, 46). Les données du tableau 1.3 la confirment d'une façon frappante pour les élections complémentaires tenues dans les années 80. Lors des 21 élections complémentaires qui ont eu lieu au cours de la dernière décennie, la participation au scrutin a été de 10 à 30 % inférieure à celle qui a été enregistrée lors d'élections générales. Une gamme de facteurs expliquent cet écart. La mobilisation nationale et le sentiment d'enjeux importants, que l'on associe aux élections générales, sont absents des élections complémentaires. L'électorat n'est pas non plus exposé à des campagnes publicitaires nationales menées à grands frais et la fièvre électorale ne peut se propager d'une circonscription à l'autre. Contrairement aux élections générales dont l'issue demeure incertaine jusqu'après la fermeture des bureaux de scrutin, les élections complémentaires entraînent rarement un changement de gouvernement. Les faibles taux de participation aux élections complémentaires ne sont donc pas très surprenants.

## LES MODÈLES D'ANALYSE MULTIVARIÉE
## DE LA PARTICIPATION ÉLECTORALE

Tout intéressantes et révélatrices que soient les idées classiques sur les déterminants de la participation électorale, il faut mesurer simultanément divers facteurs pour en arriver à des explications intégrales. Comme nous l'avons déjà dit, on peut formuler l'hypothèse que deux grands ensembles de facteurs infléchissent la participation électorale au niveau local. Premièrement, un riche filon d'enquêtes révèle qu'un éventail de variables socio-économiques est en rapport étroit avec le militantisme politique (Verba et Nie 1972, 125; Milbrath et Goel 1977, 96; Mishler 1979, 88–97). Les gens aisés disposent du temps, de l'énergie et des ressources politiques nécessaires pour entrer efficacement dans l'arène politique. Par contre, les personnes moins favorisées sur les plans professionnel et socio-économique ont moins de chances de posséder les ressources requises et de croire qu'elles peuvent influencer efficacement les décisions politiques.

Le modèle socio-économique de participation électorale laisse voir une relation positive et significative entre les niveaux de revenu, de statut professionnel et d'instruction. Certaines études donnent cependant à penser que l'effet de tels facteurs sur les taux de participation électorale est moindre que sur d'autres formes, plus exigeantes, d'engagement politique. Mishler (1979, 92) de même que Wolfinger et Rosenstone (1980, 13–36) soulignent également les faibles liens qui existent entre le statut socio-économique et la participation au scrutin.

Par conséquent, même si l'on peut prévoir que les analyses révéleront un lien positif, il se peut que l'effet de ces variables sur la participation au scrutin ne soit pas particulièrement marqué. Pour examiner la question, nous incluons trois indicateurs du statut socio-économique des résidants et résidantes d'une circonscription dans le modèle d'analyse multivariée. Il s'agit de la proportion des familles à faible revenu dans chaque circonscription (qui devrait abaisser le taux de participation électorale), du pourcentage de diplômés et diplômées universitaires et de la proportion des personnes actives qui sont des professionnels, des administrateurs et des gestionnaires (indicateurs qui devraient avoir une corrélation positive avec la participation au scrutin). Naturellement, ces trois facteurs sont reliés les uns aux autres (par exemple, la corrélation d'ordre zéro entre les grades universitaires et les professions de gestionnaire et d'administrateur est de 0,75 — une matrice de corrélation complète de toutes les variables figure à l'annexe A). Il faut prendre garde de traiter ces trois variables comme empiriquement distinctes dans leurs effets sur la participation au scrutin.

La propension à voter a également été associée à diverses influences liées au cycle de vie. Toutes choses étant égales par ailleurs, les jeunes et les personnes qui changent souvent de résidence ont moins de chances de voter (voir Squire *et al.* 1987). Les effets de l'âge sont difficiles à estimer à l'aide de données globales, car les générations (comme les groupes établis selon le sexe) ont tendance à se répartir uniformément sur le plan géographique. Les circonscriptions varient toutefois considérablement en termes de stabilité de leur bassin résidentiel. Certaines régions, comme les banlieues dont le développement est rapide, présentent des proportions relativement élevées de nouveaux résidants, et les taux de participation au scrutin y seront probablement faibles. Les nouveaux venus ont moins de chances que les résidants établis d'avoir acquis les connaissances locales et tissé les liens avec le milieu qui augmentent les taux de participation politique, comme il a été prouvé.

Malheureusement, des mesures comparables de stabilité résidentielle n'existent pas dans les recensements de 1981 et de 1986. Pour 1981, la « durée médiane d'occupation » (exprimée en années) est le meilleur indicateur de la stabilité relative de la population. L'analyse de l'élection de 1988 (au moyen de données du recensement de 1986) utilise la proportion des ménages d'une circonscription qui déclarent avoir déménagé au cours des cinq dernières années. Dans les deux cas, le modèle socio-économique permet de formuler l'hypothèse que la participation au scrutin sera plus élevée dans les circonscriptions où le bassin résidentiel est plus stable (un coefficient positif pour le premier, négatif pour le second). Comme nous l'avons dit plus haut, le modèle socio-économique suggère que la participation au scrutin sera plus élevée dans les circonscriptions les moins urbanisées.

Enfin, même si les limites des données empêchent de faire une analyse complète, il faut s'attendre aussi à ce que les taux de participation varient en fonction de plusieurs facteurs de la composition ethnoculturelle des circonscriptions canadiennes. Plus spécifiquement, la participation devrait varier d'une circonscription à l'autre en fonction inverse de la proportion d'autochtones qui y résident. L'escalade de la frustration politique au sein des groupes autochtones compte déjà comme un développement important de la politique canadienne dans la présente décennie. En partie, l'attrait pour l'action directe et militante trahit vraisemblablement l'intégration incomplète et relativement récente de ces peuples dans les voies « normales » de la politique canadienne, dont le système électoral fédéral. Par exemple, les Inuit n'ont obtenu le droit de vote qu'en 1934 et les Indiens qui vivent dans une réserve n'ont été admis au suffrage qu'en 1960 (Loveday et Jaensch 1987, 36). Même si la participation des Inuit au scrutin ne semble pas se distinguer notablement des normes nationales (*ibid.*), il ne serait pas surprenant de découvrir que dans certaines réserves tout au moins, la participation aux scrutins fédéraux est plus faible qu'aux élections de bande (Van Wageningen 1988). Par conséquent, le modèle socio-économique permet de formuler l'hypothèse que la participation électorale diminue dans une circonscription à mesure que la proportion des résidants autochtones augmente.

Un autre aspect de la mosaïque ethnoculturelle du Canada qui aura fort probablement une influence sur la participation au scrutin est la présence croissante d'immigrants et de non-citoyens. Le rapport entre la proportion d'immigrants et d'immigrantes dans une circonscription et le taux de participation électorale ne manque pas d'être complexe. D'un côté, les immigrants récemment arrivés peuvent trouver les us et coutumes de la pratique électorale canadienne complexes et rébarbatifs. D'autres immigrants peuvent aussi ne pas être autorisés à voter pour des raisons reliées à leur citoyenneté. À partir de là, on pourrait s'attendre à ce que le nombre d'immigrants soit en rapport inversement proportionnel avec le taux de participation dans les circonscriptions canadiennes. En réalité, certaines études laissent supposer que les communautés d'immigrants, notamment dans les circonscriptions urbaines du sud de l'Ontario, passent depuis peu par un processus relativement intense de politisation. Ce phénomène s'est manifesté avec le plus de vigueur dans les luttes souvent très âpres, en particulier du côté libéral, autour des candidatures pour les élections fédérales de 1988. Si, comme on l'a avancé (Stasiulis et Abu-Laban 1990, 584), ce fut là un tournant en termes de mobilisation politique pour les communautés d'immigrants du Canada, l'hypothèse posée plus haut d'une relation inverse entre le nombre d'immigrants et le taux de participation a dû, à tout le moins, se vérifier à un moindre degré pour l'élection de 1988 (comparé aux élections antérieures).

Les caractéristiques socio-économiques et démographiques des circonscriptions constituent la matière première de la mobilisation politique. Les activités des politiciens et des partis peuvent cependant en modifier les relations fondamentales (Patterson et Caldeira 1983, 676 et 677). Le « modèle de mobilisation politique » évalue la mesure dans laquelle la nature et l'intensité des luttes politiques dans différentes circonscriptions agissent sur la propension à voter des électeurs et électrices. L'hypothèse sous-jacente est qu'une élection locale chaudement disputée attirera les gens aux urnes par le jeu de plusieurs processus connexes. De la même façon, la participation au scrutin devrait être plus élevée dans les circonscriptions où les candidats et candidates mènent une campagne très intense.

L'analyse qui suit utilise trois indicateurs du contexte politique. La majorité obtenue en pourcentage indique, relativement sans équivoque, dans quelle mesure la lutte était serrée dans la circonscription, et son usage est très répandu (voir Denver et Hands 1985; Eagles et Erfle 1989; Mughan 1986). Quand le candidat victorieux obtient une faible majorité, il semble qu'on puisse conclure sans risque d'erreur que la lutte était perçue comme serrée (quoique peut-être pas également) par le député sortant, les autres candidats et l'électorat. Dans une telle situation, on devrait s'attendre à ce que les organisations politiques mettent tout en œuvre pour gagner des appuis et à ce que l'électorat suive la campagne avec un niveau d'intérêt relativement élevé. De plus, du point de vue de l'électeur rationnel, il en coûte moins pour recueillir l'information qui permet un vote réfléchi quand les partis et les candidats travaillent d'arrache-pied pour faire passer leur message. En outre, la probabilité que le vote d'une seule personne scelle l'issue de l'élection locale augmente quand la lutte est serrée. Ces facteurs devraient donc accroître les taux de participation au scrutin (c'est-à-dire qu'on prévoit des coefficients négatifs significatifs pour les mesures de marginalité, qui indiquent que plus faible est la participation, plus grande est la marge victorieuse).

Il faut noter qu'on peut avancer des arguments semblables au sujet de l'effet qu'exercent sur la participation les formes de concurrence des partis au niveau national. Quelle que soit l'importance que peuvent prendre ces influences nationales pour déterminer le niveau global de participation à une élection, les conséquences devraient se faire sentir plus ou moins également sur l'électorat de toutes les circonscriptions. Aussi l'effet de cet ensemble de facteurs, tout important puisse-t-il être, ne sera pas identifié comme tel dans la présente analyse, qui se concentre sur les variations de participation d'une circonscription à l'autre.

De plus, les candidatures fructueuses (lire sérieuses) de petits partis ou de candidats indépendants devraient aussi augmenter l'intérêt au niveau local. Quand de tels candidats se disputent un siège, ils augmentent le bassin de ressources, tant humaines que financières, disponibles pour mobiliser l'électorat. Comme beaucoup de candidats de petits partis ou de candidats indépendants ne font pas beaucoup plus qu'un effort symbolique pour gagner des votes, la proportion de tous les votes exprimés en faveur de partis ou de candidats autres que les libéraux, les conservateurs et les néo-démocrates sert à représenter indirectement le sérieux de leurs efforts et le succès de leur campagne de mobilisation.

Une autre mesure de l'effort que les partis et les candidats consacrent à l'élection est le montant total des dépenses d'élection effectuées au moment du scrutin. Même si une partie de ces dépenses peuvent s'annuler d'elles-mêmes en termes partisans, chaque dollar investi dans la campagne locale aura tendance à augmenter la visibilité et la popularité de l'élection auprès de l'électorat de la circonscription. Manifestement, à l'ère des mass media et à une époque de campagnes dominées par les chefs de partis, les dépenses encourues au niveau national (par les partis autant que par les groupes d'intérêt) auront aussi des répercussions importantes sur la mobilisation de l'électorat. Cependant, comme dans le cas d'une lutte serrée au niveau national, l'effet de telles dépenses centrales se fera sentir globalement sur la participation dans les circonscriptions canadiennes (bien qu'on doive s'attendre à certaines concentrations de fonds vers des élections locales plus serrées ou importantes). Ces dépenses offrent donc un intérêt limité pour rendre compte des variations locales de la participation au scrutin.

Le « modèle de mobilisation politique » s'attache surtout à l'effet des dépenses locales sur la participation. Il est cependant irréaliste de s'attendre à ce que chaque dollar dépensé dans une course à la députation ait un effet égal en termes de mobilisation de l'électorat. Dans l'analyse qui suit, nous avons transformé cette variable (mesurée en dollars courants) en équation logarithmique pour refléter les gains décroissants que rapportent les dépenses qui excèdent un certain plafond (Patterson et Caldeira 1983, 680).

## LES RÉSULTATS DES ANALYSES MULTIVARIÉES

Les tableaux 1.4, 1.5 et 1.6 présentent des analyses séparées et conjointes du modèle socio-économique et du modèle de mobilisation politique pour la participation à chacune des trois dernières élections fédérales (les tableaux de l'annexe A renferment, respectivement, les statistiques descriptives et les matrices de corrélation pour toutes les variables). Il faut se garder de tomber dans la fausse interprétation écologique en analysant les résultats de ces analyses empiriques. Il est prudent de se rappeler que les relations rapportées au niveau des groupes peuvent ne pas représenter précisément des relations au niveau individuel, et que notre principale préoccupation est d'étudier à l'échelle locale les formes de corrélation de la participation et de l'abstentionnisme électoraux.

De même, s'il est intéressant de comparer le pouvoir d'explication indépendant des deux modèles (socio-économique et de mobilisation politique) en les évaluant séparément pour chaque élection, on doit toutefois interpréter avec prudence les coefficients de régression de ces modèles partiels. Une erreur systématique se produit quand on évalue de façon incomplète les modèles spécifiés, et leurs coefficients sont alors considérés au mieux comme suggestifs. Les estimations de paramètres les plus sûres sont donc à tirer des résultats des « modèles entiers » pour chaque élection (pour un examen général de la question, voir Gujarati 1988, 178–182).

Comme les divisions régionales se font sentir dans toute la politique canadienne, et à la lumière des variations provinciales de participation mentionnées plus haut, il est important de contrôler ces facteurs quand on évalue l'effet des deux modèles de participation au scrutin. En conséquence, nous avons inclus, dans tous les modèles, des variables auxiliaires pour Terre-Neuve (la province qui accuse historiquement le taux de participation au scrutin le plus faible — voir le tableau 1.1 (ii)), les provinces de l'Atlantique, le Québec et la région du Nord-Ouest. L'Ontario n'est pas représentée avec une variable auxiliaire afin d'éviter la surdétermination des modèles. Cette province sert plutôt de base de comparaison du caractère particulier des autres provinces et groupements régionaux. Elle compte, en effet, plus du tiers des circonscriptions et enregistre d'habitude des niveaux de participation qui sont comparables, en gros, à la norme nationale (voir à nouveau le tableau 1.1 (i) et (ii)). Les coefficients significatifs des variables auxiliaires doivent être interprétés comme une mesure de la différence entre la participation au scrutin enregistrée dans la province ou la région en cause et celle de l'Ontario, une fois considérés les effets des autres mesures incluses dans l'équation[6].

**Tableau 1.4**
**Modèles écologiques de participation au scrutin, 1980 : coefficients de régression non normalisés**
(score *t*\*)

| | Modèle socio-économique (4-1) | Modèle de mobilisation politique (4-2) | Modèle intégral (4-3) |
|---|---|---|---|
| Constante | 64,853 | 67,241 | 46,023 |
| | *(33,863)* | *(5,316)* | *(10,794)* |
| **Région ou province** | | | |
| Terre-Neuve | -8,379 | -10,577 | -7,063 |
| | *(-4,755)* | *(-5,577)* | *(-4,157)* |
| Atlantique | 0,941 | 1,746 | 1,633 |
| | *(0,888)* | *(1,622)* | *(1,605)* |
| Québec | -0,672 | 2,256 | 4,00 |
| | *(-0,775)* | *(1,748)* | *(3,325)* |
| Nord / Ouest | -2,591 | -2,674 | -1,974 |
| | *(-3,471)* | *(-3,575)* | *(-2,735)* |
| **Socio-économique** | | | |
| % de familles à faible revenu | -0,358 | — | -0,317 |
| | *(-5,004)* | | *(-4,63)* |
| % de diplômés universitaires | -0,018 | — | -0,079 |
| | *(-0,164)* | | *(-0,762)* |
| Durée médiane d'occupation (années) | 1,396 | — | 1,236 |
| | *(7,417)* | | *(6,769)* |
| % de travailleurs dans le secteur primaire | 0,104 | — | 0,134 |
| | *(2,354)* | | *(3,147)* |
| % de gestionnaires et d'administrateurs | 0,215 | — | 0,282 |
| | *(1,4)* | | *(1,912)* |
| % de non-citoyens | 0,223 | — | 0,275 |
| | *(2,57)* | | *(3,30)* |
| **Mobilisation politique** | | | |
| % de majorité | — | -0,110 | -0,066 |
| | | *(-4,582)* | *(-3,227)* |
| Registre (dépenses électorales) | — | 0,523 | 1,764 |
| | | *(0,463)* | *(1,85)* |
| % d'appui aux petits partis | — | -0,128 | -0,133 |
| | | *(-2,754)* | *(-2,917)* |

**Tableau 1.4** (suite et fin)
**Modèles écologiques de participation au scrutin, 1980 : coefficients de régression non normalisés**
(score $t^*$)

|  | Modèle socio-économique (4-1) | Modèle de mobilisation politique (4-2) | Modèle intégral (4-3) |
|---|---|---|---|
| $R^2$ corrigé | 0,472 | 0,285 | 0,523 |
| $F$ | 26,101 | 16,977 | 24,688 |
| Niveau de confiance de $F$ | 0,0000 | 0,0000 | 0,0000 |

*Un score $t$ supérieur à 1,65 indique ordinairement que le coefficient auquel il s'applique atteint le niveau de confiance de 0,05 pour une épreuve unilatérale. Les scores supérieurs à 1,96 sont significatifs au niveau de confiance de 0,05 pour une épreuve bilatérale.

Un coup d'œil rapide aux résultats empiriques révèle que des variations géographiques appréciables persistent même quand les deux modèles de participation au scrutin sont combinés (c'est-à-dire les équations 4-3, 5-3, 6-3 et 6-3a). Parmi les 16 coefficients de variation des variables auxiliaires régionales applicables aux modèles entiers (combinés) dans les trois élections, 2 seulement n'atteignent pas un niveau acceptable de signification statistique. Bien que l'écart régional résiduel pour la participation se situe habituellement entre 1 et 3 %, d'un côté ou de l'autre de la norme ontarienne, il apparaît parfois plus important. À Terre-Neuve, par exemple, les taux de participation au scrutin restent toujours au moins 4 % plus bas que ceux de l'Ontario, même quand les effets d'autres variables ont été contrôlés. À l'évidence, les modèles conçus pour expliquer les variations de la participation dans les circonscriptions laissent encore dans l'ombre un pan considérable de différences régionales à l'égard des taux de participation.

Si l'on examine les résultats attestés par les deux modèles, on voit clairement que les variables socio-économiques ont une incidence plus marquée sur le taux de participation dans les circonscriptions que la mobilisation politique. Pour chaque élection, en effet, le modèle socio-économique explique à lui seul (équations 4-1, 5-1, 6-1 et 6-1a) une plus grande proportion de la variance des taux de participation que le modèle de la mobilisation politique (équations 4-2, 5-2 et 6-2). Dans l'analyse de l'élection de 1980, par exemple, presque la moitié (47,2 %) de la variance du nombre de votants et votantes pouvait s'expliquer par les variables auxiliaires régionales et le modèle socio-économique.

En regardant de plus près les composantes du modèle socio-économique, on s'aperçoit que la plupart des hypothèses théoriques sur le signe et l'importance des coefficients se confirment. Comme on le prévoyait, la participation électorale était inversement proportionnelle au pourcentage de familles à faible revenu dans la circonscription. Cette relation est significative pour chacune des trois élections, à la fois dans le modèle socio-économique et dans les modèles entiers. En général, les coefficients montrent que pour chaque point de pourcentage supplémentaire de familles à faible revenu dans une circonscription, la participation y tombe de un cinquième à un tiers de point de pourcentage.

Les résultats sont moins nets pour les autres mesures locales de la richesse et du statut socio-économique. D'autres chercheurs ont trouvé que l'éducation était un déterminant important de la participation au scrutin (voir Wolfinger et Rosenstone 1980, 34–36). Dans la présente analyse cependant, la proportion des électeurs et électrices qui détiennent un grade universitaire n'est ressortie comme facteur de prédiction important et significatif de la participation que dans le modèle socio-économique pour l'élection de 1984 (équation 5-1) et pour celle de 1988. Dans cette dernière, toutes choses étant égales par ailleurs, chaque point de pourcentage supplémentaire de diplômés universitaires correspondait à une augmentation du taux de participation d'environ un tiers de point dans les circonscriptions. Ces résultats quelque peu inégaux ajoutent à la relation complexe qu'a trouvée Mishler (1979, 97) entre l'éducation et la participation, dans une étude réalisée par voie de sondage. Les résultats pour 1984 sont aussi semblables à ceux de l'analyse écologique de la participation aux élections des gouverneurs américains, effectuée par Patterson et Caldeira (1983, 683–685). Ces auteurs ont découvert que l'instruction avaient des effets considérables sur leur version du modèle socio-économique, mais que ces effets disparaissaient quand on tenait compte des variables de nature politique.

De même, la variable du statut professionnel (proportion de gestionnaires et d'administrateurs dans la population active) a donné des résultats contradictoires. Bien que les coefficients calculés pour cette variable étaient tous positifs, comme prévu, seuls ceux qui furent évalués dans les modèles entiers pour 1980 et 1984 (équations 4-3 et 5-3) atteignaient un seuil acceptable de signification statistique (soit un score $t$ significatif, plus grand que 1,65).

Bien que les milieux ruraux semblent détenir un pourcentage de participation plus élevé que les milieux urbains aux élections de 1980 et de 1984, la variable « secteur primaire » n'a pas atteint le seuil de signification statistique dans aucune des quatre équations qui la contenaient en 1988. Cependant, malgré leur signification statistique dans les analyses des deux premières élections, l'ampleur de ces coefficients est relativement faible (toujours moins qu'un dixième de 1 %), ce qui laisse entendre que l'environnement rural n'est pas en soi un déterminant particulièrement fort des niveaux de participation, une fois que les autres influences sont contrôlées (pour résultats comparables, voir Mishler 1979, 105 et 106; Wolfinger et Rosenstone 1980, 30–34).

Par ailleurs, la stabilité résidentielle de la population d'une circonscription a été de façon uniforme un des déterminants socio-économiques les plus forts des taux de participation au scrutin (voir Squire *et al.* 1987, qui rapportent des preuves convaincantes de cette relation sur le plan individuel aux États-Unis). Les circonscriptions qui comptent un nombre disproportionné de résidants mobiles (qu'on le mesure par la durée médiane d'occupation, comme aux tableaux 1.4 et 1.5, ou par la proportion des résidants et résidantes qui ont déménagé au cours des cinq dernières années, comme au tableau 1.6) affichent des taux de participation plus faibles. Ces coefficients sont assez grands. Par exemple, d'après l'analyse du modèle intégral pour l'élection de 1988, il semble que chaque fois que la proportion de personnes mobiles augmente de 5 %, les taux de participation au scrutin baissent d'environ 1 %, après contrôle des autres facteurs. Les hypothèses que nous avions formulées à cet égard d'après le modèle socio-économique sont donc fermement confirmées.

La dernière composante du modèle socio-économique est la proportion d'autochtones et d'immigrants au sein d'une circonscription. Malheureusement, le recensement de 1981 ne donne pas le nombre de citoyens et citoyennes d'origine autochtone dans chaque circonscription. Il est donc impossible d'étudier l'effet que ce facteur a pu avoir aux élections de 1980 et de 1984. L'information faisait cependant partie du recensement de 1986, ce qui nous a permis de l'utiliser pour analyser l'élection de 1988. Afin de pouvoir comparer cette analyse avec celles des élections précédentes, nous présentons au tableau 1.6 les estimations relatives aux modèles socio-économique et intégral avec ou sans la variable autochtone.

Comme prévu, la corrélation d'ordre zéro entre la proportion de personnes autochtones et la participation locale au scrutin est négative (-0,17; voir l'annexe). L'effet d'autres mesures socio-économiques étant contrôlé (équation 6-1a), le taux de participation demeure faible quand la proportion de personnes autochtones augmente dans une circonscription. Nous trouvons aussi dans le modèle intégral (équation 6-3a) la même relation négative très significative. De toute évidence, toutes choses étant égales par ailleurs, plus une circonscription compte de personnes autochtones dans sa population, plus le taux de participation électorale y est faible.

**Tableau 1.5**
**Modèles écologiques de participation au scrutin, 1984 : coefficients de régression non normalisés**
(score *t* *)

| | Modèle socio-économique (5-1) | Modèle de mobilisation politique (5-2) | Modèle intégral (5-3) |
|---|---|---|---|
| Constante | 71,55 | 47,598 | 52,736 |
| | *(39,472)* | *(2,799)* | *(3,549)* |
| Région ou province | | | |
| Terre-Neuve | -5,79 | -9,874 | -5,707 |
| | *(-3,472)* | *(-5,847)* | *(-3,671)* |
| Atlantique | 2,867 | 2,561 | 3,173 |
| | *(2,858)* | *(2,606)* | *(3,384)* |
| Québec | 3,448 | 2,38 | 4,46 |
| | *(4,203)* | *(3,057)* | *(5,473)* |
| Nord / Ouest | -0,344 | -0,512 | 0,075 |
| | *(-0,486)* | *(-0,761)* | *(0,114)* |
| Socio-économique | | | |
| % de familles à faible revenu | -0,336 | — | -0,328 |
| | *(-4,972)* | | *(-5,059)* |
| % de diplômés universitaires | 0,236 | — | 0,148 |
| | *(2,29)* | | *(1,54)* |
| Durée médiane d'occupation (années) | 0,969 | — | 0,796 |
| | *(5,441)* | | *(4,786)* |
| % de travailleurs dans le secteur primaire | 0,021 | — | 0,082 |
| | *(0,511)* | | *(2,089)* |
| % de gestionnaires et d'administrateurs | 0,107 | — | 0,27 |
| | *(0,737)* | | *(1,967)* |
| % de non-citoyens | 0,117 | — | 0,140 |
| | *(1,422)* | | *( 1,849)* |
| Mobilisation politique | | | |
| % de majorité | — | -0,049 | -0,078 |
| | | *(-2,708)* | *(-4,814)* |
| Registre (dépenses électorales) | — | 2,615 | 1,782 |
| | | *(1,771)* | *(1,403)* |
| % d'appui aux petits partis | — | -0,271 | -0,222 |
| | | *(-3,942)* | *(-3,641)* |

Tableau 1.5 (suite et fin)
**Modèles écologiques de participation au scrutin, 1984 : coefficients de régression non normalisés**
(score $t$*)

|  | Modèle socio-économique (5-1) | Modèle de mobilisation politique (5-2) | Modèle intégral (5-3) |
|---|---|---|---|
| $R^2$ corrigé | 0,366 | 0,237 | 0,462 |
| $F$ | 17,212 | 13,437 | 19,541 |
| Niveau de confiance de $F$ | 0,0000 | 0,0000 | 0,0000 |

*Un score $t$ supérieur à 1,65 indique ordinairement que le coefficient auquel il s'applique atteint le niveau de confiance de 0,05 pour une épreuve unilatérale. Les scores supérieurs à 1,96 sont significatifs au niveau de confiance de 0,05 pour une épreuve bilatérale.

La nécessité d'utiliser deux mesures différentes pour les trois élections complique l'estimation de l'effet exercé par la présence d'immigrants et d'immigrantes sur les niveaux de participation dans les circonscriptions. Pour les deux premières élections, la proportion de non-citoyens fut prise comme mesure de substitution pour estimer l'importance de la classe immigrante. Comme il est manifeste que maints immigrants obtiendront la citoyenneté canadienne avec le temps, il s'agit là au mieux d'une indication approximative de leur proportion dans les circonscriptions. Dans le même sens, la mesure de la présence d'immigrants utilisée dans l'analyse de l'élection de 1988 est imparfaite car elle comprend des résidants et résidantes qui ne sont pas admissibles au recensement électoral ni au vote (et qui ne sont donc pas inclus dans le calcul des taux de participation).

Malgré ces réserves importantes, les résultats des variables ethnoculturelles sont fort intéressants quand on les examine à la lumière des hypothèses avancées précédemment sur la politisation grandissante des communautés immigrantes au Canada. Au lieu de baisser en fonction de la présence d'immigrants ou de non-citoyens, la participation électorale semble reliée positivement à la taille de ces groupes minoritaires. Contrairement aux prévisions concernant la politisation intensive de certaines communautés ethniques durant la campagne de 1988, cette relation positive ressort particulièrement de l'analyse des deux premières élections des années 80. Le fait que ce facteur n'ait pas atteint le seuil de signification statistique lors du scrutin de 1988 peut être, en partie du moins, un artefact dû à l'instrument de mesure, d'autant plus que la mesure utilisée pour la taille des communautés immigrantes était beaucoup plus globale que celle des deux élections précédentes. Ce qui apparaît manifeste,

**Tableau 1.6**
**Modèles écologiques de participation au scrutin, 1988 : coefficients de régression non normalisés**
(score *t\**)

| | Modèle socio-économique (6-1) | Modèle socio-économique (6-1a) | Modèle de mobilisation politique (6-2) | Modèle intégral (6-3) | Modèle intégral (6-3a) |
|---|---|---|---|---|---|
| Constante | 80,308 *(43,726)* | 80,848 *(45,416)* | 73,29 *(4,97)* | 73,194 *(5,96)* | 79,482 *(6,701)* |
| **Région ou province** | | | | | |
| Terre-Neuve | -4,797 *(-3,259)* | -4,457 *(-3,127)* | -6,055 *(-3,91)* | -4,633 *(-3,171)* | -4,268 *(-3,037)* |
| Atlantique | 3,051 *(3,505)* | 3,054 *(3,627)* | 2,575 *(2,82)* | 3,104 *(3,509)* | 3,06 *(3,602)* |
| Québec | 2,163 *(2,802)* | 2,306 *(3,086)* | 0,871 *(1,32)* | 2,728 *(3,436)* | 2,923 *(3,829)* |
| Nord / Ouest | 3,993 *(6,93)* | 4,508 *(8,04)* | 2,547 *(3,95)* | 4,547 *(7,41)* | 5,292 *(8,81)* |
| **Socio-économique** | | | | | |
| % de familles à faible revenu | -0,184 *(-3,847)* | -0,221 *(-4,707)* | — | -0,192 *(-4,012)* | -0,237 *(-5,074)* |
| % de diplômés universitaires | 0,348 *(4,410)* | 0,340 *(4,451)* | — | 0,345 *(4,402)* | 0,338 *(4,49)* |
| % de personnes mobiles | -0,217 *(-5,839)* | -0,192 *(-5,292)* | — | -0,227 *(-5,917)* | -0,190 *(-5,066)* |
| % de travailleurs du secteur primaire | 0,022 *(0,588)* | 0,016 *(0,442)* | — | 0,018 *(0,479)* | 0,017 *(0,463)* |
| % de gestionnaires et d'administrateurs | 0,179 *(1,474)* | 0,127 *(1,081)* | — | 0,178 *(1,48)* | 0,116 *(0,994)* |
| % de personnes autochtones | — | -0,143 *(-4,545)* | — | — | -0,158 *(-4,972)* |
| % de non-citoyens | 0,029 *(1,222)* | 0,016 *(0,688)* | — | 0,027 *(1,117)* | 0,012 *(0,518)* |
| **Mobilisation politique** | | | | | |
| % de majorité | — | — | -0,021 *(-1,04)* | -0,032 *(-1,931)* | -0,035 *(-2,21)* |
| Registre (dépenses électorales) | — | — | 0,137 *(0,108)* | 0,705 *(0,672)* | 0,202 *(0,200)* |
| % d'appui aux petits partis | — | — | -0,056 *(-1,17)* | -0,041 *(-1,04)* | -0,079 *(-2,029)* |

**Tableau 1.6** (suite et fin)
**Modèles écologiques de participation au scrutin, 1988 : coefficients de régression non normalisés**
(score $t^*$)

| | Modèle socio- économique (6-1) | Modèle socio- économique (6-1a) | Modèle de mobilisation politique (6-2) | Modèle intégral (6-3) | Modèle intégral (6-3a) |
|---|---|---|---|---|---|
| $R^2$ corrigé | 0,411 | 0,450 | 0,111 | 0,421 | 0,466 |
| F | 21,551 | 22,826 | 6,266 | 17,449 | 19,336 |
| Niveau de confiance de F | 0,0000 | 0,0000 | 0,0000 | 0,0000 | 0,0000 |

*Un score $t$ supérieur à 1,65 indique ordinairement que le coefficient auquel il s'applique atteint le niveau de confiance de 0,05 pour une épreuve unilatérale. Les scores supérieurs à 1,96 sont significatifs au niveau de confiance de 0,05 pour une épreuve bilatérale.

cependant, c'est que la présence de communautés immigrantes n'a pas diminué le niveau de participation électorale dans les circonscriptions durant la dernière décennie, en faisant abstraction de toute autre influence.

Les variables de la mobilisation politique, considérées avec les variables auxiliaires régionales, expliquaient dans une moindre mesure les variations de la participation au scrutin. Ces modèles rendaient compte de 11 à 28,5 % de la variance en question. En général, les résultats en sont moins nets et plus difficiles à interpréter que ceux du modèle socio-économique. Par exemple, les estimations tirées du modèle de mobilisation politique pour l'élection de 1988 indiquent qu'aucune des trois mesures de la mobilisation ne semble significative pour le niveau de participation (équation 6-2). Dans cette perspective, on est enclin à penser que l'effet des dépenses électorales locales a été éclipsé, dans cette élection, par les effets combinés de campagnes nationales des grands partis menées à coups de millions et de battages publicitaires évalués à 10 millions de dollars de la part des adversaires et des partisans du libre-échange (voir Gray 1989, 17). Ces dépenses ont fait de l'élection de 1988 la plus chère, et de loin, de l'histoire du Canada. Ainsi donc, si les dépenses électorales au niveau national ne peuvent tout à fait expliquer les variations de participation d'une circonscription à l'autre, elles pourraient néanmoins rendre compte de l'absence d'un facteur local significatif à ce chapitre.

Les dépenses locales n'ont pas eu d'effet apparent sur la participation au scrutin en 1988, et elles ne se sont pas montrées particulièrement déterminantes non plus dans les deux élections précédentes. Le coefficient de variation de ces dépenses, estimé dans le cadre du modèle de mobilisation politique, n'a pas atteint le niveau significatif de 0,05 en 1980 (équation 4-2); il a tout juste atteint ce seuil en 1984 (équation 5-2). Ce n'est que dans le modèle combiné pour 1980 (équation 4-3) que ce facteur exerce un effet statistique significatif sur le niveau du vote, une fois toutes les autres influences circonscrites. Ainsi donc on constate, non sans étonnement, que les dépenses locales ne semblent pas un déterminant particulièrement important de la participation électorale dans les circonscriptions.

En outre, contrairement aux prévisions, la présence de candidats indépendants ou de petits partis contribue en fait à diminuer les niveaux de participation dans les circonscriptions canadiennes (quoiqu'un seul des trois coefficients de cette variable atteignait en 1988 le seuil de signification statistique de 0,05). Ces résultats vont nettement à l'encontre des hypothèses fondées sur le modèle de la mobilisation politique, qui laissaient supposer que la participation d'un large éventail de candidats et de partis dans une circonscription contribuait à la politisation de l'électorat local. On ne dispose d'aucune explication satisfaisante de ces résultats inattendus. On peut penser, cependant, que le niveau de l'appui donné aux petits partis dans une circonscription est symptomatique d'un sentiment local d'aliénation et d'éloignement politiques par rapport au système établi des grands partis. S'il en est ainsi, l'appui relativement faible accordé à ces petites formations (moins de 5 % du vote, en moyenne; voir l'annexe) est peut-être concevable davantage comme indicateur d'un sentiment plus aigu de frustration chez l'électorat local. Cette frustration, en retour, pourrait aussi trouver à s'exprimer dans un abstentionnisme largement répandu.

Les tableaux renferment cependant certaines données qui étayent le modèle de mobilisation politique. Les signes des coefficients de variation vont tous dans le sens négatif prévu (ce qui indique que la participation au scrutin diminue à mesure que la majorité augmente). En somme, l'efficacité du modèle de mobilisation politique est inégale et généralement moins impressionnante que celle du modèle socio-économique. Assurément, il y a peu de preuves pour appuyer la conclusion de Patterson et Caldeira (1983, 686) qui affirment « [...] [qu']une campagne électorale énergique et intensive peut mobiliser les votants de façon impressionnante ». Les petits partis et les candidats indépendants semblent avoir peu d'effet sur l'intensité de la campagne, ce qui laisse supposer peut-être que ces phénomènes politiques ont tendance à détourner des partisans désenchantés des partis traditionnels (« vote de protestation ») plutôt que de mobiliser des groupes qui ne s'intéressaient pas aux élections. Pour ce qui est des coefficients de variation des dépenses, il est tentant d'y voir l'effet de la loi qui fixe aux dépenses d'élection des plafonds assez bas pour diminuer l'effet de ce facteur sur les taux de participation au scrutin.

Une autre influence possible sur la participation au scrutin qui, même si elle n'est pas purement politique, pourrait être contrôlée par une disposition législative, concerne l'effet possible de la diffusion des suffrages exprimés par les électeurs et électrices de l'est sur l'intention de vote des électeurs de l'ouest du pays. Cette situation découle du fait que l'électorat canadien s'étend sur cinq fuseaux horaires et demi[7], et que les bureaux de scrutin fédéraux ferment à 20 h, heure locale, le jour de l'élection. Or, le développement des projections par ordinateur permet aujourd'hui de fournir des prédictions extrêmement fiables et précises de l'ampleur et de la direction de la majorité des suffrages exprimés peu de temps après la fermeture des bureaux de scrutin dans l'est du pays. Même si la *Loi électorale du Canada* interdit la diffusion de telles projections dans d'autres fuseaux horaires avant la fermeture des bureaux de scrutin locaux (Soderlund *et al.* 1984, 121 et 122), il reste possible que des annonces prématurées de victoires soient captées dans l'Ouest à partir de stations de radio américaines ou de télédiffusions par câble ou satellite. De telles annonces peuvent donc, à leur tour, influencer de façon négative la participation dans les localités concernées (voir notamment Hamel 1989, 16).

Le tableau 1.1 (ii) vient corroborer cette assertion, car les taux moyens de participation au scrutin en Alberta et en Colombie-Britannique sont effectivement inférieurs à ceux des autres provinces. Cependant, même si une petite partie de son territoire se trouve dans le même fuseau horaire des Rocheuses que l'Alberta, la Saskatchewan affiche un taux de participation plus élevé que la moyenne canadienne. Par ailleurs, la participation aux élections provinciales tend à être plus faible en Colombie-Britannique et en Alberta que dans d'autres provinces pour des raisons qui n'ont évidemment rien à voir avec les annonces prématurées de résultats (Mishler 1979, 31; Wearing 1988, 76).

Si le doute persiste, nous pouvons extraire des analyses vectorielles (voir les tableaux 1.4, 1.5 et 1.6) d'autres données pertinentes sur la question. Les coefficients des variables auxiliaires Nord/Ouest, dans les modèles intégraux, montrent le caractère particulier des circonscriptions de cette région (en prenant l'Ontario comme niveau de base), une fois circonscrits les effets des autres variables. Si l'on présume que l'effet du fuseau horaire constitue une part importante de la particularité globale du Nord/Ouest comme contexte politique, les coefficients de la variable auxiliaire régionale devraient donc être constamment négatifs. Ici encore, les résultats ne sont pas concluants.

Comme prévu, le coefficient de la variable auxiliaire Nord/Ouest est négatif et significatif pour l'élection de 1980, ce qui va dans le sens de la critique formulée plus haut. Cependant, pour l'élection de 1984, bien que deux d'entre eux soient négatifs, les coefficients de variation sont très loin des niveaux de signification statistique convenus. Enfin, la participation au scrutin était nettement plus élevée dans le Nord/Ouest en 1988. Par conséquent, il n'est guère possible d'en conclure que l'annonce prématurée des projections sur les résultats des élections soit un déterminant particulièrement important de l'abstentionnisme dans l'ouest du Canada.

De toute évidence, les explications les plus satisfaisantes, sur le plan théorique et empirique, des variations de la participation dans les circonscriptions découlent des modèles (intégraux) combinés. Dans l'ensemble, à partir des valeurs corrigées assez élevées de $R^2$ et des valeurs très significatives du test $F$ pour les quatre modèles de régression spécifiques qui ont été estimés, il semble que les caractéristiques politiques et socio-économiques locales que nous avons analysées expliquent relativement bien les taux de participation au scrutin. Il est intéressant de noter cependant que les modèles arrivaient mieux à justifier les variations relevées dans l'élection peu mobilisatrice de 1980 que dans les deux élections suivantes. Cela indique que, quand la participation au scrutin est faible (et à un moindre degré peut-être, lors d'élections qui, en général, ne font que maintenir un parti au pouvoir), les relations sous-jacentes qui expliquent ordinairement la décision de voter sont renforcées. Dans les élections marquées par un grand revirement électoral (comme en 1984) ou par la prédominance d'une grande question (comme le libre-échange, en 1988), la décision de voter ou non peut être influencée davantage par le contexte extraordinaire du scrutin. Dans ce cas, le vote, comme d'autres aspects du comportement électoral, semble moins limité par les relations traditionnelles. Mais cela reste conjectural, en attendant des études plus approfondies.

## CONCLUSION

Il est évident, d'après ce qui précède, que la probabilité que les Canadiens et Canadiennes se rendent aux urnes le jour du scrutin dépend de divers facteurs. Beaucoup d'entre eux peuvent être définis et mesurés efficacement en rassemblant des données politiques et démographiques sur les circonscriptions canadiennes. En général, les déterminants les plus importants de la participation au scrutin sont de nature géographique (les variables auxiliaires provinciales et régionales) et socio-économique (particulièrement la stabilité résidentielle et la richesse). Les effets liés aux candidats et candidates, au contexte stratégique de l'élection et à la mobilisation politique sur la décision de voter, bien qu'ils puissent être détectés, revêtent clairement une importance secondaire. Pour pousser plus loin la conjecture, il semble que la puissance de ces déterminants varie suivant le milieu ou le climat politique général (comme en 1980 ou lors de la victoire écrasante des conservateurs de Brian Mulroney en 1984). Des circonstances exceptionnelles peuvent donc suspendre le jeu des facteurs habituels.

Malgré certaines variations régionales relativement importantes, une proportion élevée de Canadiens et Canadiennes se rendent aux urnes, ce qui est rassurant. Il n'y a pas de tendance sensible à long terme sur le plan de la participation au scrutin. Qui plus est, les différences que l'on relève d'une circonscription à l'autre s'expliquent assez bien par les assises socio-économiques et, dans une moindre mesure, politiques de la circonscription. Si la situation décrite ici n'est pas alarmante, elle ne laisse pas pour autant une grande latitude au réformateur qui voudrait renforcer la démocratie électorale canadienne en provoquant une quelconque augmentation de la participation au scrutin. Les obstacles qui se posent à cette augmentation ne sont pas de ceux que l'on peut surmonter avec un remède instantané, car les écarts des taux de participation semblent refléter principalement les inégalités sous-jacentes (tant régionales qu'économiques) et la mobilité géographique croissante de la population canadienne. Selon toute probabilité, tant que ces caractéristiques existeront, elles s'accompagneront d'un certain degré d'abstentionnisme électoral.

## ANNEXE

**Tableau 1.A1**
**Statistiques descriptives : variables politiques et censitaires**

|  | Moyenne (%) | Écart type |
|---|---|---|
| Variables politiques |  |  |
| Participation au scrutin, 1980 | 69,4 | 5,6 |
| Participation au scrutin, 1984 | 75,6 | 6,4 |
| Participation au scrutin, 1988 | 75,3 | 4,2 |
| Majorité, 1980 | 25,1 | 5,6 |
| Majorité, 1984 | 20,9 | 15,8 |
| Majorité, 1988 | 16,6 | 13,9 |
| Petits partis et candidats indépendants, 1980 | 3,5 | 6,8 |
| Petits partis et candidats indépendants, 1984 | 3,1 | 4,2 |
| Petits partis et candidats indépendants, 1988 | 4,6 | 5,6 |
| Registre (dépenses), 1980 | 11,3 | 0,2 |
| Registre (dépenses), 1984 | 10,8 | 0,4 |
| Registre (dépenses), 1988 | 11,6 | 0,2 |
| Variables censitaires (selon l'année de recensement) |  |  |
| Familles à faible revenu, 1981 | 13,5 | 5,1 |
| Familles à faible revenu, 1986 | 17,0 | 6,3 |
| Grades universitaires, 1981 | 5,9 | 4,2 |
| Grades universitaires, 1986 | 7,2 | 4,8 |
| Durée médiane d'occupation, 1981 (années) | 5,2 | 1,8 |
| Déménagement — 5 dernières années, 1986 | 39,8 | 7,5 |
| Secteur primaire, 1981 | 6,5 | 8,0 |
| Secteur primaire, 1986 | 6,3 | 7,5 |
| Gestionnaires et administrateurs, 1981 | 8,3 | 3,1 |
| Gestionnaires et administrateurs, 1986 | 10,1 | 3,4 |
| Non-citoyens, 1986 | 3,8 | 3,9 |
| Immigrants, 1986 | 14,5 | 12,1 |
| Personnes autochtones, 1986 | 2,0 | 6,3 |

**Tableau 1.A2**
**Matrices de corrélation**

| (i) | Élections de 1980 et 1984, variables censitaires de 1981 | | | | | | | | | | | | | |
|---|---|---|---|---|---|---|---|---|---|---|---|---|---|
| Variable | 1. | 2. | 3. | 4. | 5. | 6. | 7. | 8. | 9. | 10. | 11. | 12. | 13. | 14. |
| 1. Participation, 1980 | 1,00 | | | | | | | | | | | | | |
| 2. Participation, 1984 | 0,59 | 1,00 | | | | | | | | | | | | |
| 3. Faible revenu | -0,35 | -0,30 | 1,00 | | | | | | | | | | | |
| 4. Grades | -0,02 | 0,15 | -0,10 | 1,00 | | | | | | | | | | |
| 5. Durée d'occupation | 0,49 | 0,26 | 0,05 | -0,33 | 1,00 | | | | | | | | | |
| 6. Secteur primaire | 0,19 | 0,03 | -0,05 | -0,43 | 0,40 | 1,00 | | | | | | | | |
| 7. Gestion-naires | 0,09 | 0,24 | -0,40 | 0,75 | -0,31 | -0,28 | 1,00 | | | | | | | |
| 8. Non-citoyens | -0,01 | 0,04 | -0,06 | -0,42 | 0,28 | 0,40 | 0,20 | 1,00 | | | | | | |
| 9. Majorité, 1980 | -0,37 | -0,12 | 0,34 | -0,04 | -0,18 | -0,10 | 0,05 | -0,13 | 1,00 | | | | | |
| 10. Majorité, 1984 | -0,19 | -0,14 | -0,26 | -0,04 | -0,06 | 0,18 | 0,10 | -0,08 | 0,07 | 1,00 | | | | |
| 11. Petits partis, 1980 | 0,25 | -0,04 | 0,26 | -0,11 | 0,06 | -0,06 | -0,08 | -0,19 | 0,25 | -0,04 | 1,00 | | | |
| 12. Petits partis, 1984 | -0,24 | -0,19 | 0,23 | 0,02 | -0,18 | 0,07 | 0,10 | -0,02 | 0,39 | -0,03 | 0,28 | 1,00 | | |
| 13. Dépenses d'élection, 1980 | 0,27 | 0,14 | -0,23 | 0,14 | 0,07 | -0,07 | 0,01 | 0,23 | -0,75 | -0,03 | -0,20 | -0,39 | 1,00 | |
| 14. Dépenses d'élection, 1984 | 0,20 | 0,14 | -0,21 | 0,13 | -0,10 | -0,14 | 0,08 | 0,24 | -0,44 | -0,36 | -0,22 | -0,11 | 0,51 | 1,00 |

**Tableau 1.A2** (suite et fin)
**Matrices de corrélation**

| (ii) | Recensement de 1986, variables électorales de 1988 | | | | | | | | | | |
|---|---|---|---|---|---|---|---|---|---|---|---|
| Variable | 1. | 2. | 3. | 4. | 5. | 6. | 7. | 8. | 9. | 10. | 11. |
| 1. Participation | 1,00 | | | | | | | | | | |
| 2. Faible revenu | -0,29 | 1,00 | | | | | | | | | |
| 3. Grades | 0,29 | -0,02 | 1,00 | | | | | | | | |
| 4. Personnes mobiles | -0,05 | 0,03 | 0,54 | 1,00 | | | | | | | |
| 5. Secteur primaire | 0,08 | 0,01 | -0,45 | -0,47 | 1,00 | | | | | | |
| 6. Gestion-naires | 0,37 | -0,37 | 0,76 | 0,43 | -0,43 | 1,00 | | | | | |
| 7. Autochtones | -0,17 | -0,15 | -0,15 | 0,10 | 0,09 | -0,09 | 1,00 | | | | |
| 8. Immigrants | 0,05 | -0,01 | 0,50 | 0,47 | -0,43 | 0,33 | -0,15 | 1,00 | | | |
| 9. Majorité, 1988 | -0,06 | 0,06 | -0,15 | -0,16 | 0,03 | -0,03 | -0,06 | -0,26 | 1,00 | | |
| 10. Petits partis, 1988 | 0,05 | -0,03 | 0,02 | 0,25 | 0,20 | 0,01 | 0,05 | 0,04 | 0,10 | 1,00 | |
| 11. Dépenses d'élection, 1980 | 0,02 | -0,12 | 0,18 | 0,35 | -0,12 | 0,13 | -0,03 | 0,22 | -0,41 | 0,12 | 1,00 |

## NOTES

L'auteur tient à remercier M. Paul Cornish de l'Université d'État de New York à Buffalo, qui a aidé à préparer les données en vue de l'analyse, et les fonctionnaires d'Élections Canada (en particulier, M. John Enright), qui ont mis diligemment à sa disposition un certain nombre des renseignements analysés dans la présente étude. MM. Peter Aucoin, Herman Bakvis et Pierre Lortie ont eu l'obligeance de faire des recommandations utiles au sujet d'une version antérieure de la présente étude.

1. Selon le *Petit Robert*, le terme « écologie » signifie l'« étude des milieux où vivent et se reproduisent les êtres vivants ainsi que les rapports de ces êtres avec le milieu ». L'analyse présentée ici suit une tradition relativement longue de recherche électorale à l'aide des données globales des circonscriptions pour représenter et analyser le milieu sociopolitique au

sein duquel s'élaborent les conduites politiques individuelles. Pour de plus amples descriptions de l'approche écologique, voir Ranney (1962) et Ersson *et al.* (1982).

2. Le Canada ne tient pas une liste électorale permanente. Les responsables des élections entreprennent plutôt, entre le trente-huitième et le trente-deuxième jour précédant le scrutin, de dresser une liste des personnes qui ont le droit de voter (voir Canada, *Loi électorale*, articles 63 et 64). Bien que cette méthode soit théoriquement censée produire une liste électorale très précise (davantage que, par exemple, la mise à jour annuelle d'une liste permanente, comme on le fait en Grande-Bretagne), des plaintes concernant le dénombrement incomplet de certaines régions sont devenues monnaie courante à la suite de la dernière élection. De la même façon, la corruption (le soi-disant « vote des macchabées », par exemple) peut aussi compromettre la fiabilité des compilations électorales. Il existe relativement peu de données qui concernent l'exactitude des chiffres officiels de participation au scrutin, bien que l'étude révélatrice que Laponce (1967, 81) a effectuée dans une circonscription de Vancouver indique que l'écart entre les taux « officiels » et les taux « réels » de participation au scrutin peut aller jusqu'à 5 %. Comme rien ne laisse croire que la répartition géographique de telles inexactitudes ne suive un modèle (en dépit des suppositions de Laponce concernant une polarisation rurale-urbaine possible), on ne tiendra pas compte de l'erreur de la mesure dans l'analyse qui suit.

3. En plus des gains évidents sur le plan de l'exactitude de la mesure que l'on obtient en appariant des données électorales et censitaires recueillies dans l'intervalle de temps le plus court possible, les modifications considérables apportées aux limites des circonscriptions en juillet 1988 nous obligent à employer deux ensembles de données de recensement pour effectuer cette analyse. Cela est dû au fait que les résultats du recensement de 1981 ont été diffusés selon les anciennes limites des circonscriptions (en usage entre 1974 et 1984), tandis que ceux du recensement de 1986 ne sont disponibles qu'en fonction des nouvelles limites de 1988.

4. Cette terminologie reprend approximativement la classification très répandue des élections présidentielles (« maintaining, deviating and realigning »), créée par Campbell et ses collaborateurs au Michigan (1960, chapitre 19).

5. Dans d'autres pays, on utilise ordinairement la proportion des travailleurs agricoles comme un indicateur adéquat du continuum rural-urbain. Cependant, étant donné qu'une grande partie du Canada rural se compose de terres incultivables et peu peuplées, nous avons jugé qu'une mesure aussi simple était contre-indiquée et avons créé une mesure sommaire de l'« emploi dans le secteur primaire ». Nous n'avons pas tenu compte de la main-d'œuvre du secteur minier dans le calcul de cette mesure composite, parce qu'on y trouve beaucoup de personnes travaillant dans des raffineries

de pétrole et dont les lieux de travail et de résidence ont tendance à se concentrer dans des régions urbaines.

6. Les variables auxiliaires régionales reçoivent un « 1 » pour chaque circonscription située dans la région en question, et un « 0 » dans les autres cas. On les emploie souvent dans les analyses de régression pour intégrer des variables nominales (c'est-à-dire qui ne sont pas mesurées en unités uniformes) comme le sexe, la religion ou la région (voir Gujarati 1988, 431–437). Les coefficients des variables auxiliaires fournissent en fait une correction de la constante (ou « coordonnée à l'origine ») qu'il faudrait apporter pour représenter empiriquement le caractère particulier des circonscriptions dans chaque province et région, après avoir tenu compte d'autres influences mesurées. Blake (1972) explique clairement les variables auxiliaires et leur application pour mesurer le régionalisme dans les phénomènes électoraux au Canada.

7. Les fuseaux horaires vont d'est en ouest : heure normale de Terre-Neuve, temps universel civil (TUC) moins 3 heures et 30 minutes; heure normale de l'Atlantique, TUC moins 4 heures; heure normale de l'Est, TUC moins 5 heures; heure normale du Centre, TUC moins 6 heures; heure normale des Rocheuses, TUC moins 7 heures; heure normale du Pacifique, TUC moins 8 heures. Quand les bureaux de scrutin ferment à Terre-Neuve à 20 h, il n'est donc que 15 h 30 en Colombie-Britannique et au Yukon.

## RÉFÉRENCES

Blake, Donald E., « The Measurement of Regionalism in Canadian Voting Patterns », *Revue canadienne de science politique*, vol. 5 (1972), p. 55–81.

Burnham, Walter D., *Critical Elections and the Mainsprings of American Politics*, New York, W.W. Norton, 1970.

Campbell, Angus, Philip E. Converse, Warren E. Miller et Donald E. Stokes, *The American Voter*, New York, John Wiley, 1960.

Canada, Élections Canada, *Rapport du directeur général des élections, trente et unième élection générale*, Parties I, II et IV, Ottawa, Ministre des Approvisionnements et Services Canada, 1980a.

———, *Rapport du directeur général des élections, trente-deuxième élection générale*, Parties I, II et IV, Ottawa, Ministre des Approvisionnements et Services Canada, 1980b.

———, *Rapport du directeur général des élections concernant les dépenses d'élection, trente-deuxième élection générale*, Ottawa, Ministre des Approvisionnements et Services Canada, 1980c.

———, *Rapport du directeur général des élections, trente-troisième élection générale*, Parties I, II et IV, Ottawa, Ministre des Approvisionnements et Services Canada, 1984a.

————, *Rapport du directeur général des élections concernant les dépenses d'élection, trente-troisième élection générale*, Ottawa, Ministre des Approvisionnements et Services Canada, 1984b.

————, *Rapport du directeur général des élections, trente-quatrième élection générale*, Annexes (révisées), Ottawa, Ministre des Approvisionnements et Services Canada, 1988a.

————, *Rapport du directeur général des élections concernant les dépenses d'élection, trente-quatrième élection générale*, Ottawa, Ministre des Approvisionnements et Services Canada, 1988b.

Canada, Statistique Canada, *Recensement du Canada, 1981 : Circonscriptions électorales fédérales*, Ottawa, Statistique Canada, n° 95-941 au catalogue, 1983.

————, *Recensement du Canada, 1986 : Circonscriptions électorales fédérales — Ordonnance de représentation de 1987, partie 2*, Ottawa, Statistique Canada, n° 94-134 au catalogue, 1988.

Clarke, Harold D., Jane Jenson, Lawrence LeDuc et Jon Pammett, *Absent Mandate : The Politics of Discontent in Canada*, Toronto, Gage, 1984.

Crewe, Ivor, « Electoral Participation », dans David Butler, Howard Penniman et Austin Ranney (dir.), *Democracy at the Polls*, Beverly Hills, Sage Publications, 1981.

Crewe, Ivor, Tony Fox et Jim Alt, « Non-Voting in British General Elections, 1966–October 1974 », dans Colin Crouch (dir.), *Participation in Politics, British Political Sociology Yearbook*, vol. 3, Londres, Croom Helm, 1977.

Denver, David, et Gordon Hands, « Marginality and Turnout in General Elections in the 1970s », *British Journal of Political Science*, vol. 15 (1985), p. 381–398.

Eagles, Munroe, et Stephen Erfle, « Community Cohesion and Voter Turnout in English Parliamentary Constituencies — Research Note », *British Journal of Political Science*, vol. 19 (1989), p. 115–125.

Ersson, Svante, Kenneth Janda et Jan-Erik Lane, « The Logic of Political Ecology Analysis », dans D. Anckar *et al.* (dir.), *Partier, Ideologier, Valjare : En Antologi*, Abo, Abo Akademi, 1982.

Fiorina, Morris P., *Retrospective Voting in American National Elections*, New Haven, Yale University Press, 1981.

Gray, Charlotte, « Purchasing Power », *Saturday Night*, mars 1989, p. 15–18.

Grossman, Lawrence S., « "Safe Seats" : The Rural-Urban Pattern in Ontario », dans John C. Courtney (dir.), *Voting in Canada*, Scarborough, Prentice-Hall, 1967.

Gujarati, Damodar N., *Basic Econometrics*, 2e éd., New York, McGraw-Hill, 1988.

Hamel, Jean-Marc, « Une entrevue avec Jean-Marc Hamel (effectuée par David Lord) », *Le gouvernement parlementaire*, vol. 8 (1989), p. 13–18.

Irvine, William P., « Testing Explanations of Voter Turnout in Canada », dans Ian Budge, Ivor Crewe et Dennis Fairlie (dir.), *Party Identification and Beyond*, New York, John Wiley, 1976.

Key, V.O., Jr., *The Responsible Electorate : Rationality and Presidential Voting*, New York, Random House/Vintage Books, 1966.

Lane, Jan-Erik, et Svante Ersson, « Macro and Micro Understanding in Political Science : What Explains Electoral Participation ? », *European Journal of Political Research*, vol. 18 (1990), p. 457–465.

Laponce, Jean A., « Non-Voting and Non-Voters : A Typology », *Revue canadienne d'économique et de science politique*, vol. 33 (1967), p. 75–87.

Loveday, P., et D. Jaensch, « Indigenes and Electoral Administration, Australia and Canada », *Electoral Studies*, vol. 6, no 1 (1987), p. 31–40.

Milbrath, Lester W., et M.L. Goel, *Political Participation : How and Why Do People Get Involved in Politics*, 2e éd., Chicago, Rand McNally, 1977.

Mishler, William, *Political Participation in Canada*, Toronto, Macmillan, 1979.

Mughan, Anthony, *Party and Participation in British Elections*, New York, St. Martin's Press, 1986.

Patterson, Samuel C., et Gregory A. Caldeira, « Getting Out the Vote : Participation in Gubernatorial Elections », *American Political Science Review*, vol. 77 (1983), p. 675–698.

Powell, G. Bingham, Jr., « American Voter Turnout in Comparative Perspective », *American Political Science Review*, vol. 80 (1986), p. 17–43.

Qualter, T.H., *The Election Process in Canada*, Toronto, McGraw-Hill, 1970.

Ranney, Austin, « The Utility and Limitations of Aggregate Data in the Study of Electoral Behavior », dans Austin Ranney (dir.), *Essays on the Behavioral Study of Politics*, Urbana, University of Illinois Press, 1962.

Scarrow, Howard, « By-Elections and Public Opinion in Canada », dans John C. Courtney (dir.), *Voting in Canada*, Scarborough, Prentice-Hall, 1967a.

———, « Patterns of Voter Turnout in Canada », dans John C. Courtney (dir.), *Voting in Canada*, Scarborough, Prentice-Hall, 1967b.

Soderlund, Walter C., Walter I. Romanow, E. Donald Briggs et Ronald H. Wagenberg, *Media and Elections in Canada*, Toronto, Holt, Rinehart and Winston of Canada, 1984.

Squire, Peverill, Raymond E. Wolfinger et David P. Glass, « Residential Mobility and Voter Turnout », *American Political Science Review*, vol. 81 (1987), p. 45–65.

Stasiulis, Daiva, et Yasmeen Abu-Laban, « Ethnic Activism and the Politics of Limited Inclusion in Canada », dans Alain G. Gagnon et James P. Bickerton (dir.), *Canadian Politics : An Introduction to the Discipline*, Peterborough, Broadview Press, 1990.

Straits, Bruce, « The Social Context of Voter Turnout », *Public Opinion Quarterly*, vol. 54 (1990), p. 64–73.

Swaddle, Kevin, et Anthony Heath, « Official and Reported Turnout in the British General Election of 1987 — Research Note », *British Journal of Political Science*, vol. 19 (1989), p. 537–551.

Uhlaner, Carole Jean, « Rational Turnout : The Neglected Role of Groups », *American Journal of Political Science*, vol. 33 (1989a), p. 390–422.

———, « "Relational Goods" and Participation : Incorporating Sociability into a Theory of Rational Action », *Public Choice*, vol. 62 (1989b), p. 253–285.

Van Wageningen, Ellen, « Chiefs Not Surprised by Low Native Voter Turnout », *Sun Times* (Owen Sound), 23 novembre 1988.

Verba, Sidney, et Norman H. Nie, *Participation in America : Political Democracy and Social Inequality*, New York, Harper and Row, 1972.

Wearing, Joseph, *Strained Relations : Canadian Parties and Voters*, Toronto, McClelland and Stewart, 1988.

Wiseman, Nelson, « The Use, Misuse and Abuse of the National Election Studies », *Revue d'études canadiennes*, vol. 21 (1986), p. 21–37.

Wolfinger, Raymond E., et Steven J. Rosenstone, *Who Votes ?*, New Haven, Yale University Press, 1980.

# 2

# L'EXERCICE
# DU DROIT DE VOTE
# AU CANADA

~

**Jon H. Pammett**

DEPUIS LA SECONDE GUERRE MONDIALE, environ 75 % des personnes qui ont le droit de voter se prévalent normalement de ce droit lors des élections fédérales canadiennes. Le pourcentage du vote à chacune de ces élections ne s'est guère écarté de cette norme. Le tableau 2.1 indique les taux réels de participation au scrutin dans les élections d'après-guerre.

Lors des 15 élections nationales qui se sont tenues au Canada depuis 1945, la norme de participation électorale de 75 % n'a pas connu beaucoup d'écarts importants. Deux fois seulement, aux élections de 1953 et de février 1980, la participation a été inférieure à 70 %. Par contre, 79 % des électeurs et électrices ayant le droit de vote sont allés aux urnes lors des trois élections de 1958, 1962 et 1963; il semble que l'intérêt des Canadiens et Canadiennes pour la politique électorale ait atteint son apogée pendant les années du règne de John Diefenbaker.

Le taux moyen de 75 % pourrait toutefois être obtenu de plusieurs façons; or, ceci n'a pas été abordé dans les études de la participation prise globalement (Scarrow 1967). La question primordiale est de savoir si les quelque 25 % (à quelques points près) des Canadiens et Canadiennes qui ont le droit de voter et qui n'exercent pas ce droit à chacune des élections sont chaque fois les *mêmes* personnes. Les données recueillies établissent nettement que tel n'est pas le cas. Plusieurs des études portant sur les élections nationales (Clarke *et al.* 1991, xii) contenaient la question suivante : « Aux élections fédérales qui se sont tenues depuis que vous êtes en âge de voter, avez-vous voté à toutes ces élections, à la plupart d'entre elles, à quelques-unes d'entre elles ou à aucune ? » Les réponses données dans l'étude de 1979 sont typiques : à toutes les élections, 66 %; à la plupart, 23 %; à quelques-unes, 9 %; à aucune, 2 %.

**Tableau 2.1**
**Taux de participation aux élections fédérales canadiennes**
(en pourcentage)

| Année de l'élection | Taux de participation |
|---|---|
| 1945 | 75 |
| 1949 | 74 |
| 1953 | 68 |
| 1957 | 74 |
| 1958 | 79 |
| 1962 | 79 |
| 1963 | 79 |
| 1965 | 75 |
| 1968 | 76 |
| 1972 | 77 |
| 1974 | 71 |
| 1979 | 76 |
| 1980 | 69 |
| 1984 | 76 |
| 1988 | 75 |

Afin d'approfondir cette question, l'étude des résultats des élections nationales de 1974, 1979 et 1980 (Clarke *et al.* 1991) a permis de suivre de près comment les mêmes personnes ont participé aux cinq élections tenues de 1968 à 1980 : on leur a demandé de se rappeler si elles avaient voté en 1968 et en 1972, puis on les a interviewées de nouveau après les élections de 1974, 1979 et 1980 pour savoir si elles avaient voté à ces trois occasions. Parmi les répondants et répondantes de l'échantillon qui avaient droit de voter aux cinq élections, 74 % ont dit avoir voté à toutes ces élections, 18 % à quatre, 5 % à trois, et seulement 2 % à une ou deux. Tous ces répondants ont voté à au moins une élection.

Les études ont tendance à surestimer la participation pour deux raisons. La première est que les personnes qui ne s'intéressent pas à la politique et aux élections sont à la fois moins susceptibles de voter et moins portées à répondre à des enquêtes. La seconde est que certains répondants vont mensongèrement indiquer qu'ils ont voté soit parce qu'ils sont gênés de ne pas avoir voté, soit par désir de plaire à l'interviewer. On convient donc qu'il y a un petit « noyau » d'abstentionnistes perpétuels, dont le nombre représente peut-être 5 % de la population tout au plus. Les votants « occasionnels », qui participent au scrutin quelquefois mais pas toujours, sont chose beaucoup plus courante.

## LES RAISONS DE NE PAS VOTER

Comme l'abstentionnisme est généralement intermittent, on est porté à l'attribuer aux circonstances propres à chaque élection. Les campagnes électorales ont lieu à différentes époques de l'année; celles tenues en hiver ou en été se soldent par des taux de participation plus faibles à cause des conditions atmosphériques ou parce qu'elles interfèrent avec les plans de vacances des électeurs potentiels. Les élections à faible participation de 1953 et de 1974 ont eu lieu en été, et celles de 1980 en hiver. Le public peut éprouver plus ou moins d'intérêt pour les personnalités ou les questions débattues, et son désir de voter peut croître ou fléchir en conséquence. Les luttes électorales perçues comme serrées ou inégales, que ce soit sur le plan national ou à l'échelle d'une circonscription, peuvent influer sur la décision d'aller voter ou non. Le fait qu'une campagne soit animée ou morne peut avoir le même effet (Frizzell *et al.* 1989; Penniman 1988; Clarke *et al.* 1979).

On sait depuis longtemps que la participation au scrutin est dans une certaine mesure conditionnée par la situation sociodémographique et par les attitudes politiques (Verba *et al.* 1978). L'intérêt pour la politique et le sentiment qu'on peut éventuellement influencer le processus politique, de même que le degré de sensibilisation politique des électeurs et électrices, influent sur la propension à voter souvent. Ces variables ont toutefois un effet beaucoup plus faible sur la participation au scrutin que sur des formes de participation politique de niveau supérieur telles que les campagnes électorales (Mishler 1979, chapitre 4). De même, on a constaté que les variables sociales comme la classe sociale, la profession et l'éducation influent peu sur la participation électorale mais ont un lien beaucoup plus étroit avec d'autres formes de participation (*ibid.*, chapitre 5). L'âge a lui aussi un rapport avec la participation électorale, les jeunes électeurs prenant part, à des niveaux inférieurs, à la plupart des activités politiques (Pammett et Myles, 1991).

Le dernier facteur qui influence la participation au scrutin est celui de « la privation du droit de vote pour raisons administratives ». Cette expression ne sert pas à désigner les groupes de personnes qui n'ont pas légalement droit de vote, que ce soit entre autres en raison de leur âge ou de leur lieu de résidence (Ward 1963; Qualter 1970). Le terme se rapporte plutôt à la façon dont certains mécanismes électoraux empêchent la participation en créant des obstacles qui, s'ils ne sont pas techniquement insurmontables, n'en exigent pas moins un surcroît d'effort. Par exemple, les personnes gravement malades ou absentes du pays peuvent voter par procuration, mais la nomination d'un ou d'une mandataire est complexe et prend du temps. Les bureaux de scrutin par anticipation permettent aux personnes qui seront absentes de chez elles le jour de l'élection de voter à d'autres moments; mais ici encore, ce mécanisme exige des connaissances et des efforts supplémentaires. Dans son étude de l'élection fédérale de 1963 dans une circonscription de Vancouver, Laponce (1967) a isolé un groupe d'abstentionnistes qui étaient absents de leur circonscription le jour du scrutin ou qui n'étaient pas bien ce jour-là, deux catégories de non-votants que nous qualifierions de « privés du droit de vote pour raisons administratives ».

En 1986, Élections Canada a chargé la maison de sondage Gallup d'inclure dans l'une de ses enquêtes polyvalentes une série de questions pour essayer de déterminer pourquoi les gens ne vont pas voter (Gallup 1986). Élections Canada se préoccupait surtout des raisons pouvant découler des méthodes officielles suivies dans la conduite du scrutin, ou de mécanismes qu'il serait possible d'amender dans le cadre de la *Loi électorale du Canada*. Dans l'enquête d'Élections Canada, on a déterminé l'importance des divers problèmes en demandant aux personnes qui n'avaient pas voté à l'élection précédente de choisir les raisons qui les avaient poussées à s'abstenir parmi un ensemble d'énoncés conçus pour saisir les diverses raisons possibles de ne pas voter. Comme l'enquête a été menée deux ans après l'élection de 1984, un groupe important de personnes ont signalé qu'elles n'avaient pas voté à cette élection-là parce que la loi ne leur en donnait pas le droit, mais qu'elles avaient, depuis, atteint l'âge électoral ou acquis la citoyenneté canadienne. Nos prochains calculs ne tiendront pas compte de ces personnes.

La raison la plus fréquemment invoquée par les autres abstentionnistes (choisie par 22 % d'entre eux) était : « Je n'ai pu voter ni le jour du scrutin, ni par anticipation, ni au bureau d'Élections Canada [bureau du directeur ou directrice du scrutin], ni par procuration. » Par la suite, les personnes qui avaient choisi cette catégorie ont précisé qu'elles étaient absentes (du pays ou de la maison) ou malades. Une tranche additionnelle de 4 % ont dit que leur nom ne figurait pas sur la liste électorale. Les autres réponses possibles permettaient aux répondants et répondantes de dire s'ils n'avaient pas voté parce qu'ils n'aimaient pas les candidats, les partis et les chefs, ou encore parce qu'ils avaient été paresseux et qu'ils ne s'étaient pas donné la peine d'aller voter. Ce genre de questions à réponses limitées produit un nombre plus faible de personnes privées du droit de vote pour des raisons administratives (26 % des non-votants ayant potentiellement le droit de voter) que lorsqu'on utilise un questionnaire ouvert.

Les trois études portant sur les élections nationales de 1974, 1980 et 1984 comportaient une question dans laquelle on demandait aux personnes qui disaient ne pas avoir voté, pourquoi elles ne l'avaient pas fait. Ces questions étaient ouvertes et les réponses ont été enregistrées mot pour mot. Il est intéressant d'examiner en détail les réponses données. Elles sont présentées dans le tableau 2.2 par élection.

Les raisons de s'abstenir de voter sont pratiquement identiques d'une élection à l'autre. En tête de liste, on trouve les personnes qui étaient en dehors de leur circonscription le jour de l'élection, pour affaires ou en vacances. Les personnes qui n'ont pas voté parce qu'elles étaient absentes ont dit qu'elles ignoraient les mesures prévues pour le scrutin par anticipation ou par procuration, qu'elles n'avaient pas pu s'en prévaloir, qu'elles n'avaient pas voulu y consacrer le temps nécessaire, ou qu'elles avaient dû s'absenter à la dernière minute. Parmi celles qui n'ont pas voté parce qu'elles étaient absentes de chez elles, se trouvent des étudiants et étudiantes en résidence dans des universités situées dans d'autres villes : les problèmes du vote des étudiants sont bien connus.

Un deuxième groupe d'abstentionnistes comprend les personnes trop malades pour se rendre aux bureaux de scrutin, soit parce qu'elles étaient confinées à la maison, soit parce qu'elles étaient à l'hôpital. Encore ici, il aurait été possible pour beaucoup de malades de prendre d'autres dispositions afin, par exemple, de nommer un ou une mandataire. Il s'agit cependant d'un mécanisme assez complexe, qui prend du temps et qui n'est probablement pas prioritaire pour de grands malades. Élections Canada établit des bureaux de scrutin dans certains hôpitaux, mais seuls les patients qui sont inscrits sur la liste électorale à l'hôpital au cours de la période antérieure à l'élection et qui s'y trouvent encore le jour de l'élection ont le droit d'y voter.

Un troisième groupe d'abstentionnistes ont répondu qu'ils étaient trop occupés. Sans plus de détails, il est difficile de savoir s'il s'agit ici de la simple rationalisation d'un manque d'intérêt ou si des modifications administratives, telles que la possibilité de voter par la poste, auraient pu les inciter à le faire.

**Tableau 2.2**
**Motifs d'abstention**

| | Nombre de répondants | | |
| --- | --- | --- | --- |
| | 1974 | 1980 | 1984 |
| À l'extérieur de la circonscription | 71 | 11 | 109 |
| Aucune raison particulière | — | 6 | 37 |
| En dehors de la ville par affaires, à l'école | 20 | 34 | — |
| En vacances | 76 | 25 | — |
| J'ai oublié, je ne savais pas où aller voter | 7 | 2 | 9 |
| Je n'aimais pas les candidats | — | 5 | — |
| Je n'ai pu me décider, je ne connaissais pas les candidats | 24 | 11 | 27 |
| Je ne peux pas me rappeler | 4 | 1 | — |
| Je ne sais pas | 25 | — | 10 |
| Je ne vote jamais | 6 | 1 | — |
| Je ne voulais pas aller voter | 12 | 15 | — |
| Malade, à l'hôpital | 55 | 24 | 45 |
| Manque d'intérêt, je n'ai pas pris la peine | 53 | 23 | 129 |
| Mon parti gagnerait sans mon vote | — | 2 | — |
| Mon vote n'aurait aucune importance | 31 | 7 | — |
| Motifs religieux | 2 | 1 | 11 |
| Pas sur la liste électorale | 9 | 11 | 53 |
| Pour protester | 9 | — | — |
| Raisons diverses | — | — | 13 |
| Refus de répondre | 2 | — | 5 |
| Sans droit de vote, immigrant reçu | — | 5 | — |
| Trop occupé | 44 | 4 | 63 |

Un quatrième groupe d'abstentionnistes peuvent se classer d'une manière générale dans la catégorie des indifférents. On y trouve les personnes qui déclarent ne pas s'être dérangées pour aller voter, qui ont oublié de le faire, qui n'ont pu trouver le bureau de vote, qui ne savaient pas pour qui voter, qui n'aimaient aucun des candidats ou des partis qui se présentaient aux élections, ou qui pensaient que leur vote n'aurait aucune importance sur le résultat de l'élection. Il sera sans doute difficile de récupérer beaucoup de ces électeurs et électrices au moyen de modifications administratives.

Enfin, un groupe de personnes n'ont pu voter parce qu'elles n'étaient pas inscrites sur la liste électorale et que leur nom ne s'y était pas ajouté au cours de la période prévue pour la révision des listes. On a étudié la répartition géographique des personnes non inscrites dans l'échantillon de 1984 pour déterminer leur circonscription, bien que la méthode d'échantillonnage utilisée dans cette enquête ne nous permette pas de préciser leur bureau de scrutin. Plus de la moitié de toutes ces personnes habitaient des circonscriptions entièrement urbaines, et un autre quart habitaient des circonscriptions à prédominance urbaine. Il est logique de croire que la majeure partie des personnes qui ne votent pas faute d'avoir été inscrites vivent dans les zones urbaines puisque les règlements électoraux prévoient que les électeurs en milieu rural non inscrits sur la liste peuvent y être ajoutés sur place le jour de l'élection, s'ils ont un répondant.

Une autre catégorie d'abstentionnistes qui apparaît au tableau 2.2 comprend les personnes qui n'ont pas voté pour des « motifs religieux ». En examinant de plus près la religion de ces personnes, on constate que les deux tiers d'entre elles sont des témoins de Jéhovah.

Après examen, on constate que les motifs d'abstention lors des élections fédérales canadiennes se classent en cinq catégories : les personnes « absentes » de chez elles le jour de l'élection, les personnes trop « malades » pour se rendre au bureau de scrutin, les personnes trop « occupées » pour trouver le temps d'aller voter, les personnes trop « peu intéressées » pour aller voter et les personnes sans droit de vote par suite de leur « non-inscription ». Le tableau 2.3 présente la ventilation des réponses en fonction de ces cinq catégories pour les trois élections qui font l'objet de la présente étude.

**Tableau 2.3**
**Motifs d'abstention invoqués par les personnes**
(en pourcentage)

|  | 1974 | 1980 | 1984 |
|---|---|---|---|
| Absence | 38 | 39 | 23 |
| Maladie | 13 | 13 | 9 |
| Non-inscrit | 2 | 6 | 11 |
| Pas intéressé | 37 | 40 | 39 |
| Trop occupé | 10 | 2 | 19 |
| (N) | (437) | (182) | (483) |

On pourra trouver des variations entre les catégories de raisons indiquées dans le tableau 2.3 si on les examine de près. À cause de différences de codage, on a pu classer dans la catégorie « trop occupées » de 1984 des personnes qui, par exemple, se classaient dans la catégorie « absentes » en 1974 et 1980. De même, le groupe foncièrement plus nombreux des répondants et répondantes qui ont affirmé ne pas avoir été inscrits, en 1984, peut être le résultat de différences d'échantillonnage entre les deux études.

La leçon générale qu'il faut tirer des motifs ainsi exprimés par les personnes qui se sont abstenues de voter est qu'une portion importante de celles qui ne participent à aucune élection sont « absentes », « malades », « trop occupées » ou « non inscrites » et qu'elles pourraient être encouragées à voter si des mesures administratives étaient prises pour leur permettre de le faire sans l'« effort supplémentaire » qu'on leur demande actuellement de fournir dans ces situations. Nous reviendrons sur ce sujet dans les dernières parties de cette étude. Mais auparavant, nous allons examiner les facteurs de la non-participation électorale qui relèvent de la démographie, des attitudes et du comportement.

## LES FACTEURS DÉMOGRAPHIQUES LIÉS À LA PARTICIPATION ÉLECTORALE

Un certain nombre des caractéristiques démographiques de base influent sur l'exercice du droit de vote. Afin d'examiner ces rapports en détail, on a regroupé les données de 10 sondages Gallup effectués entre octobre 1984 et octobre 1985. On a ainsi combiné les réponses de plus de 10 000 personnes auxquelles on avait demandé si elles avaient voté (lorsqu'elles en avaient le droit) à l'élection fédérale de septembre 1984. Le pourcentage total des personnes qui n'avaient pas voté en 1984 a été de 19 %, chiffre qui est plus proche du taux réel de non-participation électorale que ceux trouvés dans les études portant sur les élections nationales.

Cette analyse des données combinées de Gallup, bien que très précise du point de vue de la statistique (à cause de la grande taille de l'échantillon), n'en reste pas moins limitée à cause du petit nombre des variables de « prédiction » incluses dans les sondages. Le tableau 2.4 présente les relations entre la participation au scrutin et l'âge, la famille, le revenu, l'état civil, la profession et la religion. Les chiffres de la participation pour les autres variables (sexe, éducation, appartenance à un syndicat et taille de la collectivité) figurent au tableau 2.A1 de l'annexe. Ils ne sont pas inclus ici parce que les relations sont si ténues qu'elles sont presque négligeables.

Tableau 2.4
**Facteurs démographiques de la participation électorale en 1984
à partir des sondages Gallup combinés**

|  | Ont voté (%) | N'ont pas voté (%) | N |
|---|---|---|---|
| **Âge** | | | |
| 18–21 | 63 | 37 | 874 |
| 22–29 | 71 | 29 | 2 197 |
| 30–39 | 83 | 17 | 2 310 |
| 40–49 | 85 | 15 | 1 361 |
| 50–59 | 88 | 12 | 1 338 |
| 60 et + | 88 | 12 | 1 963 |
| *V* = ,21 | | | |
| **Revenu familial (en milliers de dollars)** | | | |
| Moins de 10 | 74 | 26 | 1 208 |
| 10–15 | 77 | 23 | 975 |
| 15–20 | 79 | 21 | 864 |
| 20–30 | 81 | 19 | 1 810 |
| 30–40 | 82 | 18 | 1 530 |
| 40 et + | 86 | 14 | 2 054 |
| *V* = ,09 | | | |
| **État matrimonial** | | | |
| Célibataires | 70 | 30 | 2 011 |
| Veufs, séparés, divorcés | 77 | 23 | 1 590 |
| Mariés | 84 | 16 | 6 609 |
| *V* = ,14 | | | |
| **Occupation** | | | |
| Étudiants | 68 | 32 | 572 |
| Sans emploi | 70 | 30 | 401 |
| Cols-bleus | 77 | 23 | 2 357 |
| Travail de bureau, ventes | 81 | 19 | 1 382 |
| Maîtresses de maison | 82 | 18 | 2 369 |
| Professionnels, affaires | 85 | 15 | 1 905 |
| *V* = ,12 | | | |
| **Religion** | | | |
| Autres | 71 | 29 | 237 |
| Aucune | 72 | 28 | 1 212 |
| Judaïque | 78 | 22 | 90 |
| Catholique romaine | 82 | 18 | 4 556 |
| Protestante | 82 | 18 | 4 123 |
| *V* = ,09 | | | |

L'âge est le facteur le plus important en ce qui a trait à la participation électorale. Les jeunes (de 18 à 21 ans) sont trois fois moins
susceptibles de voter que les personnes âgées de 50 ans et plus. Le
tableau 2.4 montre que 37 % des plus jeunes n'ont pas voté en 1984,
comparativement à 12 % des personnes plus âgées. La participation

électorale est aussi inférieure à la moyenne dans le groupe de jeunes de 22 à 29 ans : 29 % n'ont pas voté en 1984. Une fois que les citoyens et citoyennes atteignent la trentaine, la probabilité de leur participation au scrutin est plus élevée.

Le tableau 2.4 montre d'autres variables qui sont en corrélation avec des taux inférieurs de participation électorale. Les célibataires sont moins susceptibles de voter que les personnes mariées. Les personnes qui ont été mariées et qui sont maintenant veuves, séparées ou divorcées forment une catégorie intermédiaire plus susceptible de voter que les célibataires mais moins que celles qui sont mariées. Les taux de participation au scrutin sont plus faibles chez les étudiants et étudiantes et chez les personnes en chômage. Les écarts entre les autres catégories professionnelles sont plus faibles, mais les cols-bleus sont moins susceptibles de voter que les personnes des milieux des professions libérales, de la gestion et des affaires. Le revenu influe aussi sur le taux de participation. Enfin, les gens qui ne déclarent aucune religion ou qui sont de confession religieuse autre que protestante ou catholique sont moins susceptibles de voter.

Un certain nombre de ces variables sont interreliées. Une personne qui ne vote pas est probablement « jeune », « célibataire », « à faible revenu », « aux études ou sans emploi », « sans religion » ou de « religion peu conventionnelle ». Les personnes ayant ce profil sont au moins deux fois plus susceptibles de ne pas voter que celles dont le profil combine d'autres caractéristiques sociales.

L'âge est la variable qui influe le plus sur la participation au scrutin et les « contrôles » statistiques de l'âge ont des conséquences majeures sur les autres relations présentées dans le tableau 2.4. Par exemple, le contrôle de l'âge diminue considérablement la relation entre l'occupation et la participation au vote puisque ce sont les jeunes étudiants, les jeunes en chômage et les jeunes cols-bleus qui sont les moins susceptibles de voter. Les personnes de 50 ans et plus qui sont en chômage sont elles aussi moins susceptibles de voter que les personnes du même groupe d'âge ayant un emploi. La relation entre la non-participation au scrutin et le célibat s'annule chez ceux et celles qui ont moins de 30 ans ou qui sont dans la quarantaine, mais elle est maintenue chez ceux qui sont dans la trentaine ou la cinquantaine. Les électeurs et électrices plus jeunes qui n'ont pas dépassé le niveau de l'école publique ont un taux de participation particulièrement faible.

L'examen des données par province ou par région du Canada a certaines conséquences sur les relations de base indiquées dans le tableau 2.4. La participation au scrutin des jeunes de 18 à 21 ans est particulièrement faible en Colombie-Britannique, où seulement 46 %

ont voté en 1984. Les jeunes célibataires de cette province ressemblent beaucoup aux célibataires plus âgés de l'est du pays, où l'âge ne fait guère de différence dans les données. La tendance des cols-bleus à moins participer au scrutin ne se manifeste pas au Québec, au Manitoba ou en Saskatchewan. Les personnes d'origine juive habitant au Québec étaient moins susceptibles de voter en 1984, mais ceci ne s'est vérifié nulle part ailleurs.

Les données ci-dessus ont été soumises à une paire d'analyses multivariées. Avec la variable dépendante « a voté/n'a pas voté » en 1984, on a exécuté une régression multiple en utilisant les catégories de l'âge, de la religion, du revenu, de l'occupation, de l'éducation et de l'état matrimonial en tant que variables prédictives. Les résultats de cette analyse de régression sont présentés dans le tableau 2.A3 de l'annexe. Les premières variables qui ressortent sont les deux catégories de jeunes (18–21 ans et 22–29 ans), qui fournissent ensemble l'explication d'environ 4 % de la variance dans la variable « a voté/n'a pas voté ». En additionnant toutes les variables prédictives qui restent, on élève à 6 % le taux d'explication de la variance. À titre de vérification de l'exactitude de la procédure de régression, on a aussi effectué une analyse logit en utilisant les mêmes variables. (Certains statisticiens soutiennent que logit est la technique qu'il est préférable d'appliquer lorsqu'on utilise une variable dépendante dichotomique, mais logit a cet inconvénient que ses résultats ne sont pas faciles à interpréter quand il s'agit d'expliquer une variance.) Les résultats se ressemblaient beaucoup, les deux catégories de jeunes affichant les deux plus grands coefficients, suivies par la catégorie du revenu inférieur à 10 000 $, comme dans l'analyse de régression (tableau 2.A3).

Cette analyse a montré que la participation électorale au Canada est influencée par des facteurs démographiques dont le plus important est l'âge. Cependant, aucune de ces relations n'est significative de façon absolue. La plupart des jeunes gens votent (63 % du groupe des 18–21 ans et 71 % du groupe des 22–29 ans en 1984). Les corrélations du tableau 2.4 oscillent entre 0,09 et 0,21, ce qui est modeste même en regard des normes des sciences sociales. L'analyse à plusieurs variables a expliqué seulement 6 % de la variance relevée dans la participation électorale en utilisant ces variables démographiques.

Il y a donc certains facteurs démographiques qui gênent la participation électorale au Canada. Les jeunes connaissent moins bien les procédures et sont plus susceptibles d'être absents de chez eux. Beaucoup de jeunes n'ont pas eu le temps, ou n'ont pas vu la nécessité de s'intéresser à la politique. Bon nombre de programmes gouvernementaux ne concernent pas directement les célibataires (ou du moins c'est ce qu'ils pensent). Cependant, l'effet de ces variables démographiques n'est pas assez grand pour présenter des obstacles insurmontables aux efforts de réforme.

## LES FACTEURS D'ABSTENTION QUI RELÈVENT DES ATTITUDES ET DU COMPORTEMENT

Contrairement aux sondages Gallup utilisés dans la partie qui précède, les études sur les élections nationales contiennent divers moyens de mesurer les attitudes publiques qui incitent les personnes à voter ou à s'abstenir. Ces facteurs, qui sont de l'ordre des attitudes, mesurent l'intérêt envers la politique, la satisfaction des besoins matériels de la vie et le sentiment que l'on peut comprendre et influencer les décisions politiques. On y trouve aussi plusieurs variables du comportement selon les divers types de participation ou d'action politique. Comme les rapports entre les variables du comportement et la participation électorale se ressemblent beaucoup d'une étude à l'autre, le tableau 2.5 présente les corrélations pour les années 1974, 1980 et 1984, lesquelles sont représentatives de toutes les élections des deux dernières décennies. Nous n'avons pas inclus l'étude de 1988 dans le tableau 2.5 puisque bon nombre des variables des attitudes et du comportement qui se rapportent à la participation électorale n'y étaient pas incluses.

La décision de voter ou de s'abstenir de voter est reliée à toutes les variables énumérées dans le tableau 2.5, qui mesurent l'intérêt, la participation et l'influence perçue en matière de politique. Il n'est pas surprenant que la corrélation la plus forte existe avec l'intérêt porté à l'élection en cause puisque, comme nous l'avons vu, le manque d'intérêt est l'une des principales raisons données pour ne pas voter (voir le tableau 2.2). Même si la corrélation est d'un ordre de grandeur plus faible, les personnes qui s'intéressent moins à la politique en général (« jour après jour, quand il n'y a pas de grands enjeux électoraux en cours ») sont aussi moins susceptibles de voter.

Le sentiment de ne pouvoir guère influencer la politique est également une raison de s'abstenir de voter. Les personnes qui sont d'accord avec les affirmations voulant que la politique est trop compliquée, que le gouvernement ne s'intéresse pas à ce qu'elles pensent, et qu'elles n'ont pas un mot à dire dans ce que le gouvernement fait sont probablement moins portées à aller voter. La corrélation la plus élevée de cet ensemble d'attitudes se rattache à l'affirmation qu' « il y a tellement de gens qui votent aux élections que ça n'a pas beaucoup d'importance que je vote ou non ». Comme cette variable indique une attitude particulièrement intéressante, nous l'examinerons plus attentivement plus loin.

**Tableau 2.5**
**Corrélation entre la non-participation au scrutin et les facteurs qui relèvent des attitudes et du comportement, pour trois élections données**

|  | 1974 | 1980 | 1984 |
|---|---|---|---|
| **Attitudes** | | | |
| Dans quelle mesure vous intéressez-vous aux élections ? | ,31 | ,31 | ,28 |
| Dans quelle mesure prêtez-vous attention à la politique en général ? | ,15 | ,16 | ,22 |
| Dans quelle mesure êtes-vous satisfait de votre niveau de vie ? | ,11 | ,04 | ,08 |
| Je ne crois pas que le gouvernement s'intéresse beaucoup à ce que pensent des gens comme moi. | ,08 | ,13 | ,16 |
| Parfois la politique et le gouvernement semblent tellement compliqués qu'une personne comme moi ne peut vraiment pas comprendre ce qui se passe. | ,05 | ,07 | ,19 |
| Les gens comme moi n'ont pas un mot à dire sur ce que fait le gouvernement. | ,04 | ,08 | ,13 |
| Il y a tellement de gens qui votent aux élections fédérales que ça n'a pas beaucoup d'importance que je vote ou non. | ,22 | ,14 | ,17 |
| **Comportement** | | | |
| Lisez-vous souvent des articles sur la politique dans le journal ? | ,15 | ,20 | ,18 |
| Regardez-vous des émissions de télé sur la politique ? | n.d. | n.d. | ,15 |
| Combien de fois discutez-vous de politique avec d'autres personnes ? | ,15 | ,19 | ,17 |
| Combien de fois essayez-vous de convaincre les gens de voter comme vous ? | ,12 | ,13 | ,14 |
| Combien de fois avez-vous assisté à des réunions ou à des rassemblements politiques ? | ,12 | ,11 | ,15 |
| Combien de fois avez-vous communiqué avec des politiciens ? | ,09 | ,16 | ,14 |
| Combien de fois avez-vous travaillé pour un parti ou un candidat ? | ,10 | ,15 | ,15 |
| Combien de fois avez-vous donné de l'argent à un parti ou à un candidat ? | n.d. | ,11 | ,18 |

*Notes* : Les corrélations du tableau sont tirées du chapitre V de Cramer. Elles sont toutes statistiquement significatives à ,05.

n.d. : non demandée.

Bien entendu, voter est une forme de participation politique. On peut donc prévoir qu'elle sera en corrélation avec d'autres types d'action politique tels que les campagnes, les discussions politiques avec les amis et amies, la participation à des réunions, etc. La relation la plus forte s'établit toutefois avec la lecture des articles de journaux au sujet de la campagne ou de la politique en général. Cette variable fera l'objet d'une étude plus détaillée.

L'opinion selon laquelle il y a tellement d'autres personnes qui prennent part aux élections que le vote d'un individu est en soi sans importance n'est soutenue que par une minorité de Canadiens et Canadiennes. Près des deux tiers de l'échantillon ont vigoureusement rejeté cette idée en 1984, alors que seulement 8 % y souscrivaient et qu'un autre 11 % se disaient « quelque peu » d'accord sur ce point. Le rapport entre cette opinion et la participation au scrutin est illustré dans le tableau 2.6 pour les études de 1974 et de 1984, deux études portant sur un nombre de non-votants ou non-votantes assez grand pour se prêter à une analyse détaillée.

**Tableau 2.6**
**Réponse à l'affirmation : « Il y a tellement de gens qui votent que le vote d'un individu n'a pas d'importance » pour 1974 et 1984**
(en pourcentage)

|  | 1974 | | 1984 | |
|---|---|---|---|---|
|  | Ont voté | N'ont pas voté | Ont voté | N'ont pas voté |
| Fortement d'accord | 4 | 9 | 6 | 20 |
| Quelque peu d'accord | 8 | 19 | 9 | 23 |
| Quelque peu en désaccord | 47 | 53 | 16 | 21 |
| Fortement en désaccord | 41 | 19 | 69 | 36 |
| (N) | (968) | (216) | (2 791) | (472) |
| V | ,22 | | ,27 | |

Le tableau 2.6 montre que la décennie 1974–1984 a vu se produire un glissement d'opinion sur cette attitude. En 1984, les personnes qui ont voté n'étaient pas plus portées à accepter cette attitude qu'en 1974; en fait, elles étaient plus susceptibles de marquer fortement leur désaccord que ne l'étaient les personnes dans le même cas, 10 ans plus tôt. Par contre, les personnes qui ne votent pas étaient beaucoup plus enclines à penser en 1984 que l'affirmation était correcte; près de la moitié des abstentionnistes de 1984 ont indiqué qu'à leur avis leur participation était sans importance.

Nous avons noté plus haut que les non-votants et non-votantes peuvent être classés en cinq catégories : les absents, les personnes malades, les personnes trop occupées, les indifférents et les non-inscrits (voir le tableau 2.3). Des variations entre ces catégories apparaissent selon le motif qui a incité à ne pas voter, ce qu'illustre le tableau 2.7.

**Tableau 2.7**
**Réponse à l'affirmation : « Il y a tellement de gens qui votent que le vote d'un individu n'a pas d'importance », d'après les motifs d'abstention, pour 1974 et 1984**
(en pourcentage)

| | 1974 | | | | |
|---|---|---|---|---|---|
| | Absents | Malades | Trop occupés | Pas intéressés | Non-inscrits |
| Fortement d'accord | 3 | 8 | 17 | 12 | — |
| Quelque peu d'accord | 12 | 22 | — | 26 | 48 |
| Quelque peu en désaccord | 56 | 57 | 67 | 50 | 32 |
| Fortement en désaccord | 29 | 14 | 17 | 13 | 20 |
| (N) | (76) | (26) | (21) | (82) | (6) |
| V | | | ,20 | | |

| | 1984 | | | | |
|---|---|---|---|---|---|
| | Absents | Malades | Trop occupés | Pas intéressés | Non-inscrits |
| Fortement d'accord | 17 | 12 | 19 | 30 | 12 |
| Quelque peu d'accord | 16 | 14 | 32 | 27 | 25 |
| Quelque peu en désaccord | 18 | 19 | 20 | 24 | 19 |
| Fortement en désaccord | 50 | 56 | 30 | 20 | 44 |
| (N) | (103) | (40) | (82) | (144) | (52) |
| V | | | ,17 | | |

Dans la plupart des catégories, la proportion des abstentionnistes qui étaient d'accord avec l'affirmation a en général augmenté au cours de la décennie 1974–1984 (voir le tableau 2.7). Cette augmentation est peut-être la plus visible chez ceux et celles qui ne portent aucun intérêt aux élections, 30 % d'entre eux s'étant dit d'accord avec cette affirmation en 1984. Cependant, les personnes qui n'ont pas pu voter pour cause de maladie étaient plus susceptibles d'être fortement en désaccord, ce qui permet de conclure qu'une forte proportion d'entre elles auraient voté si elles avaient pu le faire commodément. Un nombre important de personnes non inscrites (44 %) ont aussi fortement marqué leur désaccord avec l'affirmation, donnant ici encore à penser qu'elles auraient fort bien pu voter si elles en avaient eu l'occasion.

Une remarque spéciale s'impose à propos des gens qui n'ont pas voté parce qu'ils étaient « absents ». Au cours de l'étude des attitudes qui influent sur la participation électorale (voir le tableau 2.5), on a comparé les cinq catégories d'abstentionnistes aux personnes qui ont voté à ces élections. Dans la plupart des cas, les personnes qui n'ont pas voté parce qu'elles étaient absentes de chez elles correspondent davantage au profil des personnes qui ont voté que n'importe quel autre groupe d'abstentionnistes. Leur intérêt pour la politique était semblable à celui des gens qui sont allés aux urnes, leurs réponses concernant leur influence politique étaient similaires et, dans la plupart des cas, elles ont eu les mêmes taux de participation à des activités politiques. Il semble fondé de conclure que les personnes qui n'ont pas voté parce qu'elles étaient à l'extérieur de leur circonscription auraient probablement voté dans la même proportion que le reste de l'électorat si les mécanismes pour le faire avaient été aussi simples que ceux prévus dans d'autres situations.

L'autre attitude qui ressort de cette analyse comme étant particulièrement importante pour expliquer la participation électorale est l'attention accordée aux actualités politiques dans les journaux. Le tableau 2.8 donne le pourcentage des gens qui ont voté ou qui se sont abstenus en 1974 et 1984, selon la quantité d'articles de journaux lus traitant de politique.

**Tableau 2.8**
**Intérêt pour la lecture d'articles de journaux traitant de politique,**
**d'après le comportement de 1974 et de 1984**
(en pourcentage)

| Ont lu | 1974 | | 1984 | |
|---|---|---|---|---|
| | Ont voté | N'ont pas voté | Ont voté | N'ont pas voté |
| Souvent | 44 | 29 | 46 | 19 |
| Quelquefois | 29 | 29 | 31 | 33 |
| Rarement | 17 | 22 | 15 | 29 |
| Jamais | 11 | 21 | 8 | 20 |
| (N) | (977) | (219) | (2 864) | (512) |
| V | | ,15 | | ,24 |

Tel que noté dans l'analyse précédente, la relation entre l'attention accordée à la politique et aux élections dans les journaux et la décision de voter s'est quelque peu resserrée entre 1974 et 1984. Cependant, on constate que, même en 1984, la moitié des abstentionnistes ont suivi les actualités politiques par le biais des journaux « souvent » ou « quelquefois ». Incidemment, on constate qu'une relation presque semblable existe entre la décision de voter et l'attention accordée aux comptes rendus politiques ou électoraux à la télévision.

Ici encore, il est utile d'examiner les cinq catégories de raisons de ne pas voter afin de déterminer dans quelle mesure l'attention accordée aux médias influe sur la participation électorale. Ces données sont présentées dans le tableau 2.9.

**Tableau 2.9**
**Intérêt pour la lecture d'articles de journaux traitant de politique,**
**d'après les motifs d'abstention pour 1974 et 1984**
(en pourcentage)

| | 1974 | | | | |
|---|---|---|---|---|---|
| Ont lu | Absents | Malades | Trop occupés | Peu intéressés | Non-inscrits |
| Souvent | 46 | 16 | 28 | 19 | 20 |
| Quelquefois | 29 | 27 | 31 | 30 | 16 |
| Rarement | 17 | 35 | 19 | 21 | 32 |
| Jamais | 7 | 22 | 23 | 29 | 32 |
| (N) | (76) | (25) | (21) | (86) | (6) |
| V | | | ,20 | | |
| | 1984 | | | | |
| Ont lu | Absents | Malades | Trop occupés | Peu intéressés | Non-inscrits |
| Souvent | 33 | 22 | 16 | 10 | 24 |
| Quelquefois | 35 | 29 | 36 | 28 | 37 |
| Rarement | 25 | 20 | 29 | 34 | 23 |
| Jamais | 8 | 30 | 19 | 28 | 16 |
| (N) | (109) | (43) | (90) | (163) | (53) |
| V | | | ,22 | | |

Le tableau 2.9 révèle que les personnes qui n'ont pas voté parce qu'elles étaient absentes ont un profil très semblable à celui des gens qui ont voté, quant à l'attention accordée à la politique dans les journaux. Dans les autres catégories, nombreuses sont les personnes, même celles qui ne sont « pas intéressées », qui consomment aussi de l'information politique. Par exemple, en 1984, plus de 60 % des « non-inscrits » ont signalé qu'ils suivaient l'actualité politique « souvent » ou « quelquefois ». Cependant, le fait que bien des abstentionnistes n'accordent pas d'attention aux journaux sous-entend que le manque d'intérêt et d'information au sujet des opérations électorales joue un rôle dans leur décision de ne pas voter le jour du scrutin. Cela nous porte également à croire que toutes les propositions de changement des règles électorales qui seront mises en œuvre suivant les recommandations de la présente Commission royale devront être annoncées dans les médias et par d'autres moyens.

Pour déterminer la force relative des attitudes et du comportement en tant que prédicteurs de la participation électorale, on s'est livré à une série d'analyses de régression à l'aide des études sur les élections nationales de 1974, 1979, 1980 et 1984, en omettant l'étude de 1988 qui ne contenait pas la plupart des prédicteurs possibles de la participation.

Les variables dépendantes de ces analyses étaient de trois types. Le premier était « a voté/n'a pas voté », que les répondants et répondantes aient voté ou non lors de l'élection considérée. Cette variable dépendante a été mise au point pour les quatre études précitées. Le deuxième type était « fréquence du vote » : on demandait aux répondants s'ils avaient voté à toutes les élections, à la plupart, à quelques-unes ou à aucune des élections fédérales tenues depuis qu'ils avaient obtenu le droit de vote. Cette analyse est présentée pour 1979. La troisième variable dépendante était « pourquoi on n'a pas voté », et les raisons regroupées selon les catégories : absents, malades, trop occupés et pas intéressés. Comme ces catégories d'abstentionnistes ressemblent aux gens qui votent, cette variable convient bien à une analyse à plusieurs variables.

Pour résumer ces diverses analyses, le tableau 2.10 présente seulement les prédicteurs statistiquement significatifs, par ordre de grandeur. Les variables utilisées dans les analyses comprenaient plusieurs mesures de l'efficacité politique, la participation ainsi que des facteurs démographiques tels que l'âge et la condition socio-économique.

Les analyses de régression présentées au tableau 2.10 ont réussi à expliquer entre deux et trois fois plus de variance que ne l'ont fait les analyses utilisant seulement les variables démographiques (voir les tableaux 2.A3 et 2.A4 de l'annexe). Les analyses de « a voté/n'a pas voté » ont expliqué 9 % (1974), 11 % (1979), 6 % (1980) et 12 % (1984)

**Tableau 2.10**
**Prédicteurs significatifs dans les analyses de régression portant sur la participation électorale pour 1974, 1979, 1980 et 1984**

| Année et variable dépendante | Prédicteurs significatifs | Total de la variance expliquée (%) |
|---|---|---|
| **1974** | | |
| A voté / n'a pas voté | Il y a tellement de gens qui votent<br>Âge | 9 |
| Raisons de ne pas voter | Lecture sur la politique dans le journal | 15 |
| **1979** | | |
| A voté / n'a pas voté | Il y a tellement de gens qui votent<br>Condition socio-économique<br>Âge | 11 |
| Fréquence du vote | Il y a tellement de gens qui votent<br>Condition socio-économique<br>Intérêt pour la politique | 14 |
| **1980** | | |
| A voté / n'a pas voté | Lecture sur l'élection dans le journal<br>Condition socio-économique | 6 |
| Raisons de ne pas voter | Lecture sur l'élection dans le journal<br>Condition socio-économique | 8 |
| **1984** | | |
| A voté / n'a pas voté | Lecture sur la politique dans les journaux<br>Il y a tellement de gens qui votent<br>État matrimonial<br>Intérêt pour la politique<br>Assiste à des réunions politiques<br>Satisfaction matérielle<br>Regarde émissions politiques à la télé<br>Éducation<br>Âge<br>Prend contact avec fonctionnaires et politiciens | 12 |
| Raisons de ne pas voter | Lecture sur la politique dans les journaux<br>Discussion de politique avec des amis | 14 |

de la variance en utilisant la combinaison des variables de la démographie, des attitudes et du comportement contenues dans les ensembles de données. Les deux variables que nous avons présentées plus haut dans cette partie émergent comme particulièrement importantes dans les analyses à plusieurs variables. La variable « il y a tellement de gens qui votent » (l'opinion voulant que si un grand nombre de personnes votent dans une élection, le vote d'un individu n'a en soi pas d'importance) est le prédicteur le plus important de la participation/non-participation au scrutin pour deux des années (1974 et 1979) et le deuxième en importance pour l'année 1984. L'autre variable, le volume de « lecture » sur la politique ou les élections dans les journaux, est le plus important prédicteur de la participation au scrutin en 1980 et en 1984. Ces deux variables sont également les plus importantes dans les analyses de régression de « pourquoi on n'a pas voté ». Les gens qui n'ont pas voté en raison de leur absence se distinguent nettement de ceux qui n'ont pas voté par manque d'intérêt, d'abord par le temps qu'ils passent à « lire » les journaux, puis par leur attitude face à la question « il y a tellement de gens qui votent ».

Une fois que ces deux variables eurent expliqué leur variance maximale, toute les autres variables utilisées n'ont ajouté que de faibles quantités, en dépit du fait que certaines étaient devenues statistiquement significatives. L'analyse de régression de 1984 a révélé beaucoup plus de variables statistiquement importantes que ne l'ont fait les analyses des autres années, mais cela s'explique surtout par la plus grande taille de l'échantillon et par le fait que l'on a présenté plusieurs des variables prédictives à tout l'échantillon de 1984, ce qu'on n'avait fait qu'à un demi-échantillon aléatoire les années antérieures. En 1984 toutefois, le modèle total a expliqué 12 % de la variance dans la variable « a voté/n'a pas voté », mais seulement 8 % s'expliquait par les deux variables supérieures (« lecture sur la politique » et « il y a tellement de gens qui votent ») et 11 % par les cinq variables supérieures.

Il y a un certain nombre d'attitudes reliées à l'abstentionnisme au Canada. La plus importante est l'opinion voulant que le vote d'un individu n'ait pas d'importance en raison du nombre important de votants et votantes, qui diluent les chances de pouvoir influencer le résultat des élections. Les personnes qui souscrivent à cette opinion sont des « parasites » qui ne se donnent pas la peine de prendre leurs responsabilités et qui se laissent gouverner par les personnes élues par d'autres. La plupart des Canadiens et Canadiennes ne croient pas à ce sophisme, y compris ceux et celles qui ne votent pas. La corrélation n'est donc pas marquée avec cette attitude, voire avec aucune autre.

Le comportement des Canadiens et Canadiennes qui est le plus nettement relié à la participation électorale est l'attention qu'ils accordent à l'actualité politique et électorale dans les journaux. Ici encore, cependant, la relation avec cette activité n'est pas toujours marquée de manière absolue. Même si l'analyse à plusieurs variables qui utilise ces caractéristiques des attitudes et du comportement explique plus de variance que les analyses n'utilisant que les facteurs démographiques (tels que l'âge), le modèle global est loin de toujours convenir. Tout comme les caractéristiques démographiques, les attitudes n'empêcheront pas vraiment l'augmentation du taux de participation au scrutin si l'on réforme les mécanismes administratifs du vote.

## L'ENSEMBLE DES CARACTÉRISTIQUES DES CIRCONSCRIPTIONS

Plusieurs études sur les élections nationales incluent un nombre important de variables (non touchées par les enquêtes) qui mesurent les caractéristiques des circonscriptions habitées par les répondants et répondantes ayant pris part aux enquêtes. Ces variables proviennent des données du recensement sur les caractéristiques professionnelles, ethniques et religieuses des circonscriptions, de même que le pourcentage des personnes en chômage qui s'y trouvent. On y présente également des variables qui mesurent le passé électoral des circonscriptions, les partis politiques gagnants, l'intensité de la lutte électorale, le sexe et le nombre des candidats et candidates, etc. Dans notre hypothèse initiale, nous avions pensé que plusieurs de ces facteurs auraient des conséquences importantes sur la décision individuelle de voter ou de ne pas voter.

Entre autres hypothèses, il y avait celles-ci :

1. Le résultat serré de l'élection précédente dans la circonscription porterait à croire que l'élection en cours pourrait également être serrée et qu'il pourrait être particulièrement important de voter cette fois-ci.

2. Dans certaines circonscriptions où la participation électorale a été régulièrement élevée ou faible, cette tradition pourrait influencer la probabilité de participation électorale des personnes qui y vivent.

3. Le sexe des candidats et candidates pourrait avoir un effet sur la participation au scrutin. Dans une analyse antérieure de l'ensemble des prédicteurs de la fidélité à un parti politique (Pammett 1991), nous avons découvert que la tendance du Nouveau Parti démocratique à présenter des femmes aux élections incitait les personnes affiliées au Parti progressiste-conservateur du Canada à rester avec ce parti. Il se peut que la présence de candidates influe aussi sur le taux de participation au scrutin.

4. Le nombre des candidats et candidates dans une circonscription pourrait influencer la participation au scrutin. Si des partis non traditionnels présentent des opinions que les trois grands partis ne véhiculent pas, leur présence pourrait conduire aux bureaux de

scrutin des électeurs et électrices qui ne se sentaient pas représentés par ces trois partis. Plus il y a de candidats, plus il y aura, peut-être, de personnes qui seront incitées à voter.

5.  Les circonscriptions dans lesquelles on trouve une homogénéité professionnelle pourraient avoir des taux de participation électorale différents de la norme. Par exemple, dans celles à prédominance ouvrière, la représentation des intérêts de groupe pourrait être plus forte et on pourrait voir une mobilisation selon les classes sociales. Pour confirmer cette hypothèse, nous avons examiné la relation entre la participation au scrutin et la proportion de la population ouvrière dans la circonscription.

6.  De la même façon, nous avons examiné l'effet du taux de chômage d'une circonscription sur la probabilité de la participation au scrutin. Les circonscriptions qui connaissent un chômage élevé dépendent davantage de l'aide gouvernementale, et les électeurs et électrices pourraient se préoccuper davantage du résultat du scrutin. Inversement, il se peut qu'un niveau élevé de chômage ait pour effet de créer un climat d'abattement et d'apathie et donc d'affaiblir le taux de participation au scrutin.

Aucune des hypothèses énoncées ci-dessus n'était confirmée par les données dont nous disposions. Il se peut que certaines des variables indépendantes mentionnées ici aient une relation avec le taux global de participation électorale de la circonscription. Cependant, aucune de ces variables n'influence sensiblement la probabilité que les personnes votent ou ne votent pas. Par exemple, dans une analyse de régression de 1979 sur la « fréquence du vote », on a tenu compte des caractéristiques sociales et politiques de six circonscriptions pour évaluer les six hypothèses décrites ci-dessus; or cela n'a expliqué qu'un autre 1,5 % de la variance dans cette variable dépendante (faisant passer le $R$ multiple de 0,35 à 0,37). Nous concluons que ce type d'analyse n'est pas susceptible de fournir des résultats suffisamment importants pour que cela vaille la peine de l'effectuer.

## LES EFFETS DES CHANGEMENTS ADMINISTRATIFS

Dans l'analyse qui suit, on tentera d'évaluer dans quelle mesure la participation au scrutin peut être modifiée par une série de changements aux règles administratives des élections. Les modifications précises recommandées sont l'objet de la conclusion. Dans n'importe quelle élection fédérale tenue en vertu des dispositions administratives actuelles, il est probable que 75 % des personnes qui ont le droit de voter iront aux urnes. Par ailleurs, à peu près 5 % ne voteront pas parce que, de toute façon, elles ne votent jamais. Cependant, les 20 % qui

restent pourraient voter si certaines circonstances étaient modifiées
— après tout, ces personnes ont voté lors de certaines élections.
Procédons à la catégorisation de ces 20 % d'électeurs et d'électrices
selon leur type d'abstentionnisme.

Le tableau 2.3 présente un classement des abstentionnistes en
cinq catégories, soit : les « absents », les personnes « malades », les
personnes « trop occupées » ou « pas intéressées » et les « non-inscrits ».
Les abstentionnistes « absents », « malades » et « non inscrits »
peuvent être considérés comme des personnes « privées de leur droit
de vote pour raisons administratives », et les abstentionnistes « pas
intéressés » et « trop occupés » font partie de la catégorie des « indifférents ». Bien qu'une telle catégorisation soit dans une certaine mesure
arbitraire, nous avons vu tout au long de cette étude que les abstentionnistes pour des raisons d'absence, de maladie ou de non-inscription
ont des caractéristiques sociodémographiques, des attitudes et d'autres
comportements politiques qui ressemblent davantage à ceux des
personnes qui votent que les abstentionnistes « pas intéressés » ou la
plupart des « trop occupés ».

Bien que les abstentionnistes « privés de leur droit de vote » aient
plus de caractéristiques en commun avec les personnes qui votent que
les abstentionnistes « pas intéressés », ils ne leur ressemblent pas
entièrement. Ils apparaissent plutôt comme une catégorie intermédiaire
en regard de la plupart des variables pertinentes. Le tableau 2.11 illustre ce point. Il présente les divers niveaux d'intérêt des personnes qui
ont voté et de celles qui se sont abstenues envers l'élection de 1984 et
la politique en général.

Le tableau 2.11 montre que plus de la moitié des abstentionnistes
« privés du droit de vote pour raisons administratives » étaient « très »
ou « moyennement intéressés » à l'élection, tandis qu'un quart environ
des abstentionnistes « indifférents » s'y intéressaient. Les chiffres sur
l'intérêt pour la politique en général sont dans l'ensemble un peu plus
faibles, mais suivent la même proportion pour ce qui est des groupes
d'abstentionnistes.

La catégorisation ci-dessus place 43 % des abstentionnistes dans
le groupe des « privés du droit de vote pour raisons administratives »,
ce qui correspondrait à 8,6 % de l'électorat dans toute élection donnée
(43 % des 20 % qui votent à l'occasion, mais ne le font pas dans
les circonstances actuelles). Si nous supposions que les personnes
privées du droit de vote pour raisons administratives voteraient
au même taux que toutes les autres (75 %), et si les obstacles administratifs étaient levés, la participation augmenterait de 6,5 %. Si l'on
adopte une hypothèse plus modeste pour mieux tenir compte des

caractéristiques de ce groupe, la moitié de ces gens voteraient si les obstacles administratifs étaient levés, ce qui augmenterait la participation de 4,3 %.

**Tableau 2.11**
**Intérêt pour la politique chez les divers types de votants et d'abstentionnistes en 1984**
(en pourcentage)

| | Votants | Abstentionnistes | |
| --- | --- | --- | --- |
| | | Privés du droit de vote pour raisons administratives | Indifférents |
| Intérêt pour l'élection | | | |
| Très intéressés | 38 | 17 | 6 |
| Moyennement intéressés | 40 | 36 | 18 |
| Peu intéressés | 18 | 32 | 30 |
| Nullement intéressés | 4 | 15 | 45 |
| (N) | (2 865) | (206) | (276) |
| Intérêt pour la politique en général | | | |
| Très intéressés | 19 | 13 | 6 |
| Moyennement intéressés | 47 | 35 | 16 |
| Peu intéressés | 34 | 52 | 78 |
| (N) | (2 861) | (206) | (275) |

Cependant, si ces modifications administratives étaient adoptées, une certaine proportion des « indifférents » voteraient eux aussi. Par exemple, certaines des personnes qui se disaient trop occupées pourraient recourir aux bulletins de vote par correspondance. Le tableau 2.11 montre qu'environ le quart de ce groupe est au moins moyennement intéressé à la politique et aux élections. D'après les calculs établis plus haut, ce groupe représente 11,4 % de l'électorat actuel. En supposant qu'une diminution des barrières administratives se traduise par un taux de participation au scrutin de 25 % au sein de ce groupe, la participation totale au scrutin serait du coup augmentée d'un autre 2,9 %.

Les calculs effectués ici permettent de prédire que la participation au scrutin augmenterait de 7,2 % si un ensemble complet de changements administratifs était appliqué au mécanisme électoral. Ces changements, qui seront examinés dans la partie suivante, devraient viser tous les groupes d'abstentionnistes, puisque les réformes qui permettraient aux personnes actuellement non inscrites de voter ne conviendraient pas nécessairement à celles qui ne votent pas pour d'autres raisons.

On peut même penser qu'une modification importante des règles électorales pourrait influencer la culture politique en général; comme il y aurait moins d'excuses valables de s'abstenir de voter, l'abstentionnisme pourrait devenir moins acceptable socialement. Si cela devait arriver, une augmentation totale de 10 % de la participation électorale n'est pas impossible.

## RECOMMANDATIONS DE MODIFICATIONS

La Commission royale sur la réforme électorale et le financement des partis a reçu de nombreux mémoires de députés à la Chambre des communes, de directeurs du scrutin, de directeurs généraux des élections, de porte-parole officiels des partis, d'associations et de simples citoyens. La plupart des mémoires s'accordaient sur un ensemble de modifications qui pourraient augmenter les chances des divers groupes d'abstentionnistes actuels de prendre part au scrutin.

### Le vote par procuration

En étendant et en simplifiant le système actuel du vote par procuration, on permettrait aux personnes qui ne votent pas actuellement parce qu'elles sont absentes, malades ou trop occupées de participer au scrutin. Les mémoires contenant des recommandations en vue de modifier d'une façon ou d'une autre le système du vote par procuration sont ceux de Foster, Parmenter, McGrath, Hutmacher, la Société Elizabeth Fry, Macdonald, Dahlo, Allen, Michael, Bond, Baillie, Engelmann, Maund, la Students Union of Memorial University, Ferguson, Jefferson, Leblanc, Balasko, Riis, Roelants, le Nouveau Parti démocratique, Craven, Guthrie, Madden, Whipp, Greene, MacPhail et Koutroulides.

Les groupes auxquels les auteurs de ces mémoires proposent d'offrir le vote par procuration sont les étudiants à l'extérieur de leur circonscription habituelle, les personnes qui sont à l'étranger ou en voyage d'affaires, en vacances ou à leur résidence secondaire, celles qui sont absentes à cause d'un emploi saisonnier, les détenus et les personnes qui résident dans les régions éloignées ou isolées.

À notre avis, comme le vote par procuration n'est pas secret et que les électeurs et électrices ne peuvent être certains que les bulletins de vote ont été marqués selon leurs désirs, ce vote risque d'être moins attrayant qu'un système de bulletins de vote par correspondance.

### Les bulletins de vote par correspondance

L'adoption d'un système en vertu duquel les gens qui ne peuvent voter en personne pourraient poster un bulletin de vote à leur directeur ou directrice du scrutin permettrait la participation au scrutin de ceux qui sont absents, malades ou trop occupés. Un tel système était suggéré dans les mémoires de McGrath, la Société Elizabeth Fry, Michael, la Société John Howard, Fewster, la Fédération des étudiants de l'Ontario, d'Engelmann, de la Fédération canadienne des étudiants, de Balasko, de l'Association canadienne de la santé mentale et de la Fédération du travail de la Colombie-Britannique.

Les mémoires susmentionnés proposent qu'un système par correspondance soit utilisé par les personnes qui sont loin des bureaux de scrutin dans les régions rurales, qui sont retenues à la maison ou sont hospitalisées, par les étudiants, les détenus, les personnes qui travaillent à l'étranger et celles que le travail éloigne de la maison (par exemple dans les secteurs de la pêche ou de l'exploitation pétrolière).

### Les bureaux mobiles de vote

Un système de bureaux de scrutin itinérants permettrait à bien des malades de voter. Cette suggestion est contenue dans les mémoires de Parmenter, Hutmacher, Allen, Bond, la Chambre de commerce de Yellowknife, Balasko, Riis, Donaghey, Roelants, la Société John Howard, Bernheim et Klewchuk.

Ces bureaux mobiles pourraient se rendre dans les maisons de soins infirmiers, les résidences pour personnes âgées et les hôpitaux, chez les personnes handicapées et dans les pénitenciers. Le mémoire de Yellowknife suggère que ces bureaux de scrutin mobiles aillent aussi dans les grandes exploitations minières.

### La tenue d'élections le dimanche

En fixant les élections un dimanche, on permettrait aux personnes qui se disent actuellement trop occupées de voter avec plus de facilité. Ce changement pourrait toutefois augmenter le nombre de celles qui ne votent pas pour des raisons religieuses. Cependant, si un système de bulletin de vote postal était adopté, celles qui observent strictement le « jour du Seigneur » pourraient voter de cette manière. Déplacer le vote d'un jour ouvrable à un jour férié pourrait toutefois aller à l'encontre du but recherché si cela diminuait la notion de devoir civique qui est attachée au vote et si cela augmentait le nombre de personnes absentes le jour du scrutin[1].

### Une mise à jour plus souple de la liste électorale

Une telle mesure permettrait aux personnes non inscrites de faire ajouter leur nom à la liste électorale. Nombreux sont les mémoires à ce sujet qui ont préconisé que cela puisse se faire, y compris le jour même des élections. Ces mémoires provenaient de McGrath, Macdonald, Dahlo,

Mayer, Baillie, Engelmann, Maund, Ferguson, Jefferson, Riis, Donaghey, Roelants, le Nouveau Parti démocratique, la Fédération du travail de la Colombie-Britannique, Guthrie et Greene.

## ANNEXE

**Tableau 2.A1**
**Pourcentage du vote à l'élection fédérale de 1984 d'après des variables démographiques choisies**

| Variables démographiques | Vote |
| --- | --- |
| Plus de 60 ans | 88 |
| De 50 à 59 ans | 88 |
| Plus de 40 000 $ | 86 |
| De 40 à 49 ans | 85 |
| Professionnels / gestionnaires | 85 |
| Mariés | 85 |
| Université | 84 |
| Membres d'un syndicat | 84 |
| De 30 à 39 ans | 83 |
| Manitoba / Saskatchewan | 83 |
| Est | 83 |
| Québec | 82 |
| Maîtresses de maison | 82 |
| Protestants | 82 |
| Catholiques | 82 |
| Francophones | 82 |
| De sexe masculin | 81 |
| Technique / collège | 81 |
| Cols-blancs | 81 |
| Anglophones | 81 |
| De 20 000 $ à 29 000 $ | 81 |
| Moyenne de la population | 80 |
| De sexe féminin | 80 |
| École publique | 80 |

**Tableau 2.A1** (suite et fin)
**Pourcentage du vote à l'élection fédérale de 1984 d'après des variables démographiques choisies**

| Variables démographiques | Vote |
| --- | --- |
| Non-syndiqués | 80 |
| De 15 000 $ à 19 000 $ | 79 |
| Ontario | 79 |
| Colombie-Britannique | 79 |
| École secondaire | 79 |
| Juifs | 78 |
| De 10 000 $ à 14 000 $ | 77 |
| Alberta | 77 |
| Cols-bleus | 77 |
| Autre langue | 76 |
| Moins de 10 000 $ | 75 |
| Personnes athées | 72 |
| De 22 à 29 ans | 71 |
| Autre religion | 71 |
| Célibataires | 70 |
| En chômage | 70 |
| Étudiants | 68 |
| De 18 à 21 ans | 63 |

Tableau 2.A2
**Pourcentage du vote à l'élection fédérale de 1984 d'après l'âge
et des variables démographiques choisies**

| Variables démographiques | 18–21 | 22–29 | 30–39 | 40–49 | 50–59 | Plus de 60 |
|---|---|---|---|---|---|---|
| Est | 73 | 75 | 86 | 81 | 85 | 92 |
| Québec | 68 | 74 | 85 | 91 | 89 | 87 |
| Ontario | 63 | 68 | 81 | 82 | 89 | 89 |
| Manitoba–Saskatchewan | 65 | 74 | 88 | 91 | 87 | 87 |
| Alberta | 60 | 72 | 74 | 85 | 83 | 89 |
| Colombie-Britannique | 46 | 71 | 82 | 81 | 90 | 88 |
| École publique | 51 | 50 | 77 | 80 | 82 | 86 |
| Secondaire | 59 | 67 | 81 | 85 | 90 | 90 |
| Technique / collège | 66 | 78 | 85 | 85 | 89 | 90 |
| Université | 72 | 79 | 86 | 89 | 91 | 90 |
| Professionnels / gestionnaires | 54 | 80 | 85 | 89 | 90 | 86 |
| Cols-blancs | 64 | 74 | 86 | 85 | 92 | 89 |
| Cols-bleus | 64 | 67 | 80 | 82 | 87 | 93 |
| En chômage | 61 | 65 | 76 | 84 | 74 | 94 |
| Maîtresses de maison | 61 | 68 | 83 | 83 | 87 | 87 |
| Étudiants | 66 | 73 | 63 | — | 81 | — |
| Protestants | 69 | 72 | 83 | 81 | 87 | 89 |
| Juifs | 59 | 82 | 83 | 78 | 89 | 74 |
| Catholiques | 65 | 74 | 85 | 91 | 90 | 88 |
| Autre religion | 49 | 56 | 66 | 85 | 93 | 91 |
| Personnes athées | 52 | 66 | 78 | 76 | 86 | 82 |
| Syndiqués | 72 | 77 | 85 | 87 | 91 | 89 |
| Non-syndiqués | 63 | 70 | 81 | 84 | 87 | 88 |
| De sexe masculin | 62 | 72 | 83 | 86 | 90 | 90 |
| De sexe féminin | 65 | 71 | 83 | 85 | 86 | 87 |
| Moins de 10 000 $ | 60 | 57 | 70 | 83 | 80 | 86 |
| De 10 000 $ à 14 000 $ | 57 | 66 | 70 | 74 | 82 | 87 |
| De 15 000 $ à 19 000 $ | 65 | 72 | 79 | 79 | 84 | 88 |
| De 20 000 $ à 29 000 $ | 58 | 73 | 84 | 85 | 90 | 91 |
| De 30 000 $ à 39 000 $ | 68 | 70 | 85 | 86 | 92 | 92 |
| Plus de 40 000 $ | 72 | 82 | 86 | 89 | 92 | 92 |
| Anglophones | 63 | 72 | 83 | 85 | 88 | 90 |
| Francophones | 65 | 73 | 86 | 91 | 88 | 89 |
| Autre langue | 59 | 59 | 73 | 76 | 89 | 86 |
| Célibataires | 64 | 71 | 76 | 84 | 80 | 88 |
| Mariés | 55 | 75 | 85 | 86 | 90 | 89 |
| Autre état | 64 | 60 | 74 | 80 | 84 | 86 |

**Tableau 2.A3**
**Résultats d'une analyse de régression des pourcentages du vote
à l'élection fédérale de 1984 selon diverses variables indicatrices**

| Variables indépendantes | Bêta | Score $t$ | $R^2$ |
|---|---|---|---|
| De 18 à 21 ans | -,168 | -13,7 | ,017 |
| De 22 à 29 ans | -,183 | -15,0 | ,038 |
| Personnes athées | -,05 | -5,3 | ,042 |
| Moins de 10 000 $ | -,06 | -5,7 | ,045 |
| Cols-bleus | -,024 | -2,4 | ,046 |
| De 10 000 $ à 14 000 $ | -,043 | -4,3 | ,048 |
| De 30 à 39 ans | -,083 | -7,1 | ,050 |
| École publique | -,09 | -7,2 | ,052 |
| École secondaire | -,07 | -6,4 | ,055 |
| Autre religion | -,031 | -3,3 | ,056 |
| De 40 à 49 ans | -,043 | -4,0 | ,057 |
| Catholiques | -,037 | 3,5 | ,059 |
| État matrimonial | -,029 | -2,53 | ,0596 |
| De 15 000 $ à 19 000 $ | -,021 | -2,28 | ,060 |

*Note* : Années combinées de Gallup pour la période d'octobre 1984 à octobre 1985.

**Tableau 2.A4**
**Résultats d'une analyse de régression des pourcentages du vote**
**à l'élection fédérale de 1984 selon diverses variables explicatives imposées**

| Variables indépendantes | Bêta | Score $t$ | $R^2$ |
|---|---|---|---|
| De 18 à 21 ans | -,16 | -11,7 | ,04 |
| De 22 à 29 ans | -,173 | -12,5 | — |
| De 30 à 39 ans | -,085 | -5,83 | — |
| De 40 à 49 ans | -,043 | -3,6 | — |
| De 50 à 59 ans | -,033 | -,296 | — |
| Juifs | -,012 | -1,3 | ,045 |
| Autre religion | -,032 | -3,3 | — |
| Personnes athées | -,05 | -5,4 | — |
| Catholiques | -,03 | 3,5 | — |
| Moins de 10 000 $ | -,05 | -5,4 | ,053 |
| De 10 000 $ à 14 000 $ | -,04 | -4,3 | — |
| De 15 000 $ à 19 000 $ | -,02 | -2,4 | — |
| De 20 000 $ à 29 000 $ | -,01 | -1,0 | — |
| De 30 000 $ à 39 000 $ | -,01 | -1,1 | — |
| École publique | -,09 | -6,6 | ,059 |
| École secondaire | -,07 | -5,3 | — |
| École technique / collège | -,01 | -1,3 | — |
| État matrimonial | -,03 | -2,5 | ,060 |
| Cols-blancs | -,01 | -0,9 | ,061 |
| Cols-bleus | -,03 | -3,0 | — |
| Maîtresses de maison | -,02 | -2,2 | — |
| En chômage | -,02 | -2,4 | — |
| Étudiants | -,01 | -1,5 | — |

*Note* : Années combinées de Gallup pour la période d'octobre 1984 à octobre 1985.

## NOTE

Cette étude a été complétée en mars 1991.

1. L'un des réviseurs anonymes de cette étude a fait la remarque suivante :
« À première vue, on peut croire que la tenue des élections un jour férié
incitera un plus grand nombre d'électeurs et d'électrices à participer au
scrutin. Et pourtant, en passant du lundi au dimanche, l'élection a l'inconvénient d'enlever la "valeur civique" qui est attachée aux règles existantes,
à savoir que chaque employé ou employée bénéficie d'un minimum de
quatre heures consécutives pour lui permettre de voter, et que les
employeurs doivent accorder le temps nécessaire. En faisant du geste de
voter un élément de la journée de travail, l'État favorise la participation
individuelle au scrutin et encourage la responsabilité publique des
employeurs. Le changement du jour de scrutin (du lundi au dimanche)
risque d'avoir sur la participation électorale un effet net contraire à l'effet
recherché. »

## RÉFÉRENCES

Abréviation :
L.R.C.    Lois révisées du Canada

Canada, *Loi électorale du Canada*, L.R.C. (1985), chapitre E-2.

Clarke, Harold D., Jane Jenson, Lawrence LeDuc et Jon Pammett, *Political
Choice in Canada*, Toronto, McGraw-Hill Ryerson, 1979.

———, *Absent Mandate : Interpreting Change in Canadian Elections*, Toronto,
Gage, 1991.

Frizzell, Alan, Jon Pammett et Anthony Westell, *The Canadian General
Election of 1988*, Ottawa, Carleton University Press, 1989.

Gallup 1986, Étude effectuée pour Élections Canada.

Laponce, Jean A., « Non-Voting and Nonvoters : A Typology », *Revue
canadienne d'économique et de science politique*, vol. 33 (1967), p. 75–87.

Mishler, William, *Political Participation in Canada*, Toronto, Macmillan, 1979.

Pammett, Jon, « The Effects of Individual and Contextual Variables on
Partisanship in Canada », *European Journal of Political Research*, vol. 19,
n° 4 (1991), p. 399–412.

Pammett, Jon, et John Myles, « L'abaissement de l'âge électoral », dans
Kathy Megyery (dir.), *Les jeunes et la vie politique au Canada : Engagement
et participation*, vol. 8 des études de la Commission royale sur la réforme
électorale et le financement des partis, Ottawa et Montréal,
CRREFP/Dundurn et Wilson & Lafleur, 1991.

Penniman, Howard, *Canada at the Polls 1984*, Durham, Duke University Press, 1988.

Qualter, T.H., *The Election Process in Canada*, Toronto, McGraw-Hill, 1970.

Scarrow, Howard, « Patterns of Voter Turnout in Canada », dans John C. Courtney (dir.), *Voting in Canada*, Toronto, Prentice-Hall, 1967.

Verba, Sidney, Norman Nie et Jae-On Kim, *Participation and Political Equality*, Cambridge, Cambridge University Press, 1978.

Ward, Norman, *The Canadian House of Commons : Representation*, Toronto, University of Toronto Press, 1963.

# 3

# LA RÉFORME DU CONTEXTE DU VOTE AU CANADA
## L'expérience d'autres démocraties

~

**Jerome H. Black**

*Avec son faible taux de participation électorale,*
*le Canada rate l'épreuve de la démocratie.*
(*Gazette* (Montréal), 17 octobre 1988)

CETTE MANCHETTE PEU FLATTEUSE, qui a précédé de peu le dernier scrutin fédéral, résume de façon percutante le vaste problème qui constitue l'objet de la présente étude[1]. Elle a sans doute fait sursauter quiconque estimait, au vu de moyennes de participation électorale voisinant les 75 %, que notre pays s'en tirait honorablement au regard de cet indicateur fondamental de la participation au processus démocratique. En effet, certains milieux universitaires estiment satisfaisante la performance des Canadiens et Canadiennes. Un récent ouvrage de science politique consacré au Canada l'évoque en termes élogieux : « Les Canadiens exercent plus volontiers leur droit de vote que la plupart des citoyens des autres pays démocratiques [...]. Leur taux de participation au scrutin est l'un des plus élevés d'Occident. » (Jackson et Jackson 1990, 92.) Mais l'analyse comparative des données infirme ce constat. L'interprétation la plus généreuse rapproche ces 75 % de la moyenne transnationale de 80 % atteinte par les démocraties industrielles où le vote n'est pas obligatoire. On a beau faire valoir que le Canada se trouve à quelque cinq points de pourcentage seulement de la moyenne, il se situe difficilement dans le peloton de tête des démocraties. Qui plus est, un écart de cinq points est loin d'être négligeable. Inutile de le nier, la performance canadienne est nettement inférieure à la moyenne.

La perception généreuse de la participation électorale au Canada s'explique sans doute par les comparaisons avec l'expérience des États-Unis où le taux de participation au scrutin est effectivement très bas. Or, ce taux est fort anormal, et laisse les États-Unis en avant-dernière position, devant la Suisse. D'autre part, le principal facteur d'abstentionnisme chez nos voisins du Sud est la procédure d'inscription électorale, unique en son genre. Dans presque tous les États américains, c'est le citoyen qui doit prendre l'initiative de s'inscrire (Rosenstone et Wolfinger 1978; Wolfinger et Rosenstone 1980), alors que l'État s'en occupe (ou impose l'inscription obligatoire) dans pratiquement toutes les autres démocraties, dont le Canada[2]. Les États-Unis constituent donc probablement le point de repère le moins pertinent, dans une perspective canadienne.

Le tableau comparatif apparaît beaucoup plus sombre lorsqu'on dresse une liste, par ordre décroissant, des niveaux de participation électorale canadiens et étrangers (d'où notre choix d'épigraphe). Nous démontrerons plus loin que notre pays se trouve dans le peloton de queue dans toutes les classifications établies par les chercheurs. De plus, les données cueillies pour cette étude sur les élections tenues dans 33 pays démocratiques, dans les années 80, indiquent que le Canada vient au 28e rang, derrière nombre de démocraties en voie de développement telles que le Botswana et l'Île Maurice[3].

Si ces données transnationales égratignent l'image démocratique du Canada, en particulier depuis que le vocable *démocratie* semble devenu le mot d'ordre universel, elles font ressortir de façon fort opportune le problème de l'abstentionnisme électoral. Un nombre troublant de Canadiens et Canadiennes n'accomplissent pas l'acte qui fonde d'une manière si manifeste la théorie et la pratique démocratiques. Même si, selon certains décideurs influents, d'autres actions plus efficaces ont des conséquences plus directes, l'exercice du suffrage, fondé sur les principes indissociables de l'universalité et de l'égalité, demeure l'acte primordial de participation. Il va sans dire que le vote est également important parce qu'il incarne l'idée même de la maturité politique et de la citoyenneté, et constitue l'aboutissement de luttes historiques âprement menées. Peu d'autres droits politiques ont une telle charge symbolique. Aucune autre forme d'engagement politique n'a le potentiel de manifestation de l'intérêt personnel, sous forme d'un choix partisan, et de reconnaissance des devoirs civiques en démocratie. À cause, précisément, de ce lien étroit entre la participation électorale et les devoirs civiques, on voit souvent en elle un indice de légitimité politique.

Aussi semble-t-il fort opportun que la Commission royale sur la réforme électorale et le financement des partis chargée d'examiner les diverses facettes du processus électoral au Canada, y compris son éventuelle réforme, accorde non seulement quelque attention à la problématique de la participation au scrutin, mais la place haut dans son échelle de priorités. Cet effort se trouvera incontestablement facilité par l'actuel courant d'opinions issu des inquiétudes inspirées par l'écart entre les promesses et le vécu de la Charte. Il semble qu'on soit déjà favorable à la facilitation du vote pour certaines catégories de personnes frappées d'incapacité ou empêchées par les circonstances d'exercer leurs droits électoraux. La publicité faite à certaines causes portées devant les tribunaux y est pour beaucoup, quoique l'idée ait mûri bien avant dans les milieux officiels. Le *Livre blanc sur la réforme de la Loi électorale* (Canada, Bureau 1986) a inspiré le projet de loi C-79, déposé en juin 1987. Ce texte important, qui contient des réponses à une foule de questions à caractère électoral, pourrait marquer un grand tournant pour la simplification des procédures d'inscription électorale et de vote. Et même si une controverse à propos des dépenses d'élection l'a fait avorter à l'étape de l'ordre du jour, l'esprit de réforme qui l'a inspiré vit toujours dans le dernier rapport rédigé par l'ancien directeur général des élections, Jean-Marc Hamel (Canada, Élections 1989).

L'intérêt porté à l'assouplissement du contexte du vote, issu du désir d'accroître, pour le principe, les possibilités d'exercice du droit de suffrage, se conjugue avec les inquiétudes qu'inspirent les implications négatives associées au faible taux de participation électorale qui caractérise le dossier canadien. En effet, donner de l'ampleur au vote global, c'est intensifier la vigueur des coups de collier en faveur de réformes. L'argument est de poids, vu les objections qu'on ne manquera pas d'adresser aux coûts des changements à mettre en œuvre, surtout en période d'austérité fiscale.

### Thématique et généralités

La présente étude a pour objet premier de faire valoir le bien-fondé de changements susceptibles de faciliter l'exercice du droit de vote au Canada. La thèse qu'elle développe s'ancre solidement dans une perspective transnationale. Avant de nous prononcer sur les possibilités de réforme, nous avons examiné les expériences d'autres démocraties et, surtout, les forces institutionnellement liées qui tantôt favorisent la participation électorale, tantôt l'entravent. Toutefois, nous n'avons pas attaché une importance égale à toutes les institutions jugées potentiellement pertinentes. Nous avons fait beaucoup moins de cas des caractères du cadre institutionnel global tels que le système électoral, le vote obligatoire et les liaisons entre système de partis et catégories sociales, qui, nous le reconnaissons, sont des déterminants plus puissants de la participation au scrutin. À dire vrai, le système électoral n'entrait pas tellement dans le domaine des priorités de la Commission. La probabilité du vote obligatoire est pratiquement nulle dans notre pays de tradition libérale, et les clivages électoraux ne sont pas d'emblée l'objet de l'ingénierie sociale. L'idée directrice de la présente étude s'articule donc autour du contexte administratif et légal du vote, de facteurs *microinstitutionnels*. Il s'agit des procédures de scrutin et des manières dont s'exerce le suffrage : dispositions relatives au vote par anticipation, par correspondance ou par procuration, tenue de l'élection un jour de repos, et ainsi de suite. Ces attributs n'ont probablement pas dans la participation électorale le rôle déterminant des forces *macroinstitutionnelles*. Mais ils n'en doivent pas moins faire l'objet d'une évaluation attentive pour mesurer leur effet sur ces taux de participation. De fait, l'examen des expériences d'autres démocraties vise principalement à établir si certains attributs des systèmes électoraux seraient de nature à faciliter le vote.

Cela dit, deux réserves s'imposent. D'abord, l'impact d'un élément du système électoral sur la participation ne sera pas toujours retenu comme critère important de son adoption. Il serait absurde de renoncer à certaines réformes sous prétexte de l'absence d'une dimension quantitative significative. La promotion de certains changements va de soi, abstraction faite de leurs implications en matière de participation électorale. Citons simplement l'ouverture de bureaux de vote itinérants dans les hôpitaux et les maisons de retraite.

La seconde réserve nous oriente vers un important sous-thème, sur lequel se fondent beaucoup de préoccupations actuelles en matière de participation. Il s'agit du problème de l'inégalité de la participation, par suite de l'abstentionnisme relatif des moins nantis ou des défavorisés (par rapport au revenu, à l'instruction et à l'occupation). Nous aurions tort de laisser croire à un déséquilibre extraordinaire entre bien nantis et moins nantis dans l'exercice du suffrage, mais, comme nous le verrons plus loin, l'écart est loin d'être négligeable. Cette disparité dans la participation électorale suggère un effet de distorsion sur la représentation et sur la réceptivité du gouvernement. Qu'on pare les discours sur la participation électorale, la représentation et la réceptivité des gouvernements de toutes les nuances et subtilités qu'on voudra, celles-ci ne changent rien à cette vérité brutale : en politique, les sans-voix sont laissés pour compte. Le vote se veut le mécanisme qui permet aux personnes économiquement faibles de jeter dans la balance le poids de leur multitude, compensant ainsi la maigreur de leurs ressources et la minceur de leur participation dans d'autres secteurs. Dans la mesure où l'abstentionnisme électoral est trop élevé, précisément chez les personnes à qui il nuit le plus, il est justifié d'accorder une attention particulière à cette facette du problème.

Comble d'ironie, quelques-unes des réformes envisagées chez nous (possibilités accrues de voter au bureau du directeur du scrutin, vote des Canadiens à l'étranger) sont susceptibles d'avantager les personnes les plus instruites, les mieux en mesure de se plier à certaines procédures administratives, autrement dit celles qui, de toute façon, iraient probablement aux urnes. De fait, en matière de réforme, la présente idée maîtresse, telle que reflétée dans le projet de loi C-79, bien que méritoire, pourrait finir par accroître l'écart actuel de participation.

Aussi cette étude accorde-t-elle quelque attention à cet aspect du problème, dans la mesure du possible, et examine-t-elle avec plus d'acuité les changements et les réformes offrant des possibilités accrues de voter aux personnes que laisseraient froides les mesures préconisées dans le projet de loi C-79. La tenue du scrutin un jour de repos, par exemple, pourrait constituer un changement susceptible de donner un seuil de participation plus accessible aux apolitiques, aux personnes économiquement faibles, et aux travailleurs et travailleuses sans qualification, c'est-à-dire aux franges de citoyens a priori peu enclins à exercer leur suffrage.

La deuxième partie de la présente étude, intitulée « La tradition canadienne de participation et d'inscription électorales dans une perspective comparative », examinera minutieusement la performance canadienne de l'après-guerre (la Seconde), d'abord en chiffres absolus, puis, ce qui importe davantage, dans une perspective démocratique transnationale. Pour ce faire, nous effectuons un examen sélectif d'études qui, tout en ne traitant pas spécifiquement du cas de notre pays, nous renseignent sur sa performance. L'analyse inédite des données effectuée dans le cadre de notre étude est encore plus importante. De fait, le travail empirique envisagé puise dans une banque de données beaucoup plus riche, si bien qu'il situe le cas du Canada dans le contexte démocratique transnational avec une rigueur sans précédent. Les résultats comparatifs que nous allons examiner portent sur un plus grand nombre de scrutins et de pays, et une plus longue période.

Le problème des faibles taux canadiens de participation électorale inspire en bonne partie nos recommandations, regroupées pour la plupart dans la dernière partie intitulée « La réforme du contexte administratif et légal du vote ». Comme presque toutes supposent que la population est réglementairement recensée, elles se bornent à proposer diverses options et réformes relatives à l'exercice du suffrage proprement dit. Toutefois, la deuxième partie analyse quelques aspects de l'inscription électorale, procédure qui, sans nous préoccuper outre mesure, nous inspire une recommandation : permettre l'inscription le jour même du scrutin.

La troisième partie, intitulée « La pertinence du cadre macro-institutionnel », porte sur les caractères macroinstitutionnels, dont le système électoral, qui jouent un rôle déterminant dans les niveaux de participation transnationaux. Pour les raisons susmentionnées, ces forces ne donnent lieu à aucune recommandation, mais leur examen peut néanmoins s'avérer instructif. L'explication de la totalité de la matrice des variables institutionnelles nous dévoile non seulement le panorama complet de la situation, mais suggère aussi les implications des réformes. Par-dessus tout, s'il s'avérait que les forces institutionnelles à l'œuvre dans le cadre canadien découragent l'exercice du suffrage, cette constatation pourrait donner un élan supplémentaire à la réforme administrative et légale du contexte institutionnel. C'est de fait la leçon à retenir de cette partie.

La dernière partie, intitulée « La réforme du contexte administratif et légal du vote », pièce maîtresse de l'analyse, se termine par des recommandations. Elle examine sous tous ses angles le contexte administratif et légal du vote au Canada et dans 18 autres démocraties industrielles. Certaines réformes ayant été proposées dans le cas du Canada, la comparaison tient compte non seulement des pratiques courantes, mais aussi des propositions du Livre blanc et du projet de loi C-79, notamment. Analyse faite de l'expérience canadienne et d'expériences comparables, y compris, autant que faire se peut, des implications de la hausse des taux de participation, cette étude formule des recommandations précises permettant de faciliter l'exercice du droit de vote. Quelques-unes de ces recommandations font abstraction de toute dimension quantitative, tandis que d'autres font expressément référence à l'égalité de la participation électorale.

À ce stade de l'introduction, le développement des quatre points ci-dessous est nécessaire pour bien focaliser l'analyse sur le tableau comparatif de la participation électorale.

Le premier illustre la gravité du problème de l'inégalité de la participation, gravité qui justifie des propositions de réformes. Il ressort de cette démonstration que les preuves les plus dignes de foi révèlent des écarts non négligeables, de fait modérément importants, entre bien nantis et moins nantis.

Le deuxième souligne l'importance de l'effet des institutions sur la participation électorale, d'où l'attention accordée au contexte institutionnel et, partant, à la réflexion sur les moyens de le réformer.

Le troisième donne une impulsion nouvelle à un examen sérieux des possibilités de réformes. En clair, des données de sondage démontrent que les difficultés administratives entravent l'exercice du droit de vote d'un grand nombre de Canadiens et Canadiennes. Il s'ensuit que la suppression de ces obstacles favoriserait leur participation, laquelle, indiquent les données, pourrait atteindre 85 %. Enfin, le dernier concerne les pays qui servent de base de comparaison.

## L'inégalité de la participation électorale

L'inégalité de la participation électorale a une base empirique on ne peut plus précise : sa variabilité à travers divers indicateurs socio-économiques. Dans la mesure où cette variabilité est de faible amplitude, c'est-à-dire où des niveaux similaires de vote s'observent dans toutes les catégories distinguant les bien nantis des moins nantis, l'inégalité devient moins préoccupante. Fait digne de mention, les très nombreuses études sur le vote au Canada s'intéressent très peu à la relation existant entre la démographie et la participation électorale. En tout cas, elles ne lui accordent pas l'attention voulue pour en tirer une connaissance approfondie. Heureusement, se démarquent avec éclat et fort opportunément deux études aussi rigoureuses qu'instructives présentées à la Commission. Ces textes de Pammett (1991) et d'Eagles (1991) jettent une certaine lumière sur la question de l'inégalité de la participation électorale.

Pammett (1991), qui dispose d'agrégats de données tirés de sondages Gallup effectués d'octobre 1984 à octobre 1985, observe que les facteurs démographiques ont un rapport avec la participation électorale à l'élection générale de 1984. Mais ce rapport est peu marqué, et c'est l'âge qui a le plus fort impact. Ses premiers tableaux bivariés montrent que l'occupation a une influence réduite, mais statistiquement significative. Ainsi la participation électorale est, par ordre croissant, de 68 % chez les étudiants; de 70 % chez les sans-emploi; de 77 % chez les cols bleus; de 81 % chez le personnel de bureau et de magasin; de 82 % chez les femmes au foyer; et de 85 % chez les membres de professions libérales et les gens d'affaires (*ibid.*, tableau 2.4). Une relation comparable s'observe pour le revenu. Ont déclaré avoir voté ou ont voté en 1984, 74 % des répondants dont le revenu familial est inférieur à 10 000 $ et 86 % de ceux dont le revenu du ménage est égal ou supérieur à 40 000 $. La différence n'est pas énorme, mais elle est néanmoins perceptible (*ibid.*). Pour le niveau d'instruction, l'effet est à peine sensible. Seulement quelques points de pourcentage séparent les valeurs extrêmes de la fourchette (*ibid.*, tableau 2.A1).

En revanche, Eagles (1991), qui se penche sur les trois dernières élections générales à l'aide de données globales basées sur les circonscriptions, accorde une grande valeur explicative à ses trois mesures socio-économiques (pourcentages de ménages à faibles revenus, de diplômés universitaires, de gestionnaires et administrateurs). Chose certaine, la relation entre les trois variables diffère à chacun des scrutins (par exemple, le revenu est statistiquement significatif trois fois; le niveau d'instruction, une fois; et l'occupation, deux fois). Ces distributions appellent un approfondissement de l'enquête, mais le caractère le plus immédiat révélé par l'analyse est sans doute l'amplitude significative de la variation de la participation électorale selon les circonscriptions que ces variables ou sous-ensembles expliquent. De fait, avec quelques variables démographiques, ces dernières surclassent les variables liées à la politisation, également prises en considération. Peu importe le contexte de la politisation, dont il n'est pas tenu compte ici, on voit mal ce qui pourrait infirmer la grande importance du contexte démographique proprement dit.

Le rapprochement des résultats, modestes de Pammett (1991) et assez marqués d'Eagles (1991), quant au rapport entre les facteurs socio-économiques et la participation électorale, pose la question de la méthodologie. Cette interrogation, qui fait l'objet de l'annexe A, nous amène à conclure qu'Eagles a probablement surévalué l'impact des variables socio-économiques, tandis que son homologue les aurait fortement sous-évaluées. La corrélation réelle serait modérément forte.

### L'importance des institutions dans la participation électorale

Les écrits abondamment cités plus loin montrent clairement que les institutions jouent un rôle important dans l'explication des variations de la participation électorale. Même les multiples études (Crewe 1981; Powell 1986) qui mettent en évidence l'importance des ressources et des capacités des individus (revenu, niveau d'instruction), ou encore de leurs orientations psychologiques ou des valeurs de culture politique (efficacité, intérêt pour la politique), reconnaissent la grande importance des institutions. Certains vont jusqu'à conclure à leur primauté. Pour Jackman (1987), les institutions pèsent plus lourd dans les variations transnationales de la participation que les facteurs culturels tels que ceux mis de l'avant par Almond et Verba (1963) dans leur étude classique :

> Intuitivement, il est logique que le vote varie avec les modèles institutionnels. Partout, il est systématiquement régi par des lois et des mécanismes ou des systèmes institutionnels qui varient visiblement

de nation à nation. [...] Comme il s'agit d'une forme institutionnalisée de comportement politique, le niveau de participation électorale devrait en principe obéir davantage aux lois et aux procédures que d'autres formes de comportement politique de masse. (Jackman 1987, 406.)

Toutefois, l'importance attachée ici au poids des institutions ne doit pas porter à conclure que la culture politique et d'autres variables extra-institutionnelles ne sont d'aucune pertinence pour la compréhension de la participation électorale au Canada. Ces facteurs pourraient effectivement y tenir un certain rôle[4]. Plutôt, cette réserve reflète simplement la reconnaissance du mandat de la Commission et les limites de l'ingénierie sociale.

Pour des raisons analogues, notre intérêt se concentre sur le sous-ensemble de forces institutionnelles qui façonnent le contexte administratif et légal immédiat du vote. Leur effet positif ou négatif sur la participation électorale s'exprime en termes de coûts du vote. Cette idée est simple, ne porte pas à controverse et revêt une grande importance : l'électorat va plus nombreux aux urnes quand cet acte lui coûte peu. Par conséquent, lorsque le contexte facilite l'inscription sur les listes électorales et l'exercice du droit de suffrage, plus de gens s'acquittent de leur devoir civique. Les raisons qui justifient l'examen de maintes réformes préconisées, et que nous relevons ici, tournent autour de la réduction du coût du vote.

Ce principe veut aussi que la participation électorale subisse davantage l'influence des facteurs de coûts (et, en certains cas, des moyens de persuasion) plus importants associés aux dispositions macro-institutionnelles comme le système électoral que celle des dispositions microinstitutionnelles comme le vote par anticipation, etc. Néanmoins, même si la corrélation est plus modeste, il vaut la peine de s'y attarder. Car, comme le souligne Crewe (1981, 219) : « Une légère augmentation des inconvénients à aller voter devrait provoquer une nette diminution de la participation électorale. » Il existe donc un bien-fondé théorique de la pertinence d'une enquête sur le contexte microinstitutionnel et, bien sûr, du maintien des pressions en faveur de la réforme des modalités d'exercice du droit de vote.

### La possibilité d'un taux de participation électorale de 85 %

La connaissance des motivations de l'abstentionnisme des Canadiens et Canadiennes, révélée par les sondages, donne une impulsion supplémentaire à la mise en œuvre de réformes. Des analyses de Pammett (1991) (voir aussi Mishler 1979), il ressort que l'indifférence est le motif d'abstention d'une minorité seulement des abstentionnistes déclarés dans les sondages électoraux de 1974, 1980 et 1984. La très grande majorité a donné des raisons susceptibles d'inspirer des réformes et des mesures propres à faciliter le vote : absence, maladie, incapacité de se libérer ou non-recensement. En 1974, les taux d'abstention pour l'une de ces causes ont été, respectivement, de 38 %, 13 %, 10 % et 2 %, pour un total de 63 %; en 1980, ils ont été de 39 %, 13 %, 2 % et 6 % pour un total de 60 %; et en 1984, ils ont été de 23 %, 9 %, 19 % et 11 % pour un total de 62 % (Pammett 1991, tableau 2.3). Toutefois, il faut se garder de conclure qu'environ 60 % des 25 % d'abstentionnistes (soit un supplément de 15 %) pourraient devenir des votants si les circonstances s'y prêtaient. Après tout, quelques-unes de ces personnes sont des abstentionnistes intermittents, votant ou ne votant pas selon qu'elles trouvent l'élection stimulante. Un ajout de 10 points au taux courant de participation serait plus réaliste. C'est, selon Pammett, l'augmentation que produirait l'adoption d'un ensemble de changements à caractère administratif dans la conduite des opérations électorales (voir aussi Black 1990).

Un taux moyen de participation électorale de 85 % constituerait néanmoins un progrès spectaculaire pour le Canada. Nous avons vu que, pour l'ensemble des démocraties où le vote est non obligatoire, ce taux est de 80 %. Notre pays se situerait donc bien au-dessus de la moyenne internationale. Le Canada passerait ainsi du peloton de queue au peloton de tête.

**Le choix de la base de comparaison**
Le choix des démocraties de référence n'est pas aussi simple qu'on pourrait le croire. Aussi convient-il d'expliquer comment nous l'avons effectué. La difficulté de l'opération ne résulte pas d'un conflit des définitions du mot ni des critères auxquels doivent se conformer les régimes pour être dits démocratiques. Toutes les définitions convergent vers l'idée fondamentale de la légitimité du pouvoir issu de la volonté des masses (gouvernement par le peuple) et de son corollaire essentiel, la réceptivité aux préférences des masses (gouvernement pour le peuple). En outre, les définitions de l'ensemble de critères pertinents tendent toutes à mettre en lumière deux ensembles de conditions interreliées : consultations électorales honnêtes donnant lieu à une véritable compétition entre les partis et facilitant au maximum le vote, d'une part; respect des droits et des libertés d'expression et de participation, d'autre part (Butler *et al.* 1981a; Dahl 1971; Lijphart 1984; Powell 1986). Pour le classificateur, le défi réside dans l'incertitude quant à la conformité des régimes politiques à ces critères, étant donné

que tous s'écartent plus ou moins de l'idéal de la définition. Dans l'univers concret de l'imperfection démocratique, les restrictions inévitables de certaines libertés, par exemple la privation partielle du droit de vote et la prépondérance d'un parti qui remporte toujours les élections malgré une véritable compétition, constituent des exemples des difficultés particulières sur lesquelles achoppe la classification.

La longévité (et la stabilité) du régime démocratique influe également sur le choix des pays démocratiques. À un extrême, il y a le cliché de l'instant précis, qui peut révéler, en particulier, la situation la plus récente du pays. Le plus connu est celui de *Freedom in the World* de Freedom House, inventaire perpétuel des pays *libres*, c'est-à-dire démocratiques, partiellement libres et non libres. L'édition de 1984, par exemple, répertorie « 50 pays pouvant être raisonnablement dits démocratiques » (Gastil 1985, 9). Le recensement de Freedom House laisse à désirer, car certains de ces pays ne figurent pas dans ses classifications antérieures et d'autres ont disparu des plus récentes. La persistance est critique. La capacité d'un régime de s'enraciner démocratiquement dans la légitimité que lui confère la volonté du peuple et à conserver les racines qu'il a ainsi développées, la mesure où il peut compter sur un fonds de légitimité dans l'adversité constituent l'épreuve décisive, épreuve envisageable seulement dans une perspective chronologique. Mais quelle durée est satisfaisante ? Ici encore, les observateurs arrivent à des décisions opératoires différentes. Une approche aux antipodes du cliché instantané insiste sur la continuité du régime pendant tout l'après-guerre. À ce critère satisfont les démocraties suivantes d'Amérique du Nord et d'Europe (le Canada, les États-Unis, l'Allemagne, l'Autriche, la Belgique, le Danemark, la Finlande, la France, l'Irlande, l'Italie, la Norvège, les Pays-Bas, la Suède, la Suisse et le Royaume-Uni) ainsi que l'Australie, Israël, le Japon et la Nouvelle-Zélande.

Donc, partant de l'idée que la continuité de l'État démocratique est importante, les pays ci-dessus, qui, de façon générale, se conforment également aux critères retenus comme points de repère, forment la base première de l'analyse comparative du cas du Canada. Leurs traditions de participation électorale et leurs contextes de vote forment le principal cadre de référence de notre évaluation comparative. Leur statut de sociétés industrielles, tout comme leur immanquable inclusion dans les analyses transnationales, présentent également un certain intérêt. D'un point de vue pratique, la facilité d'obtenir de l'information sur ces pays, et notamment sur leurs contextes de vote, présente un avantage supplémentaire. Voilà pourquoi l'Islande et le Luxembourg ne font pas partie de la première analyse comparative. D'aucuns pourraient faire valoir que leur faible densité de population constitue un facteur supplémentaire d'exclusion.

Toutefois, il est tenu compte de ces pays, quoique brièvement, dans l'examen des traditions de participation électorale d'un ensemble plus vaste de démocraties. Cette seconde analyse repose en effet sur une base plus large, car la période considérée, inférieure à la durée de l'après-guerre, permet de tenir compte de pays qu'on aurait tort de passer complètement sous silence. Ainsi la réinstauration de la démocratie en Grèce est un événement important, comme d'ailleurs la liquidation des régimes autoritaires du Portugal et de l'Espagne.

L'utilisation d'un critère de temps encore plus court facilite la prise en considération des pays en voie de développement où la démocratie a pris racine. Les traditions de participation électorale de ces pays sont examinées à une troisième étape de l'évaluation de la performance relative du Canada. Powell (1982) a mis au point des procédures opératoires permettant l'observation des pays en voie de développement qui, de 1958 à 1976, se sont trouvés durant cinq années consécutives sous un régime démocratique. Dans le cas présent, une période de dix ans est utilisée. Nous avons donc retenu tous les pays qui ont logé à l'enseigne de la démocratie pendant toutes les années 80 (particulièrement en termes d'élections libres) pourvu qu'ils comptent au moins 250 000 habitants, malgré le fait que pour certains d'entre eux, il était difficile d'obtenir une information fiable sur la participation électorale.

L'examen de leurs traditions de participation électorale élargit notre vue d'ensemble de la situation canadienne, qui n'est pas particulièrement réjouissante, comme nous le verrons dans la partie suivante.

## LA TRADITION CANADIENNE DE PARTICIPATION ET D'INSCRIPTION ÉLECTORALES DANS UNE PERSPECTIVE COMPARATIVE

Pratiquement toutes les recommandations visant à faciliter l'exercice du droit de vote au Canada formulées dans la présente étude (voir la partie intitulée « La réforme du contexte administratif et légal du vote »), présupposent l'inscription régulière d'un électeur ou d'une électrice. Aussi se bornent-elles à proposer des options et des réformes portant directement sur l'exercice du droit de vote. La présente partie renferme cependant une recommandation visant à autoriser à tous les électeurs l'inscription sur la liste électorale (le jour du scrutin). Cette recommandation marque l'aboutissement de la démarche analytique amorcée par la tâche importante de produire la description minutieuse de la médiocre participation électorale des Canadiens et Canadiennes.

À cet effet, nous comparons surtout l'expérience du Canada à celle d'autres démocraties industrielles. Non pas que la littérature manque de perspectives comparatives. Il existe bien quelques interprétations qui, tout en ne traitant pas spécifiquement de la situation canadienne, décrivent ses piètres classements. Mais la présente analyse veut, de façon beaucoup plus rigoureuse, situer cette performance dans le contexte démocratique transnational, par suite, essentiellement, de l'accès à une banque de données beaucoup plus riche. Par rapport aux écrits antérieurs, ce travail examine la participation de l'électorat à un plus grand nombre de scrutins, tenus dans un plus grand nombre de pays, sur une plus longue période.

Cet exercice a ceci de particulier qu'il porte spécifiquement sur l'expérience canadienne. Il débute donc par un panorama de la participation des Canadiens et Canadiennes aux élections générales tenues de 1945 à 1988, année du dernier scrutin fédéral. Ce tableau, qui embrasse tout l'après-guerre, situe le cas de notre pays non seulement en vue d'une évaluation transnationale, mais permet également d'aborder certaines procédures méthodologiques et opératoires dont toute analyse sérieuse de la participation électorale, nationale ou transnationale exige l'évaluation.

À cet égard, le souci premier du chercheur est la comptabilisation, dans le dépouillement du scrutin, des bulletins de vote nuls ou irréguliers. Cette préoccupation est commune à bien des analystes qui en sont venus à considérer que beaucoup de bulletins détériorés ou délibérément laissés en blanc constituent une démarche politique rationnelle. Dans les pays où le vote est non obligatoire, tout au moins, la distinction entre votants et abstentionnistes procède d'une dichotomie des plus flagrantes. Les critères de nullité variant selon les pays, des considérations pratiques donnent donc du poids à la décision de tenir compte des bulletins de vote nuls (Powell 1982). Du reste, les analystes sont en bonne compagnie. Nombre d'organismes d'administration publique, dont le Bureau du directeur général des élections du Canada (Élections Canada), tendent également à l'inclusion des bulletins de vote précités.

La multiplicité des définitions de l'univers des votants potentiels accentue la difficulté de trouver un dénominateur commun de la participation électorale, dans une étude comparative. Le plus répandu, qu'utilisent Élections Canada et la plupart des organismes officiels des autres pays, est le nombre d'inscriptions. Le taux de participation obtenu par ce moyen est le pourcentage d'électeurs votants. La méthode suffirait à tous les besoins, si ce n'était l'anomalie de l'inscription électorale aux États-Unis, unique pays démocratique où l'inscription, non obligatoire, incombe au citoyen, à la citoyenne. Dans la majorité des États, cette procédure est hérissée d'écueils, ce qui explique en bonne partie l'abstentionnisme massif (Powell 1986; Rosenstone et

Wolfinger 1978; Wolfinger et Rosenstone 1980) et limite l'utilité du pourcentage précité pour la compréhension de la participation électorale. Fait sans doute plus pertinent, les données exactes sur l'inscription à l'échelle nationale ne sont tout simplement pas disponibles, par suite du contrôle étroit du système d'inscription par chaque État (Piven et Cloward 1988). Aussi la recherche américaine utilise-t-elle pour dénominateur la population en âge de voter fournie par les statistiques démographiques, essentiellement de recensement.

Que le taux ainsi obtenu soit appliqué aux États-Unis ou ailleurs, son utilisation est avantageuse à certains égards. Comme nous allons le voir, lorsque l'effort d'inscription se solde par un dénombrement fort incomplet (lui-même mesuré en fonction de la population en âge de voter), le pourcentage de votants par rapport à cette population peut s'avérer une mesure utile à considérer. Pourtant, celle-ci ne vaut que ce que valent les données démographiques disponibles. Souvent, les données réunies pour les élections doivent être basées sur des estimations faites au moyen de données d'extrapolations ou de recensements antérieurs, elles-mêmes estimatives. On se perd également en conjectures au sujet des catégories d'âge, qui correspondent rarement à l'âge électoral en vigueur, lui-même sujet à d'occasionnels changements. Que certains dénombrements soient *de facto* et d'autres *de jure* est une autre source de confusion et de variations indésirables dans l'analyse comparative[5]. Ces servitudes se compliquent des problèmes que pose la citoyenneté comme critère d'admissibilité au droit de vote. Dans la mesure où une fraction importante de la population est constituée de non-citoyens, et tel est le cas au Canada, un taux de participation basé sur la population en âge de voter se traduit par la sous-évaluation du niveau effectif de participation. Malheureusement, les données qui permettraient une correction ne sont pas toujours disponibles.

Pour toutes ces raisons, doublées du fait que les États-Unis constituent une anomalie sur le plan transnational, la mesure de la participation au scrutin basée sur les inscriptions prédomine. Les avantages de la seconde mesure ne seront mis à profit qu'une fois la principale utilisée avec le maximum de rigueur.

### La participation aux élections générales canadiennes tenues de 1945 à 1988

Comme le montre le tableau 3.1, une moyenne approximative de 75 % de Canadiens et Canadiennes ont voté aux élections générales depuis la Seconde Guerre mondiale[6]. Cette moyenne fluctue modestement de 67 %, en 1953, à 79 %, pour les deux élections du début des années 60.

Si tant est qu'on puisse discerner une tendance des données dans le temps, elle n'est certes pas monotone. Sa forme serait plutôt parabolique. Les taux sont identiques (75 %) au début et en fin de période, mais augmentent légèrement sous le régime Diefenbaker, caractérisé par une succession de gouvernements minoritaires et aussi, sans doute, par une plus forte rivalité entre les deux partis traditionnels.

Pourtant, ce taux de 75 % représente bien la série des 15 élections. Pour neuf d'entre elles, les taux s'écartent par moins de deux points de la moyenne. Cette stabilité à long terme se compare aux niveaux observés dans la plupart des autres pays démocratiques. On peut donc en inférer que la continuité du contexte politique et institutionnel, caractère commun à la plupart des pays, se traduit par la stabilité de la participation au scrutin et que la compréhension des écarts constitue la tâche première du chercheur (Crewe 1981; Jackman 1987).

**Tableau 3.1**
**Taux de participation aux élections générales**
**au Canada, 1945–1988**
(en pourcentage)

| | |
|---|---|
| 11 juin 1945 | 76 |
| 27 juin 1949 | 74 |
| 10 août 1953 | 67 |
| 10 juin 1957 | 74 |
| 31 mars 1958 | 79 |
| 18 juin 1962 | 79 |
| 8 avril 1963 | 79 |
| 8 novembre 1965 | 75 |
| 25 juin 1968 | 76 |
| 30 octobre 1972 | 77 |
| 8 juillet 1974 | 71 |
| 22 mai 1979 | 76 |
| 18 février 1980 | 69 |
| 4 septembre 1984 | 75 |
| 21 novembre 1988 | 75 |
| Taux moyens de l'après-guerre | 74,8 |

Source : Canada, Élections Canada, *Rapports du directeur général des élections.*

Les écarts à la moyenne relevés dans la participation électorale de l'après-guerre sont un peu plus marqués dans le sens négatif. C'est en particulier le cas pour les consultations de 1953, 1974 et 1980 (67 %, 71 % et 69 % respectivement). Des facteurs saisonniers ont sans doute joué un rôle dans le recul de la participation. L'élection de 1980 a eu lieu en plein hiver, le jour du scrutin ayant été fixé au 18 février. La campagne électorale de 1953 s'est déroulée au cœur de l'été, et le scrutin s'est tenu le 10 août. L'élection de 1974 s'est également tenue l'été, le 8 juillet. Mais qu'en est-il des autres élections tenues durant la belle saison, c'est-à-dire à compter du 21 juin ? Pour les élections du 27 juin 1949 et du 25 juin 1968, les taux s'écartent à peine de la norme de 75 %. L'explication la plus plausible est probablement que la période des congés annuels commence en juillet dans les régions où l'année scolaire se prolonge tard en juin[7]. Elle semble corroborer l'idée que le taux de 75 % tend à être la norme.

La présente étude cherche à cerner les éléments du contexte du vote qui, de manière générale et continue, favorisent ou défavorisent l'exercice du droit de vote. Aussi est-il inutile d'insister encore sur la possibilité toujours réelle que les événements politiques provoquent la tenue d'une élection à un autre moment que la demi-saison. Il y a toutefois une leçon à tirer sur le plan méthodologique. Étant donné que chaque scrutin subit forcément l'influence d'un ensemble de facteurs particuliers, dont sa tenue l'été ou l'hiver, mieux vaudrait utiliser des taux de participation basés sur des agrégats de données, de telle façon que certains caprices d'une consultation précise ne faussent pas les conclusions. Mais la précision variable de la procédure d'inscription électorale milite également en faveur de l'étalement de la période retenue pour le calcul des moyennes. Ainsi, observe Crewe (1981, 233), l'inscription des électeurs et électrices, qui peut varier d'environ deux points d'élection en élection, représente de ce fait une source particulière de variation dans le temps. Et de conseiller : « Il faudrait se fier exclusivement aux différences notables et aux moyennes basées sur des séries d'élections. » Enfin, la littérature renferme plusieurs précédents d'agrégats transélectoraux (Blais et Carty 1990). Dans plusieurs études importantes (Jackman 1987; Powell 1986), la période de référence est la décennie, période que nous avons également adoptée.

Sauf pour une période de cinq ans dans les années 40, les taux présentés au tableau 3.2 sont des moyennes décennales. Ces statistiques agrégées portent sur un minimum de trois consultations électorales et les quinquennales, sur deux. Toutefois, elles modifient peu l'image qui se dégage des résultats par élection, bien que la forme parabolique soit un peu plus complexe. À remarquer, un léger écart dans le sens négatif des taux moyens de participation électorale des années 40 aux années 50, suivi d'un écart positif sensible et d'un autre écart également négatif au cours des deux décennies suivantes. Il n'est pas évident qu'un facteur unique explique ces diverses fluctuations. Faut-il le répéter, la première pourrait avoir pour unique cause la saison estivale de 1953[8]. Par ailleurs, il n'est pas exclu d'envisager une distribution quasi aléatoire des données, où les moyennes décennales s'ordonnent autour de la tendance centrale de 75 %.

Tableau 3.2
Taux de participation aux élections générales au Canada

| Décennie | Nombre d'élections | Moyenne décennale |
|---|---|---|
| Années 40 | 2 | 75,0 |
| Années 50 | 3 | 73,3 |
| Années 60 | 4 | 77,3 |
| Années 70 | 3 | 74,7 |
| Années 80 | 3 | 73,0 |

Source : Canada, Élections Canada, *Rapports du directeur général des élections*.

Mais n'allons surtout pas conclure que cette stabilité relative de la participation électorale au Canada a pour corollaire celle du rang de notre pays par rapport aux autres démocraties. Les données réunies pour la présente analyse indiquent clairement que la position de notre pays, dans la queue au départ, ne s'est pas améliorée avec le temps. Quoi qu'il en soit, l'infériorité relative des niveaux de participation électorale des Canadiens et Canadiennes ressort dans quelques études comparatives existantes.

### La participation électorale des Canadiens dans une perspective comparative

Les résultats de deux de ces études font l'objet du tableau 3.3[9]. Dans la colonne de gauche figurent les données extraites de l'étude Glass *et al.* (1984), qui fait état des taux de participation au dernier scrutin tenu dans 24 pays (en date de 1981). L'élection canadienne visée est donc celle de 1980, où la participation a avoisiné 69 %, taux qui nous place au 19e rang. Les 19 pays où le vote est non obligatoire constituent une base de comparaison plus appropriée, mais, étant donné qu'aucun régime à vote obligatoire n'a un taux de participation moindre que celui du Canada, cela ne change rien à la performance lamentable de notre pays, qui ne devance toujours que cinq démocraties. Comme les résultats fournis sont ceux d'une unique élection qui, de surcroît, est celle de la mi-hiver 1980, on pourrait objecter que ces chiffres sont inférieurs de cinq ou six points au niveau considéré comme normal. Hélas, les auteurs ont omis de signaler ce fait, de telle sorte que le lecteur non averti pourrait ne retenir que le chiffre déclaré et l'impression défavorable qu'il laisse. L'utilisation du taux plus représentatif de 75 % ou, d'ailleurs, du taux encore plus favorable de participation à l'élection de 1979 (environ 76 %) aurait fait gagner au Canada un ou deux rangs.

Dans l'autre colonne figurent des données de participation que nous devons à Crewe (1981). Elles sont un peu moins récentes, mais ont l'avantage de reposer sur des moyennes de participation électorale. Cette combinaison embrasse tout l'après-guerre, c'est-à-dire la période de 1945 à la fin des années 70, quoique la dernière élection canadienne considérée soit celle de 1972. Ici encore, la piètre performance du Canada, dont le taux de participation est de 76,4 %, saute aux yeux. Notre pays est au 15e rang des 20 démocraties répertoriées; si l'on excepte les quatre pays à vote obligatoire (l'Australie, la Belgique, l'Italie et les Pays-Bas, de 1945 à 1967), il occupe la 12e position sur 16. Crewe fait en outre état des taux de participation d'autres pays où la démocratie a subi des éclipses au cours de la période analysée. L'inclusion des trois pays à vote non obligatoire compris dans les démocraties à taux de participation électorale supérieurs au taux canadien nous fait reculer au 20e rang (*ibid.*, tableau 10.3).

L'analyse comparative des données effectuée spécifiquement pour la présente étude opposera plus loin la performance canadienne aux niveaux de participation de la plupart des pays dits démocratiques dans les années 80. Toutefois, la base des comparaisons initiales comprend les démocraties énumérées dans l'introduction. Comme pour le cas du Canada, nous faisons appel à des moyennes décennales. L'annexe B énumère, pour chaque pays, les élections nationales pertinentes ainsi que les principales sources d'information utilisées. Les types d'élections étudiés sont les types classiques en analyse de la participation électorale, soit les scrutins « déterminant de la manière la plus directe qui exerce les pouvoirs de chef de l'exécutif » (Powell 1986, 24) : les présidentielles aux États-Unis et sous la Cinquième République en France, et les législatives nationales dans les autres pays. Dans tous les cas, les données sont tirées des résultats officiels et autant que possible, il s'agit de sommations de tous les votes, valides et nuls. Les taux de participation initialement indiqués sont basés sur le nombre d'inscriptions, sauf pour les États-Unis où le dénominateur est celui de la population en âge de voter.

Tableau 3.3
**Deux études de la participation électorale relative dans diverses démocraties**
(en pourcentage)

| Rang | Glass *et al.* (1984) Participation aux dernières élections à compter de 1981 | | Crewe (1981) Moyennes décennales depuis 1945 | |
|---|---|---|---|---|
| 1 | Belgique | 94,6 | Australie | 95,4 |
| 2 | Australie | 94,5 | Pays-Bas | 94,7 |
| 3 | Autriche | 91,6 | Autriche | 94,2 |
| 4 | Suède | 90,7 | Italie | 92,6 |
| 5 | Italie | 90,4 | Belgique | 92,5 |
| 6 | Islande | 89,3 | Nouvelle-Zélande | 90,4 |
| 7 | Nouvelle-Zélande | 89,0 | Allemagne | 86,9 |
| 8 | Luxembourg | 88,9 | Danemark | 85,8 |
| 9 | Allemagne | 88,6 | Suède | 84,9 |
| 10 | Pays-Bas | 87,0 | Israël | 81,4 |
| 11 | France | 85,9 | Norvège | 80,8 |
| 12 | Portugal | 84,2 | France | 79,3 |
| 13 | Danemark | 83,2 | Finlande | 79,0 |
| 14 | Norvège | 82,0 | Royaume-Uni | 76,9 |
| 15 | Grèce | 78,6 | **Canada** | **76,4** |
| 16 | Israël | 78,5 | Irlande | 74,7 |
| 17 | Royaume-Uni | 76,3 | Japon | 73,1 |
| 18 | Japon | 74,5 | Suisse | 64,5 |
| 19 | **Canada** | **69,3** | Inde | 58,7 |
| 20 | Espagne | 68,1 | États-Unis | 58,5 |
| 21 | Finlande | 64,3 | | |
| 22 | Irlande | 62,2 | | |
| 23 | États-Unis | 52,6 | | |
| 24 | Suisse | 48,3 | | |

*Note* : Taux basés sur le nombre d'inscriptions, sauf aux États-Unis où le dénominateur est la population en âge de voter.

Les premières comparaisons présentées au tableau 3.4 sont des comparaisons sommaires basées sur les taux agrégés de participation dans ces démocraties de référence. La figure 3.1 en donne la représentation graphique. La moyenne de participation de ces pays s'est établie à 82,1 % dans les années 40, et a légèrement progressé au cours des deux décennies suivantes (82,7 % et 83,1 %) pour accuser deux régressions légères dans les années 70 et les années 80 (81,5 % et 80,6 % respectivement). Ces pourcentages tiennent compte des pays où le vote est obligatoire. Aussi ne faudrait-il pas s'étonner de l'écart assez important entre ces moyennes et celle du Canada, qui a culminé à 9,4 % dans les années 50 pour chuter à 5,8 % dès la décennie suivante. Globalement, l'écart négatif moyen s'établit à 7,3 %. Il est tout au moins intéressant d'observer qu'il est sensiblement le même au début et à la fin de la période considérée.

**Tableau 3.4**
**Taux de participation pour le Canada et d'autres démocraties**
(moyennes décennales)

| Décennie | Canada | Autres démocraties | Démocraties à vote non obligatoire | Démocraties à vote non obligatoire, sauf la Suisse et les États-Unis |
|---|---|---|---|---|
| Années 40 | 75,0 | 82,1 | 78,6 | 81,8 |
| Années 50 | 73,3 | 82,7 | 79,3 | 82,0 |
| Années 60 | 77,3 | 83,1 | 80,1 | 82,9 |
| Années 70 | 74,7 | 81,5 | 79,1 | 83,0 |
| Années 80 | 73,0 | 80,6 | 78,2 | 82,6 |
| N | | (17/18)[a] | (13/15)[a,b] | (11/13)[a,b] |

Sources : Canada, Élections Canada, *Rapports du directeur général des élections*; pour les autres pays, voir l'annexe B.

Note : Taux basés sur le nombre d'inscriptions, sauf pour les États-Unis où le dénominateur est la population en âge de voter.

[a] France comprise à partir des années 60.
[b] Pays-Bas compris à partir des années 70.

La troisième colonne du tableau 3.4 et la ligne médiane de la figure 3.1 constituent des points de référence plus justes, du fait que les moyennes décennales intéressent seulement les 13 pays (14 à partir des années 70) où le vote est non obligatoire[10]. La participation électorale au Canada continue néanmoins de se distinguer par un taux fort inférieur à celui de la démocratie moyenne à vote non obligatoire. La norme canadienne de 74,8 % pour tout l'après-guerre se trouve confrontée au taux transnational de 79,1 %. Pour raffiner la comparaison, précisons que, au cours de la période entière, les taux de participation des autres démocraties surclassent constamment les taux canadiens. De 78,6 % et 79,3 %, dans les deux premières décennies, le niveau de participation culmine à 80,1 % dans les années 60 avant d'accuser deux reculs successifs, à 79,1 % puis à 78,2 %. L'écart correspondant est le moins marqué dans les années 60 (2,8 points) et le plus dans les années 50 (6 points). Le deuxième écart en importance est celui des années 80. De fait, à la fin de cette décennie, les différences de participation sont encore plus importantes que dans la seconde moitié des années 40.

**Figure 3.1**
**Taux de participation pour le Canada et d'autres démocraties, moyennes décennales**

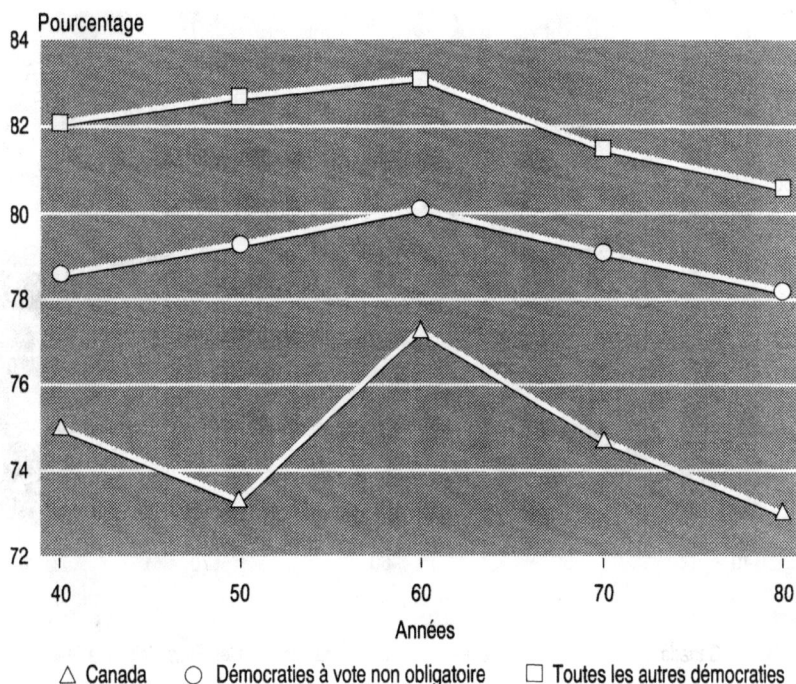

△ Canada    ○ Démocraties à vote non obligatoire    □ Toutes les autres démocraties

Source : Voir le tableau 3.4.

Quelle pertinence pour la comparaison a le fléchissement similaire, dans les années 60 et 70, des taux de participation des pays où le vote est non obligatoire ? La réponse est claire : aucune. De fait, la situation canadienne paraît encore plus sombre, une fois comprise la cause de cette baisse, attribuable en bonne partie au recul de la participation dans deux pays : les États-Unis et la Suisse. Pour le premier, le taux de participation, de 61,9 % dans les années 60, régresse à 54,4 % puis à 52,0 % dans les deux décennies subséquentes. Pour le second, le taux décroît à un rythme soutenu de décennie en décennie. De 71,7 % et 69,0 % dans les années 40 et 50, il descendra à 64,2 %, à 52,5 %, et finalement à 47,5 % dans les trois décennies subséquentes, soit une baisse totale de plus de 25 points. On pourrait à bon escient avancer que ces deux pays pourraient être exclus de l'analyse comparative en raison principalement de leurs modèles de participation anormaux qu'expliquent des facteurs spécifiques[11].

**Figure 3.2**
**Taux de participation pour le Canada et les autres démocraties à vote non obligatoire, sauf les États-Unis et la Suisse**

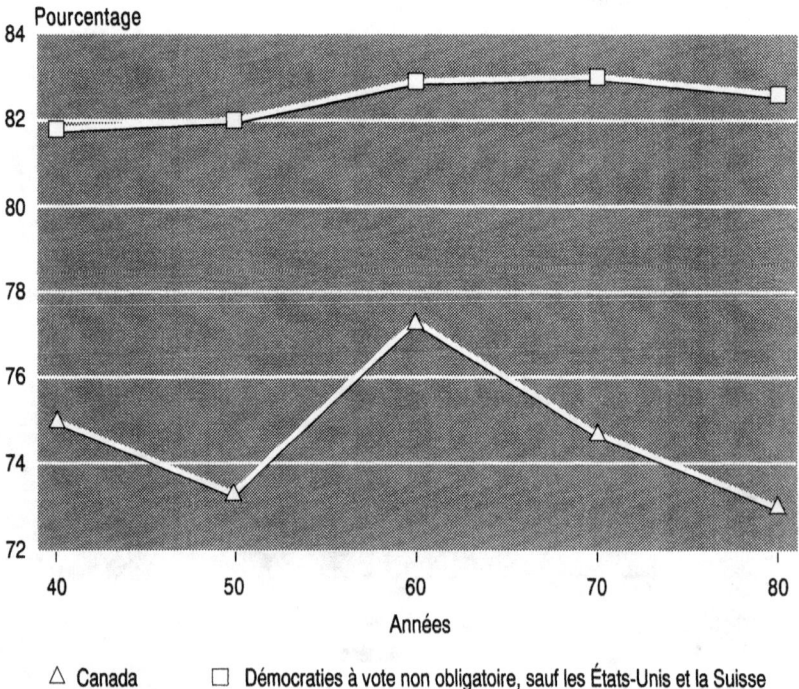

Pourcentage

△ Canada      □ Démocraties à vote non obligatoire, sauf les États-Unis et la Suisse

*Source* : Voir le tableau 3.4.

Une fois les États-Unis et la Suisse retirés de la base de comparaison, la forme parabolique a disparu (comme on peut le voir dans les troisième et quatrième colonnes du tableau 3.4 et dans la figure 3.2); la nouvelle représentation suggère une élévation globale peu marquée de la participation au cours de tout l'après-guerre. Le taux est de 81,8 % dans les années 40, de 82,0 % dans les années 50 et de 82,9 % dans les années 60.

Il culmine à 83,0 % dans la décennie suivante, pour fléchir légèrement dans les années 80 (82,6 %). Comme on le voit, les écarts importants entre ces niveaux et le taux canadien vont s'agrandissant. À leur plus faible dans les années 60 (5,6 %), ils se creusent fortement dans les années 70 (8,3 %), pour être à leur plus fort dans les années 80 (9,6 %). Absolument rien ne permet de croire à une amélioration de la situation. Ce serait plutôt le contraire. Dans les années 80, les taux canadiens sont inférieurs de près de 10 points à ceux de la démocratie type à vote non obligatoire.

L'examen des mêmes données en termes de rangs nous offre une nouvelle perspective sur les faibles taux de participation électorale au Canada. Si les taux de participation successifs de notre pays et des autres démocraties sont présentés par ordre décroissant, on constate que notre meilleure performance relative date de la fin des années 40, comme le montre le tableau 3.5. Un taux moyen de participation de 75,0 % nous assure alors la 13e place ou, ce qui est plus juste, la 9e parmi les 14 nations où le vote est non obligatoire. Dans la décennie suivante, nous en perdons trois, pour en regagner deux dans les années 60. Dans les années 70, nous régressons au 16e rang, ou au 13e rang des pays à vote non obligatoire. Et, en recul sensible par rapport aux années 40 ou 60, nous nous maintenons au 16e rang dans les années 80. Le Canada ne surclasse alors plus que le Japon, la Suisse et les États-Unis. De façon générale, cette mise en ordre ou rangement des données fait ressortir une tendance à la détérioration.

Répétons-le, l'ajout d'autres démocraties à cette base initiale de comparaison élargit la perspective. Cinq autres pays, — l'Islande et le Luxembourg, petits pays qui ont une vieille tradition démocratique; la Grèce, qui a réinstauré la démocratie; l'Espagne et le Portugal, qui se sont donné des régimes démocratiques dans les années 70, — peuvent être pris en considération dans l'analyse, comme le montre le tableau 3.6. On peut à juste titre s'attendre à ce que le Luxembourg et la Grèce, où le vote est obligatoire, surclassent le Canada. Mais il appert que les trois autres pays lui dament également le pion. Un taux de 89,2 % place pratiquement l'Islande en tête de liste. Pis, le Canada mord la poussière devant l'Espagne et le Portugal. Ce dernier, avec une moyenne de participation de 76,8 % aux élections des années 80, l'emporte d'ailleurs de manière assez décisive. Même en faisant peu de cas de l'écart de 0,4 % qui nous sépare de l'Espagne, le fait d'être sur le même pied qu'une démocratie aussi jeune est significatif. Tout bien considéré, le Canada est la 21e des 24 démocraties qu'a comptées l'Occident dans les années 80, et le 16e des 19 pays où le vote est non obligatoire. Dans l'un et l'autre cas, il ne devance que trois pays.

**Tableau 3.5**
**Taux de participation au Canada et dans 18 autres démocraties**
(moyennes décennales)

| Rang | Années 40 | Années 50 | Années 60[a] | Années 70 | Années 80 |
|---|---|---|---|---|---|
| 1 | Nouvelle-Zélande 95,8 | Pays-Bas 95,4[b] | Australie 95,3[b] | Australie 95,3[b] | Australie 94,3[b] |
| 2 | Autriche 95,6 | Autriche 95,3 | Pays-Bas 95,0[b] | Belgique 92,7[b] | Belgique 93,8[b] |
| 3 | Australie 95,0[b] | Italie 93,8[b] | Autriche 93,8 | Autriche 92,3 | Autriche 91,5 |
| 4 | Pays-Bas 93,4[b] | Belgique 93,1[b] | Italie 92,9[b] | Italie 92,2[b] | Nouvelle-Zélande 90,5 |
| 5 | Belgique 92,4[b] | Australie 91,9[b] | Belgique 91,3[b] | Allemagne 90,9 | Italie 89,8[b] |
| 6 | Italie 90,7[b] | Nouvelle-Zélande 91,3 | Nouvelle-Zélande 89,1 | Suède 90,4 | Suède 89,1 |
| 7 | Israël 86,9 | Allemagne 86,8 | Danemark 87,3 | Danemark 87,3 | Allemagne 87,3 |
| 8 | Danemark 86,1 | Danemark 83,8 | Allemagne 87,1 | France 85,2 | France 86,2 |
| 9 | Suède 82,7 | Royaume-Uni 80,3 | Suède 86,4 | Nouvelle-Zélande 85,1 | Danemark 86,1 |
| 10 | Norvège 79,2 | Israël 79,8 | Finlande 85,0 | Pays-Bays 83,5 | Pays-Bays 83,4 |
| 11 | Allemagne 78,5 | Norvège 78,8 | Israël 82,8 | Norvège 81,6 | Norvège 83,1 |
| 12 | Finlande 76,0 | Suède 78,7 | Norvège 82,7 | Finlande 81,1 | Israël 79,0 |
| 13 | **Canada 75,0** | Finlande 76,5 | **Canada 77,3** | Israël 79,0 | Finlande 78,2 |
| 14 | Irlande 74,2 | Japon 75,9 | Canada 77,3 | Irlande 76,5 | Irlande 74,2 |
| 15 | Royaume-Uni 72,6 | Irlande 74,3 | Royaume-Uni 76,6 | Royaume-Uni 75,1 | Royaume-Uni 74,0 |

| | (années 40) | (années 50) | (années 60) | (années 70) | (années 80) |
|---|---|---|---|---|---|
| 16 | Suisse 71,7 | **Canada** 73,3 | Irlande 74,2 | **Canada** 74,7 | **Canada** 73,0 |
| 17 | Japon 71,4 | Suisse 69,0 | Japon 71,8 | Japon 71,1 | Japon 71,4 |
| 18 | États-Unis 51,1 | États-Unis 60,5 | Suisse 64,2 | États-Unis 54,4 | États-Unis 52,0 |
| 19 | | | États-Unis 61,9 | Suisse 52,5 | Suisse 47,5 |

Rang de la participation électorale du Canada :

| | (années 40) | (années 50) | (années 60) | (années 70) | (années 80) |
|---|---|---|---|---|---|
| 1. Parmi tous les pays | 13/18 | 16/18 | 14/19 | 16/19 | 16/19 |
| 2. Pays à vote non obligatoire | 9/14 | 12/14 | 10/15 | 13/16 | 13/16 |

*Source* : Voir l'annexe B.

*Note* : Taux basés sur le nombre d'inscriptions, sauf pour les États-Unis où le dénominateur est la population en âge de voter.

[a]France comprise à partir des années 60.

[b]Vote obligatoire.

La prise en considération de démocraties du tiers monde nous ouvre notre ultime et sans conteste notre plus vaste perspective. Faut-il le répéter, les critères d'inclusion de ces pays (indépendants) sont une population d'au moins 250 000 habitants et le respect des principes démocratiques, dont la tenue d'élections donnant lieu à une authentique compétition entre les parties, pendant toutes les années 80. Au tableau 3.7, le nombre des démocraties se trouve porté à 33. Au Costa Rica où le vote est obligatoire, le taux de participation électorale n'est pourtant que de 78,9 %. Mais chez les autres, les Bahamas, le Venezuela, et l'Île Maurice, il dépasse de loin celui du Canada (90,3 %, 84,3 % et 80,1 % respectivement), tout comme la Barbade, la Jamaïque et le Botswana (77,3 %, 77,1 % et 76,0 % respectivement). Aussi stupéfiant que cela paraisse, la performance canadienne ne surpasse que celle de deux pays en voie de développement, l'Inde, et Trinité et Tobago. Ainsi, une fois de plus, l'élargissement de la base de comparaison éclabousse l'image du Canada. Son taux moyen de participation aux élections des années 80 le place au 28e rang des 33 démocraties et en fait le 22e des 27 pays où le vote est non obligatoire. Autrement dit, notre pays est le sixième de la queue. Peu importe le critère, nos taux de participation électorale sont de loin inférieurs à la norme de participation au scrutin commune à beaucoup de démocraties.

Plus tôt dans l'étude, nous avons fixé à 85 % l'objectif réaliste de participation. Les données comparatives étant ce qu'elles sont, les implications d'une telle hausse ressortent avec évidence, en particulier lorsqu'on les envisage en termes de rangs. Le taux précité aurait fait passer le Canada du 13e au 7e rang des 16 pays à vote non obligatoire (voir la comparaison initiale résumée au tableau 3.5), c'est-à-dire dans la moitié supérieure de la liste. Pour la comparaison effectuée avec la base intégrant les pays en voie de développement (voir le tableau 3.7), la remontée aurait été encore plus spectaculaire : le Canada se serait classé dans le tiers supérieur de la liste des 33 démocraties.

### Recommandation relative à l'abstentionnisme des Canadiens

Cette faiblesse de la participation électorale milite puissamment en faveur de réformes du contexte du vote au Canada. Ces réformes sont souhaitables non seulement à cause de leur valeur intrinsèque (elles accroissent les possibilités de participation à l'activité démocratique la plus symbolique), mais aussi parce qu'elles apportent une solution virtuelle au problème de l'abstentionnisme décrit plus haut. La maximisation des possibilités de vote peut avoir plus d'une utilité. C'est un argument qu'il est bon de pouvoir opposer à celui de la cherté des réformes à mettre en œuvre. L'accroissement de la participation

**Tableau 3.6**
**Taux de participation au Canada et dans 23 autres**
**démocraties, années 80**
(en pourcentage)

| Rang | | |
|------|-----------------|--------|
| 1 | Australie | 94,3* |
| 2 | Belgique | 93,8* |
| 3 | Autriche | 91,5 |
| 4 | Nouvelle-Zélande | 90,5 |
| 5 | Italie | 89,8* |
| 6 | Islande | 89,2 |
| 7 | Suède | 89,1 |
| 8 | Luxembourg | 88,1* |
| 9 | Allemagne | 87,3 |
| 10 | France | 86,2 |
| 11 | Danemark | 86,1 |
| 12 | Pays-Bas | 83,4 |
| 13 | Norvège | 83,1 |
| 14 | Grèce | 82,0* |
| 15 | Israël | 79,0 |
| 16 | Finlande | 78,2 |
| 17 | Portugal | 76,8 |
| 18 | Irlande | 74,2 |
| 19 | Royaume-Uni | 74,0 |
| 20 | Espagne | 73,4 |
| 21 | **Canada** | **73,0** |
| 22 | Japon | 71,4 |
| 23 | États-Unis | 54,3 |
| 24 | Suisse | 47,5 |

*Sources* : Mackie et Rose 1982; *European Journal of Political Research, Electoral Studies.*

*Note* : Taux basés sur le nombre d'inscriptions, sauf pour les États-Unis où le dénominateur est la population en âge de voter.

*Vote obligatoire.

Tableau 3.7
**Taux de participation au Canada et dans 32 autres démocraties, années 80**
(en pourcentage)

| Rang | | |
|---|---|---|
| 1 | Australie | 94,3* |
| 2 | Belgique | 93,8* |
| 3 | Autriche | 91,5 |
| 4 | Nouvelle-Zélande | 90,5 |
| 5 | Bahamas | 90,3 |
| 6 | Italie | 89,8* |
| 7 | Islande | 89,2 |
| 8 | Suède | 89,1 |
| 9 | Luxembourg | 88,1* |
| 10 | Allemagne | 87,3 |
| 11 | France | 86,2 |
| 12 | Danemark | 86,1 |
| 13 | Venezuela | 84,3 |
| 14 | Pays-Bas | 83,4 |
| 15 | Norvège | 83,1 |
| 16 | Grèce | 82,0* |
| 17 | Île Maurice | 80,1 |
| 18 | Israël | 79,0 |
| 19 | Costa Rica | 78,9* |
| 20 | Finlande | 78,2 |
| 21 | Barbade | 77,3 |
| 22 | Jamaïque | 77,1 |
| 23 | Portugal | 76,8 |
| 24 | Botswana | 76,0 |
| 25 | Irlande | 74,2 |
| 26 | Royaume-Uni | 74,0 |
| 27 | Espagne | 73,4 |
| 28 | **Canada** | **73,0** |

**Tableau 3.7** (suite et fin)
**Taux de participation au Canada et dans 32 autres démocraties, années 80**
(en pourcentage)

| Rang | | |
|------|------|------|
| 29 | Japon | 71,4 |
| 30 | Inde | 62,0 |
| 31 | Trinité et Tobago | 58,8 |
| 32 | États-Unis | 54,3 |
| 33 | Suisse | 47,5 |

*Sources* : Mackie et Rose 1982; *European Journal of Political Research*, *Chronicle of Parliamentary Elections and Developments*, vol. 15–23.

*Note* : Taux basés sur le nombre d'inscriptions, sauf pour les États-Unis où le dénominateur est la population en âge de voter.

*Vote obligatoire.

électorale rehausserait notre prestige à l'étranger et serait un facteur de légitimité gouvernementale au pays. Ces raisons plaident à elles seules en faveur des réformes envisagées.

Aussi recommandons-nous que les analyses ayant pour objet la possibilité de réformes examinent sérieusement la nécessité d'une solution au problème de l'abstentionnisme au Canada.

### Les comparaisons basées sur la population en âge de voter

Si nous basons les mesures sur la population en âge de voter, comment s'en tire le Canada ? Pour le Canada, le nouveau taux, en baisse de plus de cinq points par rapport à ces moyennes, s'établit à 67,6 %, comme le montre le tableau 3.8. (En prévision des comparaisons ultérieures, nous avons reporté les moyennes de participation basées sur les inscriptions, présentées dans un tableau précédent.) Cette chute s'accompagne d'un recul dans le classement. Notre pays, en perte d'une place, se classe au 17e rang, juste derrière le Japon. Seuls les États-Unis et la Suisse présentent des niveaux inférieurs.

Toutefois, nous nous apercevons que ce phénomène ne lui est pas propre. De fait, les niveaux de participation de nombreux pays varient considérablement de mesure à mesure, ce qui modifie de façon assez significative les deux classements. Deux facteurs importants, que nous avons déjà évoqués, expliquent cette disparité. D'abord, les données relatives à la population en âge de voter présentées dans le tableau 3.8 sont typiques, en ce sens qu'elles ne tiennent aucun compte des non-citoyens. D'où la sous-évaluation des niveaux de participation

Tableau 3.8
**Mesures des taux de participation au Canada et dans 18 autres démocraties, basées sur des dénominateurs différents, années 80**

| Rang | le nombre d'inscriptions | | la population en âge de voter | |
|------|------|------|------|------|
| | | Taux de participation basés sur | | |
| 1 | Australie | 94,3* | Italie | 92,9* |
| 2 | Belgique | 93,8* | Autriche | 89,1 |
| 3 | Autriche | 91,5 | Belgique | 86,7* |
| 4 | Nouvelle-Zélande | 90,5 | Suède | 85,5 |
| 5 | Italie | 89,8* | Pays-Bas | 85,2 |
| 6 | Suède | 89,1 | Nouvelle-Zélande | 84,9 |
| 7 | Allemagne | 87,3 | Danemark | 84,1 |
| 8 | France | 86,2 | Australie | 83,4* |
| 9 | Danemark | 86,1 | Norvège | 82,3 |
| 10 | Pays-Bas | 83,4 | Allemagne | 82,2 |
| 11 | Norvège | 83,1 | Israël | 81,3 |
| 12 | Israël | 79,0 | Finlande | 78,9 |
| 13 | Finlande | 78,2 | Irlande | 76,8 |
| 14 | Irlande | 74,2 | France | 74,6 |
| 15 | Royaume-Uni | 74,0 | Royaume-Uni | 73,7 |
| 16 | **Canada** | **73,0** | Japon | 71,2 |
| 17 | Japon | 71,4 | **Canada** | **67,6** |
| 18 | États-Unis | 52,0 | États-Unis | 52,0 |
| 19 | Suisse | 47,5 | Suisse | 39,7 |

Sources : Pour les taux basés sur le nombre d'inscriptions, voir l'annexe B; pour les taux basés sur la population en âge de voter, les calculs sont basés sur les *Annuaires démographiques* des Nations Unies.

*Vote obligatoire.

dans les pays à fortes populations d'immigrés (Australie, États-Unis, France, Suisse et Canada), qui comptent les non-citoyens dans le dénominateur. Le second facteur est l'exhaustivité de l'inscription électorale.

## L'exhaustivité de l'inscription électorale

Deux pays ayant des électorats semblables en termes d'âge électoral et de citoyenneté peuvent avoir des taux de participation différents pour peu que l'un se soit doté d'une procédure qui permet d'inscrire sur la liste électorale tous ceux et celles qui y sont admissibles. Il faut donc s'interroger sur l'exhaustivité de la procédure canadienne d'inscription. Notre système s'apparente à celui de la plupart des autres démocraties, en ce sens que l'État dresse lui-même les listes. Toutefois, il s'en distingue par la manière de s'y prendre, soit à partir d'un recensement porte à porte à chaque déclenchement d'élection. Les partisans de cette approche affirment qu'elle donne des listes à jour où figurent tous les électeurs admissibles. Nous présumons donc que ces listes énumèrent toutes les personnes ayant droit de vote, à l'exclusion de celles qui sont décédées, ont quitté le pays, et ainsi de suite.

La prétention à l'exhaustivité du recensement électoral canadien semble bien fondée. Boyer (1987, vol. 1 : 426) précise : « Environ 98 % des électeurs sont inscrits sur les listes électorales, si bien que pratiquement aucun cas de privation du droit de vote n'est attribuable à la procédure administrative. » Le Livre blanc (Canada, Bureau 1986, 39) invoque un pourcentage analogue pour appuyer, entre autres, sa recommandation de maintenir le système actuel. Toutefois, aucune de ces sources ne cite de statistiques permettant de vérifier le bien-fondé de ces assertions. Il est pour le moins curieux que des spécialistes des différents systèmes d'inscription électorale, tels que Boyer et les auteurs du Livre blanc, n'aient pas jugé bon d'étayer leurs démonstrations de données comparatives.

Quoi qu'il en soit, il n'est pas certain que seulement 2 % de l'électorat soit absent des listes. Il existe peut-être des preuves d'un taux réel un peu plus élevé. Une mesure de l'exhaustivité de l'inscription électorale au Canada et dans les 18 démocraties de notre groupe de référence est présentée au tableau 3.9. Les données représentent des moyennes pour les années 80, basées, pour chaque élection, sur le nombre d'inscriptions divisé par la population en âge de voter. Comme on peut le voir au tableau 3.9, le Canada ne s'en tire pas très brillamment.

Les listes canadiennes recensent seulement 92,2 % de la population mais elles ne tiennent pas compte des non-citoyens. Nous avons tâché de recueillir des données qui les incluent. La chose n'a pas été possible pour chaque pays. En tout cas, il ne faut pas oublier que, tout au long du présent exercice, nous avons dû simplifier à outrance nos hypothèses sur le caractère des données et en inférer des estimations par trop approximatives. Aussi la plus grande prudence est-elle de rigueur dans les comparaisons où les écarts se réduisent à quelques points de pourcentage. Le jeu n'en vaut pas moins la chandelle.

**Tableau 3.9**
**Taux moyens d'inscription au Canada et dans 18 démocraties, années 80**

| | Taux moyens d'inscription en % de la population | |
|---|---|---|
| | en âge de voter | et jouissant aussi de la citoyenneté |
| **Canada** | **92,2** | **97,0[a]** |
| Australie | 88,4 | n.d. |
| Autriche | 97,3 | n.d. |
| Belgique | 92,4 | 100+ |
| Danemark | 97,8 | 100,0 |
| Finlande | 99,7 | 100,0 |
| France | 89,3 | n.d. |
| Allemagne | 94,4 | 100+ |
| Irlande | 100+ | — |
| Israël | 100+ | — |
| Italie | 100+ | — |
| Japon | 100,0 | — |
| Pays-Bas | 97,8 | 100+ |
| Nouvelle-Zélande | 93,8 | n.d. |
| Norvège | 99,1 | 100+ |
| Suède | 96,0 | 100+ |
| Suisse | 83,6 | 98,0 |
| Royaume-Uni | 99,4 | 100+ |
| États-Unis | 61,0[b] | approx., +2 %[c] |

Sources : *Annuaires démographiques* des Nations Unies; *Eurostats*; *Statistiques démographiques de la communauté européenne*; *Yearbooks of Nordic Statistics*; *Yearbook of Northern Statistics*; divers annuaires nationaux.

[a]Pour l'élection de 1988, voir l'étude.
[b]Pour les présidentielles tenues de 1972 à 1980, voir Powell 1984.
[c]Pour les années 70, voir Powell 1986.

n.d. : non disponible.

L'ajustement de la moyenne décennale d'inscription électorale au Canada s'est avéré particulièrement ardu. L'information disponible permet toutefois un examen assez approfondi de l'élection de 1988. Le taux effectif de 92,4 %, qui se rapproche de cette moyenne, a, au numérateur, 17 639 001 (inscriptions) et, au dénominateur, 19 093 419 (population en âge de voter), chiffre extrapolé du dernier recensement disponible, celui de 1986.

Ce dénombrement, complété de quelques autres sources, a fourni les informations utilisées pour ajuster les données relatives aux non-citoyens[12]. D'où l'estimation corrigée du dénominateur (population en âge de voter) d'approximativement 18 189 610 et, par ricochet, du taux d'inscription de 97,0 %. Nous sommes loin du taux initial de 92,4 %. L'écart est suffisamment marqué pour mettre en évidence la nécessité d'ajuster cette population.

En revanche, d'aucuns pourraient juger le taux ajusté suffisamment proche des 98 % souvent invoqués à la défense du système actuel de recensement. En effet, la technique par laquelle nous l'avons obtenu est tellement approximative que nous ne pouvons le donner pour plus fiable que l'estimation de 98 %. Pourtant, d'autres hypothèses et estimations pourraient donner un taux inférieur à nos 97 %.

De toute façon, il est clair qu'en matière d'inscription électorale, les mailles du filet canadien sont trop larges, défaut que met en relief la performance de la plupart des autres démocraties où, comme l'illustre le tableau 3.9, le taux d'inscription atteindrait 100 %. L'argument voulant que le système canadien permet un recensement plus complet semble invalidé. De fait, les données de comparaison mettent plutôt en lumière la nécessité de réformes visant à réduire le nombre des privations administratives du droit de vote.

Mais il n'est pas nécessaire de faire appel à ces données. La population visée en chiffres absolus suffit. Un taux d'inscription effectif de 98 % équivaut à 363 000 privations administratives du droit de vote à l'élection de 1988; un taux de 97 % équivaut à plus de un demi-million (environ 545 000). Peu importe le taux, les électeurs lésés sont trop nombreux pour que soit jugée superflue l'amélioration du système.

Ultime argument en faveur d'une réforme, les omissions des listes électorales portent probablement préjudice à des personnes appartenant à certaines catégories sociales. Celles-ci habitent vraisemblablement des quartiers défavorisés des centres-villes où les agents recenseurs répugnent à s'aventurer et elles sont, selon toute probabilité, des membres naturalisés de groupes ethniques que des barrières linguistiques ou culturelles privent de l'inscription électorale, ou bien encore des personnes âgées ou malades. À vrai dire, la procédure d'inscription est non seulement déficiente, mais biaisée, car elle contribue à l'inégalité de la participation au scrutin. Et même s'il était admis que, mêmes inscrites, ces personnes seraient peu portées à exercer leur suffrage, leur non-inscription réduit effectivement à zéro la probabilité qu'elles aillent aux urnes.

La recommandation d'apporter quelques réformes au système actuel semble donc fondée. Toutefois, l'étude de cette question complexe devrait être précédée d'un examen minutieux des avantages et des inconvénients des autres systèmes de recensement. Ce que nous n'avons pas fait ici. Devrait notamment être abordée la question des coûts, que le Livre blanc invoque pour justifier le statu quo. La présente étude n'intervient pas directement dans ce débat, mais son argumentation milite en faveur d'une réforme. De fait, si l'on optait pour le maintien du système, il faudrait à tout le moins prévoir des moyens d'améliorer le recensement : embauche d'agents plus motivés et plus compétents; adoption d'autres stratégies de sollicitation des électeurs et électrices; multiplication des rappels, etc.

Nous reconnaissons toutefois qu'il y a des limites pratiques aux perfectionnements du système actuel ou d'autres systèmes. Il se pourrait que ceux-ci assurent l'exhaustivité de l'inscription électorale seulement si elle est obligatoire ou, de façon générale, au prix de puissantes incitations, caractéristiques qui déplairaient vraisemblablement à beaucoup de Canadiens et Canadiennes. Bref, il est fort probable que beaucoup de personnes échapperont au recensement et que, dans le système actuel, un grand nombre ne tirent pas parti des possibilités de révision des listes électorales. C'est dans l'espoir de les attirer aux urnes que nous préconisons de permettre l'inscription le jour même du scrutin.

L'inscription tardive est une question non seulement de justice pour tous les citoyens, mais elle pourrait aussi contribuer à la résolution du problème de l'abstentionnisme. Wolfinger et Rosenstone (1980) insistent lourdement sur ce point dans *Who Votes ?*. Partant des disparités que présentent les lois sur l'inscription électorale en vigueur dans différents États américains, les deux auteurs parviennent à évaluer l'impact des variations des procédures d'inscription sur la participation ou sur les conséquences possibles des changements globaux sur le taux de participation.

C'est la date limite d'inscription qui a les plus fortes incidences. De toutes les modifications de nature juridique, l'abolition de la date limite d'inscription serait la plus déterminante. La possibilité de s'inscrire le jour même du scrutin, à un moment où la couverture médiatique et l'intérêt sont à leur apogée, provoquerait une augmentation de la participation électorale de 6,1 points aux États-Unis, ce qui aurait donné 8 millions de votants supplémentaires en 1972 (Wolfinger et Rosenstone 1980, 77 et 78). (Il s'est avéré que trois autres caractères des lois étatiques sur l'inscription électorale ont une influence statistiquement perceptible sur la participation : l'inscription des absents augmenterait la participation électorale de 0,5 %; l'inscription à tout moment les jours ouvrables, de 0,4 %; et l'inscription en soirée et les dimanches, de 2,5 %.) Bien sûr, les résultats seraient moins spectaculaires au Canada. Après tout, la situation laisse tellement à désirer chez nos voisins qu'elle peut être aisément améliorée. Qui plus est, la responsabilité de l'inscription y incombe toujours au citoyen ou à la citoyenne. Cela dit, ces résultats ne nous enseignent pas moins que l'augmentation de la participation électorale est proportionnelle à l'assouplissement de la procédure d'inscription, en particulier à la possibilité d'inscription le jour même du scrutin. Aussi procurent-ils des ressources aux partisans de l'adoption de cette réforme au Canada.

Les données de Wolfinger et Rosenstone (1980) permettent d'étayer un argument liant l'importante question de l'égalité de la participation à la revendication de l'inscription le jour du scrutin. Cette inscription de dernière minute réduit l'écart entre « privilégiés » et « défavorisés ». Les auteurs apportent la preuve non équivoque qu'aux États-Unis tout au moins, la participation électorale des gens faiblement scolarisés et des décrocheurs est particulièrement sensible aux mesures d'assouplissement. Ainsi, en cas de possibilité d'inscription tardive, la participation au vote ferait un bond de 8,2 % chez les personnes ayant quatre années de scolarité ou moins, alors qu'à l'autre extrême, chez les cinq années ou plus d'études postsecondaires, elle ne progresse que de 1,9 % (*ibid.*, tableau 4.2). Il en va de même des trois autres caractéristiques. De fait, la mise en œuvre des quatre changements ferait monter de 13,2 points la participation électorale des individus faiblement scolarisés et de 2,8 points celle des plus instruits. Ici aussi, il importe de souligner le caractère des résultats observés; une telle hausse de la participation électorale de notre population moins instruite est peu probable, mais il est permis de croire à un progrès significatif, ce qui constitue un excellent point en faveur de l'inscription le jour du scrutin.

Ses détracteurs craignent que plusieurs électeurs et électrices, sachant qu'ils peuvent s'inscrire le jour même de l'élection, affichent un mépris général de la procédure normale, y compris de l'étape de la révision des listes. Sans compter le risque d'engorgement des bureaux de vote par les électeurs en attente d'inscription venus s'ajouter aux votants. Ces inquiétudes sont légitimes, mais il serait possible de prévoir certaines conditions de manière à éviter un emploi abusif de cette mesure : intervention d'un répondant ou d'une répondante de la circonscription, comme cela se fait couramment en milieu rural, signature d'une déclaration d'admissibilité, et ainsi de suite. Il serait également équitable, semble-t-il, de prévoir des files d'attente distinctes.

Les partis politiques auraient également intérêt à ce que l'inscription tardive profite en priorité aux personnes que le recensement électoral n'a pas permis de toucher et qui n'ont pu s'inscrire à l'étape de la révision des listes électorales. Les formations politiques souhaitent probablement disposer dès que possible des listes les plus complètes et sont sans doute contre un système inconditionnel d'inscription tardive, d'où la nécessité de moyens de dissuasion des retardataires sans motif grave. Toutefois, l'essentiel demeure que les non-inscrits puissent, s'ils le désirent, régulariser leur situation, fût-ce au prix d'un léger désagrément.

Par conséquent, nous recommandons que soit autorisée l'inscription sur la liste électorale le jour du scrutin dans des conditions qui ne nuisent pas au déroulement de la procédure normale, et qu'il soit permis à tout non-inscrit et toute non-inscrite de régulariser sa situation.

## Sommaire des recommandations

Il est recommandé ce qui suit :

Que des études portant sur la possibilité de réformes du contexte du vote se penchent sérieusement sur le problème de l'abstentionnisme au Canada.

Que soit autorisée l'inscription sur la liste électorale le jour du scrutin dans des conditions qui ne gênent pas le déroulement de la procédure normale et qu'il soit permis à tout non-inscrit et toute non-inscrite de régulariser sa situation.

## LA PERTINENCE DU CADRE MACROINSTITUTIONNEL

Les arguments invoqués en faveur de la réforme du contexte du vote ont d'autant plus de poids que les forces institutionnelles qui s'y trouvent sont de puissants déterminants de la participation électorale. Dans la présente partie, l'analyse de l'impact des institutions s'articule autour des facteurs macroinstitutionnels ayant un rapport possible avec cette participation. Il s'agit d'aspects et d'effets du système électoral comme le type ou le mode de scrutin, et les écarts entre le nombre d'élus et le nombre de voix obtenues que nous appellerons désormais la *disproportionnalité dans le suffrage*; l'existence et les pouvoirs d'une Chambre haute; le fait que le système soit fédéral ou non. Bien que ces macrocaractéristiques puissent être perçues comme des réalités étrangères au mandat de la Commission ou supposant des changements impossibles à mettre en œuvre dans le cadre du processus électoral, l'étude de leur pertinence n'en demeure pas moins judicieuse pour deux raisons interreliées. D'abord, leur traitement parachève l'analyse de l'environnement institutionnel et de son effet sur le vote, rendant ainsi plus complète cette tentative de compréhension de la nature générale de la relation existant entre le cadre institutionnel et la participation au scrutin. Cet effort d'élucidation, et c'est la seconde justification, est en partie axé sur les implications que peuvent avoir ces facteurs systémiques sur les réformes envisagées à la partie intitulée « La réforme du contexte administratif et légal du vote ». Dans le cas du Canada, il se trouve que les forces associées à ces facteurs travaillent dans une large mesure au détriment de la participation au scrutin. Cet argument renforce les raisons de persévérer dans la mise en œuvre des réformes préconisées dans la partie précitée, réformes réalistes et compatibles avec le mandat de la Commission.

Notre intention est donc de débuter par une revue sélective de quelques-unes des principales études qui traitent des variables macro-institutionnelles, en accordant une attention particulière aux rares travaux empiriques ayant une approche transnationale. Notre seconde tâche sera de contribuer à cette littérature : au moyen des données comparatives de participation aux scrutins tenus dans les années 80 et auxquelles fait constamment référence la présente étude, nous procéderons à d'autres analyses empiriques originales.

### Une revue sélective de la littérature

La revue débute par l'examen de la plus complexe des forces institutionnelles : le système électoral. Comme nous le verrons, sa complexité s'explique non seulement par l'impact potentiel de ses attributs sur la participation au scrutin, mais aussi par leurs effets (par exemple la disproportionnalité dans le suffrage).

*Le système électoral*

Powell (1980) récapitule les trois raisons pour lesquelles les systèmes majoritaires uninominaux susciteraient une participation électorale plus faible que les systèmes proportionnels :

> Il est probable que les systèmes majoritaires uninominaux : 1) rendent certaines circonscriptions ou bases électorales non compétitives, d'où une moindre incitation à aller voter pour les citoyens et à y faire campagne pour les partis; 2) donnent lieu à une disproportionnalité considérable dans le suffrage, pouvant provoquer chez les adeptes des partis défavorisés un sentiment d'aliénation qui les porterait à l'abstentionnisme; 3) encouragent la formation de partis politiques à base plus diffuse, dont la capacité de mobiliser des groupes démographiques de partisans aisément identifiables, en particulier des catégories sociales, se trouverait inhibée. (Powell 1980, 12.)

Un autre argument a trait au lien existant entre la représentation proportionnelle et le multipartisme : la pléthore de partis qu'engendre la représentation proportionnelle augmente les choix offerts aux citoyens et citoyennes et, par ricochet, en pousse un plus grand nombre à aller aux urnes (Blais et Carty 1990, 167).

Toutefois, les arguments voulant que les systèmes à majorité simple favorisent bel et bien la participation électorale ne manquent pas (pour les systèmes à majorité absolue, voir Blais et Carty 1990). Le fait que l'électorat puisse s'identifier plus facilement à un représentant favoriserait le sentiment d'être « en liaison personnelle avec les centres nationaux de pouvoir » (Powell 1980, 12). Powell signale également que les systèmes majoritaires pourraient avoir un effet bénéfique sur la participation électorale parce que, au contraire de quelques systèmes proportionnels, ils supposent des situations de choix unique (*ibid.*). Dans la même veine, l'augmentation probable de la participation peut être associée à la liaison plus directe entre le scrutin majoritaire et son résultat : la formation du gouvernement. Les majorités unipartites, plus fréquentes dans les scrutins à majorité simple (Blais et Carty 1987), signifient la probabilité d'un résultat plus décisif. Par contraste, dans les systèmes proportionnels, la prolifération des partis peut vouloir dire des atermoiements dans la formation du gouvernement, par suite de jeux d'alliance entre les groupes parlementaires qui composent le corps législatif nouvellement constitué. Entre ce processus et le caractère décisif du résultat des scrutins majoritaires, la marge est considérable (Downs 1957, 155 et 156; Jackman 1987, 408). Jackman (1987, 408) résume : « Moins importante est l'élection, moins on est porté à aller voter. Le multipartisme devrait par conséquent avoir un effet à la baisse sur la participation électorale. »

Malheureusement, la littérature empirique ne fait pas ressortir de façon catégorique la supériorité d'un type de scrutin sur l'autre. Comme nous le démontrerons, le problème tient sans doute partiellement au fait que les différents auteurs utilisent, pour l'opérationnalisation des variables clés, diverses formules dont la supériorité relative n'est pas toujours évidente. Néanmoins, l'examen scrupuleux de toutes les conclusions, dont la modeste contribution que nous apportons ici, semble faire pencher la balance en faveur de l'idée que les systèmes de représentation proportionnelle favorisent un niveau de participation plus élevé au scrutin.

Dans son étude de 30 démocraties, au nombre desquelles se trouvent des pays en voie de développement, Powell (1980) constate que la participation moyenne aux élections tenues de 1960 à 1978 est plus élevée dans les pays où le gouvernement est élu à la proportionnelle, mais le contrôle des variables « vote obligatoire » et « assouplissement de l'inscription sur la liste électorale » fait pratiquement disparaître la relation. Toutefois, s'il est impossible d'établir l'impact direct des systèmes proportionnels, leur influence par renforcement de la liaison entre partis nationaux et groupes sociaux s'est avérée significative. En retour, cette dernière variable, importante pour l'explication de la participation électorale, repose sur l'hypothèse suivante :

> Là où les partis nationaux représentent de réels clivages sociaux, les résultats électoraux ont une signification manifeste. Là où ces liaisons sont relativement stables, elles indiquent à l'électorat, même le plus mal informé et le plus indifférent, comment interpréter les enjeux d'une élection et le choix des candidats. (Powell 1980, 13.)

Lorsque cette liaison est la variable dépendante, le coefficient bêta de la variable fictive représentant le système proportionnel est statistiquement significatif : 0,38[13].

Une autre étude de Powell (1986) est également pertinente, en partie parce que l'auteur s'intéresse exclusivement aux démocraties industrielles. Il intègre comme variables dépendantes distinctes les moyennes de participation de deux décennies, les années 60 et les années 70. Mais, cette fois, dans sa mesure de ce qu'il appelle les *nationally competitive election districts* (degré de compétitivité nationale des districts électoraux) il utilise pour variable indépendante, non pas les types de scrutin, mais les attributs du système électoral. Cette variable mesure l'amplitude de la structure de compétitivité associée au système électoral, du fait que « les bases électorales aident à déterminer si les partis et les citoyens ont des motivations identiques de mobiliser l'électorat dans toutes les régions du pays ou s'il y a lieu de négliger les régions moins compétitives » (*ibid.*, 21). Les cotes s'échelonnent de 1 à 4. L'auteur attribue un 4 aux pays ayant un système proportionnel national, un rassemblement des voix par partis à l'échelon national pour l'attribution de certains sièges législatifs ou une élection présidentielle nationale; 3 aux systèmes proportionnels où les circonscriptions ont plus de cinq sièges à pourvoir; 2 aux systèmes proportionnels où les circonscriptions ont de trois à cinq sièges à pourvoir; et 1 aux circonscriptions uninominales ou aux circonscriptions uninominales à scrutin majoritaire (*ibid.*, annexe A). À la suite d'une analyse de régression portant exclusivement sur les pays où le vote est non obligatoire, Powell observe que, pour les deux décennies, la mesure de la compétitivité nationale des bases électorales est un important prédicteur de participation, ce dont attestent des coefficients bêta de 0,41 et de 0,33 (*ibid.*, 25).

Cette seconde étude de Powell (1986) apporte une preuve supplémentaire mais indirecte du suffrage proportionnel comme déterminant de la participation électorale. Nous disons indirecte, car l'opérationnalisation tient compte de différentes facettes du système électoral y compris, comme le soulignent Blais et Carty (1990), la taille de la circonscription, dont on a constaté qu'elle avait en soi un rapport étroit avec la distorsion dans la répartition des sièges et des voix entre les partis (Lijphart 1990; Rae 1969; Taagepera et Shugart 1989). En retour, on a observé que cette disproportionnalité dans les suffrages est associée à la participation électorale. Jackman (1987), par exemple, procède à sa propre analyse de cette participation dans les 19 pays qui nous intéressent ici au premier chef. Il avance que la disproportionnalité fait baisser la participation, en « introduisant un fort facteur de dissuasion d'exercice du suffrage pour la clientèle électorale des petits partis » (*ibid.*, 408). Pour les années 60 et 70, il constate que la disproportionnalité a sur le vote un impact négatif statistiquement significatif. Le fait qu'elle soit assez fortement associée aux systèmes uninominaux semble corroborer l'hypothèse générale que ceux-ci ont un effet négatif sur les niveaux de participation.

Dans ses travaux empiriques, Jackman (1987) fait appel à l'analyse de régression; ses équations comprennent également la mesure de compétitivité des districts électoraux de Powell, ainsi qu'une variable mesurant le multipartisme du système. Il y ajoute des variables fictives pour la Suisse, les États-Unis et les pays où le vote est obligatoire, et une mesure du monocaméralisme traité plus loin. Il conclut, comme Powell, qu'un impact positif, statistiquement significatif, est associé à la compétitivité des districts électoraux. Cela n'est pas tout à fait surprenant, étant donné qu'il utilise la même mesure et insiste fortement sur la similitude de ses cotes avec celles de Powell (*ibid.*, 420 et 421). Jackman ne teste pas explicitement l'impact du type de scrutin, mais il est clair que sa mesure de compétitivité des districts électoraux est fortement corrélée à cette variable, corrélation sur laquelle son étude reste muette. Mais un calcul effectué à partir de ses données et à l'aide d'une simple variable fictive (système proportionnel, oui ou non) établit une forte corrélation de 0,73. Les interprétations possibles soulignent toutes deux l'importance des systèmes proportionnels dans l'interprétation de la relation existant entre la compétitivité et la participation électorale. L'une veut que la mesure de compétitivité et la mesure du type de scrutin soient pratiquement interchangeables. La seconde, plus généreuse du point de vue de Jackman, reconnaît que la mesure de compétitivité donne une meilleure approximation de la participation, mais que l'influence du type de scrutin, même comme variable antécédente, est assez forte.

La variable multipartisme se comporte comme le prévoit Jackman; les niveaux de participation semblent plus bas là où prolifèrent les partis. Faut-il en conclure que la représentation proportionnelle a un effet négatif indirect sur la participation électorale en augmentant le nombre de partis à l'intérieur du système ? Pas nécessairement. L'analyse récente de Lijphart (1990) démontre que, contrairement à la disproportionnalité, le système électoral n'a pas une forte influence sur le multipartisme. Qui plus est, pour cet auteur, la disproportionnalité est la liaison logique entre le système électoral et le multipartisme. « Plus un système est proportionnel, plus il est favorable aux petits et aux nouveaux partis. » (*Ibid.*, 488.) Toutefois, la disproportionnalité n'est qu'un faible prédicteur de multipartisme. Il n'y a sans doute rien d'étonnant à cela, étant donné que tout un ensemble de facteurs (y compris, et de façon significative, la nature des clivages sociaux) peuvent avoir isolément un effet sur le multipartisme.

Pour Blais et Carty (1990), la difficulté que posent les travaux de Powell et de Jackman a pour cause leur confusion des propriétés du système et de leurs différents effets. Détail important, ces deux critiques déplorent le fait que la mesure de la compétitivité des districts électoraux à l'échelle nationale « confonde les effets des types de scrutin et ceux de la taille des districts », ce qui ne permet pas « d'estimer de façon simple l'impact précis des variables du système électoral » (*ibid.*, 168). Une critique plus générale vise le fait que Powell et Jackman omettent :

> de faire la distinction entre le rôle des institutions *per se* (comme le système électoral) et celui de variables intermédiaires qui en dépendent dans une très large mesure. [...] La disproportionnalité dans les suffrages et le multipartisme influent tous deux sur la participation au scrutin. Pourtant il ne s'agit pas d'institutions à proprement parler; ces variables sont en partie des conséquences des systèmes électoraux qui, eux, ont un effet sur la participation. (Blais et Carty 1990, 168.)

Dans leur propre analyse empirique, Blais et Carty distinguent entre les variables liées aux types de scrutin (mesures des systèmes proportionnels, des systèmes à majorité simple et des systèmes à majorité absolue) et les variables censées représenter des effets secondaires ou des conséquences du type de scrutin (compétitivité, disproportionnalité et nombre de partis).

Pour ce qui est de l'étendue de l'échantillon d'élections et de la nature de la variable dépendante, les deux auteurs raisonnent suivant un axe qui leur est propre. Contrairement à Jackman et Powell, qui se fient à des moyennes de participation décennales, ils prennent pour point de repère chaque élection ayant eu lieu dans les pays qu'ils ont retenus. Précisément, ils examinent les 509 consultations électorales tenues pendant près d'un siècle et demi dans 20 pays dont l'Islande et le Luxembourg, mais à l'exclusion des États-Unis. La plus ancienne est l'élection belge de 1847; les plus récentes datent de 1985. Blais et Carty se distinguent également en adoptant une mesure basée sur les inscriptions comme variable dépendante.

Leurs méthodes analytiques se reflètent dans leurs résultats, qui contrastent passablement avec les constatations de Jackman. Tout d'abord, pour la période entière, ils n'ont découvert aucune preuve de l'importance de la disproportionnalité dans l'abaissement de la participation électorale. Ils parviennent toutefois à un résultat statistiquement significatif lorsqu'ils limitent leur champ d'analyse à l'après-guerre, ce qui les amène à suggérer que les résultats de Jackman sont liés à des facteurs chronologiques (Blais et Carty 1990, 177 et 178). Pour ce qui est des autres variables intermédiaires, le multipartisme et la compétitivité, ils obtiennent des coefficients statistiquement significatifs. Le nombre de partis est, ainsi que le démontre Jackman, un facteur d'abaissement de la participation électorale. Toutefois, l'effet est minime. Il en va de même de la mesure de la compétitivité. Elle a bien un effet statistiquement significatif : une compétitivité accrue amène un niveau de participation accrue au scrutin. Mais « l'impact est très faible et non linéaire » (*ibid.*, 178).

Toutefois, malgré cet amalgame de résultats peu concluants présentés comme conséquences du système électoral, Blais et Carty observent que les types de scrutin ont à eux seuls un impact marqué, statistiquement significatif, sur la participation. Utilisant les systèmes proportionnels comme catégorie de référence, ils obtiennent des coefficients de -5,7 et de -11,2 pour les variables fictives représentant les systèmes à majorité absolue et à majorité simple, respectivement. Autrement dit, les systèmes proportionnels semblent déterminer des taux de participation supérieurs de 11 % et de 6 % à ceux des systèmes à majorité simple et à majorité absolue. Les auteurs trouvent ce caractère à la fois réconfortant et curieux.

Il est réconfortant d'avoir pu établir la validité des thèses attestées dans la littérature, voulant que les systèmes électoraux comptent pour quelque chose et que la représentation proportionnelle, tout particulièrement, stimule la participation électorale. Ce qui est curieux, c'est que les facteurs habituellement tenus pour responsables de la participation accrue des électeurs dans les systèmes proportionnels ne semblent pas opérer comme prévu. (Blais et Carty 1990, 179.)

Ils résolvent l'énigme en utilisant telles quelles les données observées et en suggérant qu'effectivement, le scrutin proportionnel a pour ainsi dire un impact direct sur le vote :

> Il se pourrait que ce qui stimule la participation électorale ne soit pas le degré de disproportionnalité, mais le simple fait que les votants disposent d'une procédure électorale assurant une certaine proportionnalité entre le nombre de voix et le nombre d'élus. [...] Pour les votants potentiels, ce qui compte, ce sont les effets symboliques des systèmes électoraux plutôt que leurs conséquences sur les relations entre élus et voix obtenues ou le nombre de partis. Le scrutin proportionnel favorise bel et bien la participation électorale. (Blais et Carty 1990, 179.)

Quelle que soit la validité de cette interprétation de l'effet direct du scrutin proportionnel sur la participation, l'effort de Blais et Carty peut à juste titre figurer dans la liste des études qui établissent l'existence d'un lien entre la représentation proportionnelle et l'accroissement de la participation électorale.

### Le monocaméralisme et le bicaméralisme

Pour appuyer la thèse voulant que le multipartisme ait un effet à la baisse sur la participation de l'électorat, Jackman (1987) souligne que, dans ces systèmes, les scrutins sont moins décisifs quant au résultat essentiel : la formation du gouvernement. L'auteur poursuit en faisant valoir que le caractère décisif du gouvernement ainsi formé dans la Chambre basse est également pertinent. Là où existe une deuxième chambre, surtout si elle est influente, l'élection à la première a moins d'importance. Jackman écrit :

> [...] la quantité pertinente, c'est le degré de contrainte ou de contrôle subi par le premier corps législatif. En situation de monocaméralisme (Nouvelle-Zélande), le gouvernement issu de la première chambre n'est pas en compétition avec une autre chambre législative et n'a pas à composer avec elle. Par contraste, en cas de bicaméralisme marqué (Allemagne de l'Ouest et Suisse), les mesures législatives sont obligatoirement le fruit de compromis entre les membres de deux chambres. (Jackman 1987, 408.)

Le monocaméralisme devrait par conséquent favoriser la participation électorale, alors que le bicaméralisme marqué devrait la défavoriser. Nous avons emprunté le terme à Lijphart (1984) qui propose une typologie pour la notation des variations monocaméralisme-bicaméralisme. Cette typologie fait appel à deux facettes de la relation entre les deux assemblées : leur symétrie et leur congruence. La première renvoie à l'importance politique relative de la deuxième chambre, déterminée par ses pouvoirs constitutionnels théoriques et son mode de sélection (plus forte est l'asymétrie, plus forte est la Chambre basse), tandis que la seconde intéresse la mesure dans laquelle les deux chambres diffèrent par leur composition (plus forte est la congruence, plus forte est la Chambre basse) (*ibid.*, chapitre 6). Jackman emprunte à Lijphart la logique du système de notation découlant de cette typologie. Il attribue 4 aux démocraties monocamérales; 3 aux systèmes bicaméraux congruents et extrêmement asymétriques; 2 au bicaméralisme non congruent et extrêmement asymétrique; 1 au bicaméralisme congruent et symétrique ou modérément symétrique; et 0 au bicaméralisme marqué (Lijphart 1984, 212 et 213; Jackman 1987, 410).

Les données de Jackman corroborent son hypothèse. Pour les tests de participation électorale dans les années 60 et les années 70, les coefficients ont, comme prévu, des valeurs positives et sont statistiquement significatifs. La pente est de 2,69 dans le premier cas et de 1,69 dans le second. L'évaluation du coefficient lié aux années 70, en termes de catégories de variables indépendantes, signifie, par exemple, que « la Diète et le *Storting* monocaméraux de Finlande et de Norvège produisent des niveaux de participation supérieurs d'environ huit points à ceux des pays à bicaméralisme marqué (comme l'Australie et l'Allemagne de l'Ouest) » (Jackman 1987, 414 et 415).

Blais et Carty (1990) examinent également l'impact du monocaméralisme sur la participation électorale. Dans l'ensemble des 509 élections, ils ne trouvent pas la moindre preuve de relation, mais ils font allusion à un résultat statistiquement significatif, un coefficient positif, lorsqu'ils limitent leur analyse à l'après-guerre. Toufefois, leur évaluation du monocaméralisme n'a pas la finesse de la mesure de type Lijphart qu'utilise Jackman, car elle n'opère de distinction qu'entre les systèmes monocaméraux et les systèmes bicaméraux. Pourtant, le fait que cette mesure brute soit tout de même associée à des écarts de participation aux élections les plus récentes corrobore sans doute l'idée que les particularités du monocaméralisme et du bicaméralisme influent sur les niveaux de participation.

### Le fédéralisme

Les systèmes fédéraux sont les plus susceptibles d'avoir des Chambres hautes, mais ils n'en ont pas l'exclusivité. Il semblerait que seuls Blais et Carty (1990) aient étudié l'impact du fédéralisme sur la participation électorale. Ils avancent deux raisons à l'association possible des institutions fédérales et des bas niveaux de participation. La première va dans le sillage de l'argument familier du caractère décisif des élections :

> Dans ces systèmes, l'assemblée législative nationale n'a pas autant de pouvoir que dans les systèmes unitaires, car elle doit partager l'autorité avec les assemblées législatives des provinces ou des États. En régime fédéral, les élections nationales sont par conséquent moins décisives pour la même raison qu'elles le sont peut-être moins dans un système bicaméral, et nous nous attendons à ce que la participation électorale soit généralement plus faible dans des contextes moins décisifs. (Blais et Carty 1990, 171.)

La seconde raison a pour toute justification une référence à Crewe (1981) selon laquelle la fréquence accrue des élections, comme c'est le cas dans les États fédéraux, peut avoir un effet négatif sur la participation électorale.

Pour représenter ce caractère institutionnel, Blais et Carty utilisent une variable fictive, qui semble toutefois sans relation avec la participation. Ils précisent qu'elle n'a aucun effet sur toute la série des élections observées et ils la passent sous silence dans le compte rendu de leurs résultats relatifs au sous-ensemble des élections de l'après-guerre. Ce mutisme signifie sans doute que la variable fédéralisme ne s'est pas révélée pertinente dans ce contexte restreint.

### Un peu plus d'analyse empirique

Ces facteurs institutionnels font l'objet de l'analyse supplémentaire de données que voici. Même si le présent exercice vise à offrir d'autres preuves de leur impact, tentative particulièrement opportune dans le cas du fédéralisme que seuls envisagent Blais et Carty (1990), il présente un avantage plus particulier, car la méthode utilisée diffère quelque peu des procédés appliqués dans les études que nous venons de passer en revue. Il élargit évidemment le contexte de l'évaluation sommaire de l'impact de ces variables institutionnelles. Par ailleurs, il n'est peut-être pas sans intérêt de savoir si ces nouvelles analyses aboutissent ou non à des résultats analogues à ceux déjà mis en évidence. Malgré la dissemblance des méthodes, on peut penser que toute convergence des résultats suggère une corroboration plus marquée des effets étudiés.

La variable dépendante est ici l'inscription électorale, basée sur la moyenne de participation aux élections tenues dans les années 80. C'est celle qu'utilisent Blais et Carty, alors que Jackman (1987) préfère un indicateur basé sur la population en âge de voter, choix qui pourrait expliquer les écarts entre les deux ensembles de résultats. En fait, la mesure basée sur les inscriptions pourrait être préférable, car son utilisation contrôle automatiquement les variations dans les recensements, qui nous l'avons vu, sont un caractère plus ou moins commun à l'ensemble des pays étudiés. Si cette variation n'est pas assujettie aux forces institutionnelles qui incitent l'électorat à aller aux urnes, alors la relation existant entre certaines de ces forces et la participation électorale pourrait bien être mal évaluée. En termes simples, les incitations à aller voter associées à quelques facteurs institutionnels ne peuvent être des déterminations de vote pour les non-citoyens frappés d'incapacité électorale mais comptabilisés dans la population en âge de voter. En clair, l'utilisation de la mesure basée sur cette population fait subir des contraintes aux relations entre les facteurs institutionnels et la participation électorale. Quoi qu'il en soit, à l'instar de Blais et Carty, nous n'avons pas tenu compte ici du cas des États-Unis, anormal en raison de la procédure d'inscription utilisée là-bas[14].

Notre analyse se distingue également de la précédente par l'utilisation de cotes moyennes de participation. Comme nous l'avons vu, Blais et Carty prennent comme point de repère chaque élection tenue dans les 20 pays qu'ils examinent. Si cette approche les munit d'une base de données importante, présumément d'une grande généralité et permettant un grand nombre de degrés de liberté, elle pose également deux problèmes de taille. D'abord, l'analyse souffre des écarts provoqués par l'incapacité de contrôler les sources transélectorales de variation. À aucun moment, les deux chercheurs ne tiennent compte des effets associés aux chefs de parti, aux enjeux électoraux, aux conditions météorologiques, à l'exactitude de l'inscription, pour ne nommer que ces facteurs, qui font monter ou baisser de quelques points le taux de participation à toute élection. La décision prise ici de ne retenir que les moyennes décennales est en grande partie motivée par le souci d'éviter ces fluctuations intra-électorales.

Ensuite, la méthode des deux auteurs précités comporte une pondération non souhaitable des preuves. L'objection soulevée par Lijphart (1990) dans sa critique de l'analyse de Rae dont les données sont justement propres à chaque élection, conserve ici sa pertinence : « Les élections régies par les mêmes règles ne constituent pas vraiment des cas indépendants, mais simplement des opérations répétées du même système électoral. » (Rae 1969, 482.) Autrement dit, le seul fait que certains pays convoquent plus d'élections durant une période donnée où les dispositions macroinstitutionnelles dominantes sont fixes ne justifie pas qu'on attribue à celles-ci un rôle hors de proportion avec leur rôle effectif dans la détermination des relations qui émergent des données. Effectivement, le nombre d'élections tenues dans un pays est habituellement sans rapport avec la nature de ces dispositions. La façon précise dont ce problème de pondération pourrait fausser les résultats de Blais et Carty n'est pas évidente d'emblée, non plus que l'influence que pourraient avoir sur eux les sources transélectorales de variation. Il se pourrait que les effets soient minimes, mais qu'ils expliquent aussi quelques-unes des conclusions inédites de leur analyse.

Même l'analyse de Jackman (1987) pourrait être trompeuse, en particulier quant à sa prétendue généralité. Après avoir décrit les résultats de l'analyse de régression construite à partir des données de participation aux élections tenues dans les années 70, l'auteur utilise avec succès les années 60 comme test de réplication. Pourtant, les deux ensembles de données présentent de telles similitudes que cette convergence des résultats n'a pas de quoi surprendre. Trois de ses grandes variables indépendantes, le degré de compétitivité nationale des districts électoraux, la disproportionnalité dans les suffrages et le multipartisme, obtiennent exactement les mêmes cotes par pays de décennie en décennie (*ibid.*, tableau 1). Qui plus est, pour deux autres, le monocaméralisme et le vote obligatoire, les cotes sont virtuellement identiques d'une décennie à l'autre. Pour le monocaméralisme, seules varient les valeurs applicables à la Suède, qui a aboli sa Chambre haute en 1970. La même année, les Pays-Bas ont rendu le vote non obligatoire, provoquant l'unique variation des cotes pour cette mesure. Cette stabilité des variables prédictives n'a d'égale que la forte cohérence des cotes des variables dépendantes pour les deux décennies. Un calcul des taux de participation signalés par Jackman donne une corrélation très voisine de 1 : 0,94 (0,95 si l'on exclut les Pays-Bas). Bref, la similitude des données de Jackman pour les deux périodes est telle qu'elle garantit pratiquement la réussite de la réplication.

Pour ce qui est des variables indépendantes appliquées aux effets des systèmes électoraux, nous avons adopté l'approche de Blais et Carty, c'est-à-dire que nous avons structuré l'analyse de façon qu'elle révèle si le type de scrutin proprement dit a ou non une importance intrinsèque, abstraction faite de ses effets (disproportionnalité, compétitivité, multipartisme). Plus précisément, il nous a fallu différencier par des variables fictives les systèmes à majorité simple, les systèmes à majorité absolue et les systèmes proportionnels. Nous avons également emprunté à ces deux auteurs leur mesure de la compétitivité (l'écart moyen entre les deux grands partis, soit en nombre de voix, soit en nombre d'élus, pour les diverses élections tenues dans les années 80). Quant au multipartisme, nous utilisons, pour formule d'opérationnalisation, le nombre effectif de partis de Laasko et Taagepera (1979), imitant en cela Jackman, et Blais et Carty[15].

Comme eux, nous mesurons la disproportionnalité à l'aide de l'indice d'écart de Loosemore et Hanby (1971). Fait intéressant, Jackman recourt à la mesure de la disproportionnalité de Lijphart (1984, 160–165), alors que, dans sa toute dernière analyse des systèmes électoraux (1990), Lijphart préconise l'instrument de Loosemore et Hanby, à l'instar d'autres auteurs (Taagepera et Shugart 1989) qui y voient l'une des meilleures mesures de l'écart entre le nombre de voix et le nombre d'élus. Malheureusement, la mesure qui en résulte est trop fortement corrélée aux variables types de scrutin. Ses coefficients de corrélation avec les variables fictives systèmes proportionnels, systèmes à majorité simple et systèmes à majorité absolue sont de -0,88; 0,69 et 0,40 respectivement. Ces statistiques montrent bien avec quelle efficacité les systèmes proportionnels réduisent la disproportionnalité dans les suffrages, mais, pourtant, les relations sont trop fortes pour autoriser une différenciation fiable de ces effets. Nous n'avons guère d'autre choix que de présenter plusieurs modèles de régression construits à partir tantôt de mesures des types de scrutin, tantôt de mesures de la disproportionnalité.

L'ensemble des variables indépendantes qui subsiste est commun à tous les modèles. À l'exemple de Jackman, nous mesurons les variations du monocaméralisme et du bicaméralisme à l'aide de la variable à quatre catégories de Lijphart; et à l'exemple de Blais et Carty, nous représentons le fédéralisme comme une mesure dichotomique. Ainsi que le font pratiquement tous les auteurs, nous utilisons également des variables fictives pour le vote obligatoire et le cas exceptionnel de la Suisse.

Les résultats d'un modèle comportant les variables types de scrutin, mais non les variables « dérivées » sont présentés à la première colonne du tableau 3.10. Ce modèle à six dimensions (variables) explique pas moins de 80 % de la variance de la participation électorale transnationale dans les années 80. Comme on pouvait s'y attendre et comme l'indiquent les autres chercheurs, le vote obligatoire a un effet positif marqué sur la participation. Celle-ci est supérieure d'un peu plus de 15 points dans les pays à vote obligatoire. La situation unique du cas suisse est signalée par un coefficient négatif élevé qui indique, au-delà des effets des autres variables de l'équation, un taux de participation inférieur de 36 points. L'importance du monocaméralisme, à la pertinence duquel concluent l'analyse de Jackman et l'exercice de Blais et Carty (tout au moins lorsqu'ils se limitent aux élections de l'après-guerre), se trouve provisoirement corroborée. Ici aussi, le monocaméralisme favorise la participation, encore que le coefficient rate le test de signification aux niveaux classiques. Fait intéressant, la variable fédéralisme est bien près d'être statistiquement significative, mais un coefficient positif lui a été donné. N'oublions pas que Blais et Carty, après avoir posé l'hypothèse d'un lien négatif entre le fédéralisme et la participation, concluent à l'absence de relation. Le présent résultat indique qu'en matière de participation électorale, les systèmes fédéraux l'emportent par près de sept points et demi sur les systèmes unitaires.

Les résultats de la première colonne concordent avec ceux de Blais et Carty sur l'influence des variables types de scrutin. Ici aussi, un signe négatif a été donné aux deux variables systèmes majoritaires pour indiquer un moindre niveau de participation que dans les systèmes proportionnels. Deux différences notables subsistent néanmoins. D'abord Blais et Carty constatent que les plus bas niveaux de participation sont associés aux systèmes à majorité simple, alors qu'ici, ils s'observent dans les systèmes à majorité absolue. Les systèmes proportionnels l'emportent par environ sept points sur les systèmes à majorité absolue et par cinq points sur les systèmes à majorité simple. D'autre part, les présents résultats ratent le test de signification (au moins aux niveaux classiques), de telle sorte que la seule affirmation possible est qu'ils tendent à corroborer l'importance du type de scrutin et que, règle générale, l'électorat va plus nombreux aux urnes dans les systèmes proportionnels.

Dans la deuxième colonne du tableau 3.10, les variables systèmes électoraux dérivées sont substituées aux deux variables types de scrutin. Dans ce deuxième modèle, la variance expliquée, très légèrement majorée, atteint 82 %. Quelques modifications minimes s'observent également quant aux autres variables institutionnelles. Le coefficient de fédéralisme diminue un tout petit peu, mais il est clair qu'il n'est plus statistiquement significatif. La variable fictive représentant la Suisse fléchit légèrement tout en demeurant importante. Des trois nouvelles variables, seule la disproportionnalité semble changer quelque chose. Elle est affectée du signe négatif prévu, corroborant ainsi l'hypothèse de l'effet à la baisse sur la participation électorale de la disproportionnalité dans les suffrages. Ce résultat cadre avec les résultats de Jackman, d'une part, et de Blais et Carty (pour l'après-guerre), d'autre part, et, par conséquent, on s'inquiète moins que le coefficient rate de peu les

Tableau 3.10
**Modèles de régression de la participation électorale et des caractères institutionnels pour 18 démocraties, années 80**

| Variables indépendantes | (1) | (2) | (3) | (4) |
|---|---|---|---|---|
| Vote obligatoire | 15,33 (5,21/,013) | 15,83 (5,55/,017) | 16,19 (6,32/,031) | 15,65 (4,59/,005) |
| Variable fictive pour la Suisse | -35,78 (8,01/,001) | -31,60 (9,68/,009) | -33,69 (10,41/,010) | -32,33 (7,15/,001) |
| Monocaméralisme | 1,89 (1,46/,223) | 2,09 (1,44/,177) | 1,76 (1,60/,299) | 2,25 (1,32/,101) |
| Fédéralisme | 7,35 (4,12/,102) | 5,12 (4,75/,306) | 5,70 (5,18/,301) | 6,75 (3,83/,103) |
| Système à majorité simple | -4,80 (3,95/,249) | — | -4,69 (5,02/,376) | — |
| Système à majorité absolue | -7,01 (5,32/,214) | — | -7,04 (6,41/,301) | — |
| Disproportionnalité | — | -0,43 (0,27/,141) | — | -0,45 (0,24/,082) |
| Compétitivité | — | -0,19 (0,22/,411) | -0,13 (0,26/,630) | — |
| Multipartisme | — | -0,64 (1,47/,680) | -0,80 (1,69/,645) | — |
| Constante | 75,93 | 82,02 | 80,95 | 76,84 |
| $R^2$ | ,80 | ,82 | ,81 | ,81 |
| F-ratio | 7,40 | 6,69 | 4,83 | 10,21 |
| (N =18) | | | | |

*Note* : Il s'agit de coefficients de régression non standardisés; les erreurs standard et les niveaux de significations figurent entre parenthèses.

niveaux de signification admis. Quant à la compétitivité de la base électorale mesurée par l'écart entre les voix obtenues par les deux grands partis, le résultat est loin d'atteindre les niveaux fatidiques. Son coefficient est effectivement négligeable (celui de la mesure basée sur l'écart entre les élus l'est encore plus). Et aussi peu digne d'intérêt est le coefficient de multipartisme.

Les variables compétitivité et multipartisme ne se comportent pas mieux lorsque nous faisons intervenir un modèle comportant ces deux dimensions ainsi que deux mesures du type de scrutin (la troisième colonne du tableau 3.10). Les variations dans les niveaux internationaux de participation au scrutin ne semblent associées ni à la compétitivité

ni au multipartisme, du moins tel que ces variables sont opération-
nalisées dans le présent contexte. De fait, leur exclusion permet deux
représentations qui nous fournissent les explications les plus
parcimonieuses que puissent autoriser les méthodes multivariées. L'une
figure dans la première colonne et l'autre, inédite, apparaît à la quatrième colonne. Le dernier modèle fait appel aux variables disproportionnalité exclusivement pour contourner les problèmes de colinéarité.
Le quatrième modèle, à cinq dimensions, conserve le maximum de
degrés de liberté, particularité qui pourrait expliquer pourquoi les
coefficients sont statistiquement significatifs ou presque pour toutes
les variables. Les signes donnés aux coefficients concordent avec les
résultats présentés dans les autres colonnes. En particulier, le coefficient
affecté à la mesure du fédéralisme demeure positif. En outre, la disproportionnalité reste négativement liée aux écarts de participation.

En somme, le résultat relatif au fédéralisme de cette analyse est
essentiellement le seul sur lequel soit muette la littérature. Blais et Carty
ont évoqué la possibilité d'une relation négative entre le fédéralisme et
la participation électorale après avoir posé comme hypothèse que le
partage des compétences propre aux États fédéraux signifie que l'élection du gouvernement central est moins décisive pour l'exercice du
pouvoir.

Pour approfondir davantage cet aspect, nous avons introduit de
nouvelles variables pour mesurer les pouvoirs du gouvernement
central des États tant fédéraux qu'unitaires. Même s'il est à prévoir que
la décentralisation est généralement plus marquée dans les systèmes
fédéraux, nous ne saurions exagérer la règle. C'est incontestablement
le message que nous retenons de la mesure particulière utilisée, reprise
telle quelle de l'analyse de Lijphart (1984) qui a opérationnalisé la centralisation en se basant sur la quote-part d'impôts perçus par le gouvernement central. En fait, ses données démontrent que la quote-part de
revenu fiscal de l'Australie (80 %), une fédération, surpasse celle des
gouvernements centraux du Danemark (71 %), de la Finlande (70 %),
de la Norvège (70 %), du Japon (65 %) et de la Suède (62 %), qui sont
tous unitaires; ses données démontrent aussi que le gouvernement
national de l'Autriche revendique une quote-part égale à celle de la
Norvège. Qui plus est, même au sein des pays unitaires, la variation
est considérable. La quote-part de recette fiscale passe de 98 % pour
les Pays-Bas à 87 % pour le Royaume-Uni. La Suède ferme la marche
à 62 % (*ibid.*, tableau 10.2). Quoi qu'il en soit, la logique de l'analyse
relative au caractère décisif des élections devrait valoir pour tous les
systèmes, unitaires et fédéraux. En fait, les résultats, qui ne sont pas
illustrés, indiquent l'absence de toute relation entre la centralisation et

la participation électorale. De plus, l'introduction de la mesure de la quote-part de recette fiscale dans les diverses équations de régression a peu modifié l'effet de la variable fictive fédéralisme, qu'illustre le tableau 3.10.

L'autre raison qui a conduit Blais et Carty à conclure à une relation négative entre le fédéralisme et la participation électorale repose uniquement sur l'idée d'une baisse possible de la participation en cas de vote fréquent, en somme l'idée d'une sorte de lassitude électorale. Par ailleurs, peu importe le cas des États-Unis, dans la plupart des systèmes, peut-être les citoyens tirent-ils profit de l'expérience formatrice et propice à l'actualisation de soi qu'est l'engagement politique et deviennent même plus enclins à participer aux scrutins. Bien sûr, d'autres facettes, non spécifiées, de la conjoncture fédérale pourraient bel et bien jouer. Manifestement, il serait indiqué d'approfondir la recherche à cet égard.

Somme toute, à part la façon dont opèrent les variables, nos résultats correspondent grosso modo à ceux des autres chercheurs. Le fait est indiscutable malgré les différences notables quant aux méthodes utilisées, constatées dans les grandes études passées en revue. En règle générale, l'impact négatif du bicaméralisme se trouve confirmé ainsi que l'importance du système électoral. Cette dernière généralisation, voulant que le système électoral soit un facteur de variation de la participation électorale, est suffisante aux fins de la présente étude. Parallèlement, une incontestable ambiguïté subsiste quant aux processus particuliers en cause, y compris l'impact relatif du type de scrutin par opposition à la disproportionnalité dans les suffrages à laquelle il est fortement lié.

### Les implications pour le Canada

Il est également clair que des effets macroinstitutionnels contribuent à expliquer la faiblesse de la participation électorale des Canadiens et Canadiennes. De toute évidence, le fait que le Canada n'ait pas rendu le vote obligatoire explique son faible taux de participation par rapport à celui des pays à vote obligatoire. Quant au système électoral, si l'on choisit le type de scrutin comme facteur explicatif pertinent, il est évident que, relativement aux pays à scrutin proportionnel, le système canadien à majorité simple est préjudiciable à la participation électorale. Il en va de même si l'on met l'accent sur la disproportionnalité dans les suffrages afférente à cette forme de majorité. Dans la mesure de Jackman (1987) relative à ce caractère, le Canada, qui a reçu la cote 8,1, est l'avant-dernier, devant la France (12,3). Étant donné que la moyenne globale pour les 19 pays analysés s'établit à 3,7, le résultat canadien est loin de la norme transnationale (*ibid.*, tableau 1). Nous avons utilisé ici une mesure de la disproportionnalité différente, mais l'image qui émerge des données est la même. La disproportionnalité moyenne pour les 18 pays de notre comparaison est de 8,5 contre 17,1 pour le Canada.

Quelles sont les implications de cette analyse sur la participation des Canadiens et Canadiennes aux scrutins ? D'un point de vue pratique, la réforme du système électoral n'étant pas à l'ordre du jour, la conclusion qui s'impose serait sans doute la nécessité de faire valoir avec vigueur le bien-fondé de la réforme du contexte du vote, de la manière envisagée dans la partie suivante de cette étude. Si la participation électorale au Canada souffre déjà du fonctionnement du système et si l'on refuse d'envisager la réforme du fonctionnement du système électoral, il n'y a pas d'autre solution que de procéder à des réformes de moindre envergure.

L'existence d'une deuxième chambre comporte également des désavantages pour le Canada. La participation électorale dans notre pays à faible bicaméralisme est même inférieure à celle des pays à bicaméralisme négligeable. À l'heure de la réflexion sur les choix possibles en matière de réforme constitutionnelle, il peut être utile de soupeser les effets possibles d'un changement de cap sur la participation électorale. En effet, les partisans de l'abolition du Sénat pourraient insister sur la relation positive existant entre le monocaméralisme et une participation accrue pour mieux étayer leur thèse, même si l'argument reste d'importance secondaire. D'autre part, une Chambre haute aux pouvoirs spectaculairement renforcés, un Sénat *triple-E* (élu, égal et efficace), par exemple, soulève la possibilité d'un nouveau recul de la participation au scrutin. Les partisans d'un tel changement pourraient, à la défense d'une Chambre haute renforcée, vouloir appuyer des réformes visant à faciliter l'exercice du droit de vote .

Dans le cas du fédéralisme, nous avons observé une relation positive qui indique un avantage pour le Canada. Toutefois, des tests supplémentaires du résultat s'imposent, d'autant plus que les conclusions de notre analyse, pas toujours statistiquement significatives, ne concordent pas avec celles de Blais et Carty. En tout cas, il reste à expliquer avec plus de précision les fondements théoriques de toute connexion possible. Pour le moment, mieux vaut conférer un caractère provisoire à la relation entre le fédéralisme et la participation. Affirmer qu'elle constitue un contrepoids institutionnel aux effets négatifs d'autres caractères institutionnels serait prématuré.

Considérée aussi comme provisoire, cette relation de contrepoids appelle l'approfondissement des questions posées par la centralisation et la décentralisation. S'il y a des enseignements à tirer du fait que la mesure de Lijphart (1990) fondée sur les recettes fiscales n'a aucune relation avec la participation électorale, il en va peut-être autrement d'autres indicateurs. En outre, le cas de la Suisse permet de penser qu'il s'agit là d'un filon prometteur. En effet, nous avons tenu à représenter ce pays par une variable fictive dans l'analyse multivariée pour tenir compte d'une réalité : « les décisions politiques les plus importantes se prennent à l'échelon cantonal » (Powell 1980, 20)[16]. Dans la mesure où cette facette particulière est pour beaucoup dans le faible taux de participation électorale des Suisses, le message à retenir pour le cas du Canada est malgré tout encourageant. Le débat actuel sur un nouveau partage des pouvoirs au sein de la fédération, qui a repris de plus belle au lendemain de l'échec de l'Accord du lac Meech, pourrait influer sur la nature de la participation aux élections fédérales. Ce que nous appréhendons en tirant les leçons du cas suisse, c'est qu'une décentralisation puisse entraîner une moindre participation aux élections fédérales. Nous pourrions tenir là un argument supplémentaire à l'appui des réformes propres à faciliter l'exercice du droit de vote.

### Conclusion

Nous avons concentré cette partie de l'analyse sur des facettes du cadre institutionnel d'un intérêt indirect pour la Commission. Toutefois, nous avons jugé qu'il valait la peine d'étudier l'impact de ces macroinstitutions pour parvenir à la compréhension la plus complète possible. D'un point de vue plus pratique, l'examen du système électoral, des variations dans le monocaméralisme et le bicaméralisme, et des structures fédérales par rapport aux structures unitaires a contribué à dessiner la toile de fond indispensable à la compréhension de l'importance des réformes facilitatrices du vote exposées dans la quatrième partie de cette étude, intitulée « La réforme du contexte administratif et légal du vote ».

Cette compréhension amplifie l'importance générale des réformes. Le fait est pratiquement acquis, le scrutin à majorité simple et l'existence du Sénat défavorisent la participation électorale au Canada. Les réformes que peut recommander la Commission devraient en apparaître d'autant plus nécessaires afin de mieux équilibrer, de rendre plus avantageux, le contexte dans lequel l'électorat exerce son droit de vote.

Ce dont nous sommes moins certains, c'est si la structure fédérale fonctionne de manière à compenser ces désavantages et si l'idée d'accentuer encore la décentralisation, débattue en ce moment, est susceptible de contrer les effets positifs associés au fédéralisme. À cet égard, nous avons cité le cas de la Suisse, démocratie fédérale la plus fortement décentralisée et où la participation électorale est la plus faible. Au risque de nous redire, il est à craindre que la participation aux élections fédérales canadiennes régresse en conséquence de l'accroissement des pouvoirs des provinces ou du renforcement du Sénat. La perspective d'un tel recul souligne encore davantage la nécessité de réformer le contexte du vote.

## LA RÉFORME DU CONTEXTE ADMINISTRATIF ET LÉGAL DU VOTE

L'objet de la présente partie est de situer dans le contexte démocratique global l'environnement dans lequel l'électorat exerce ses droits. De façon générale, il s'agit de confronter les dispositions légales et administratives qui stimulent (ou inhibent) la participation au scrutin au Canada avec celles des 18 autres démocraties de notre base de comparaison. Étant donné le climat volatile du pays et la proposition de nombreux changements, l'analyse tient compte non seulement des pratiques courantes, mais aussi des propositions qu'énoncent d'importants documents favorables à d'éventuelles réformes, en particulier le *Livre blanc sur la réforme de la Loi électorale* de juin 1986 et le projet de loi C-79.

Des comparaisons explicites avec d'autres démocraties sont pertinentes, car l'adoption (ou la suppression) générale, dans ces pays, de telle ou telle mesure destinée à faciliter l'exercice du droit de vote peut contribuer à éclairer les décideurs sur l'orientation des réformes au Canada. Le fait que certaines dispositions soient monnaie courante dans d'autres pays peut les rendre plus attrayantes. En revanche, une pratique peu répandue devrait inviter à une certaine prudence ou à un approfondissement de la réflexion. Mais il faut rester sensible au contexte particulier de la réforme envisagée. Point n'est besoin de s'appuyer sur des expériences étrangères pour faire preuve de progressisme en facilitant aux malades et aux personnes âgées l'exercice de leurs droits électoraux. En certains cas, la simple occasion de faire œuvre de pionnier devrait militer puissamment en faveur de l'adoption des dispositions préconisées.

L'analyse comparative sera d'autant plus précieuse si elle révèle à quel point les changements envisagés peuvent effectivement relever nos faibles taux de participation électorale. Il importerait tout particulièrement de vérifier toute donnée susceptible de démontrer qu'un mécanisme de votation précis favorise la participation. Il importerait également de tâcher de déterminer si l'accroissement de la participation électorale est possible dans toutes les couches de la population, y compris les franges les plus démunies et les moins susceptibles a priori d'aller aux urnes. Qu'on nous pardonne cette redite, mais le souci de l'égalité de la participation est l'une des marques de la présente étude.

Malheureusement, il n'est pas simple d'aller chercher ailleurs des enseignements sur la relation existant entre le nombre de bénéficiaires d'un mécanisme de votation (par anticipation, par correspondance, par procuration, etc.) et la participation globale. Il subsiste toujours une possibilité que certaines procédures culturellement liées puissent ne pas produire leurs effets, une fois exportées. Mais un problème plus immédiat tourne autour de l'incertitude sur les motifs de ceux et celles qui, plutôt que d'aller voter le jour ordinaire du scrutin, préfèrent un mécanisme de rechange comme le vote par anticipation. Ce faisant, agit-on par convenance personnelle ou pour ne pas être réduit à l'abstention ? Si, en fait, la première hypothèse est la bonne et que, de toute façon, le votant par anticipation serait probablement allé aux urnes au jour dit, l'impact sur la participation électorale associé à cette manière de voter serait faible. Mais il est pratiquement impossible de connaître le comportement conditionnel de l'électorat. Aussi est-il ardu de faire une lecture précise de la relation entre un mécanisme de votation et l'accroissement de la participation électorale.

Ce point est d'une pertinence toute particulière dans la présente étude, car celle-ci dépend si étroitement de preuves qui tiennent compte des spécificités nationales qu'elle en souffre. Ainsi l'observation selon laquelle, dans tout pays, le suffrage s'exerce par anticipation dans 10 % des cas peut être invoquée pour indiquer que l'existence de ce vote contribue à la hausse des niveaux de participation. Mais, nous ne saurions en aucun cas conclure avec certitude qu'il y contribue pour 10 %.

Cela ne veut pas dire pour autant que le moindre des résultats envisageables s'applique, autrement dit que le vote par anticipation compte pour 0 % dans la progression de la participation électorale (ce que serait son impact s'il était vrai que, de toute façon, voterait le jour ordinaire du scrutin quiconque exerce ses droits électoraux d'une autre manière ou un autre jour). En fait, la conjecture la plus solide s'appuie sur la logique sous-tendant deux déterminations de vote : la commodité et les coûts. Elle invite à voir dans ce genre de preuve la corroboration d'une relation généralement positive entre le mécanisme de votation et la participation ou, autrement dit, la corroboration du fait qu'on vote moins nombreux quand le mécanisme de rechange n'est pas disponible. D'abord, le facteur convenance personnelle qui sous-tend le choix d'une autre manière de voter ne peut se comprendre qu'en termes d'une extrême variabilité. Certes, quelques électeurs et électrices trouveront plus ou moins commode, et encore, de voter autrement; si la possibilité leur en était refusée, ils iraient aux urnes le jour du scrutin. D'autres, cependant, jugeront cette possibilité relativement pratique; leur serait-elle refusée qu'ils pourraient opter aussi bien pour le vote que pour l'abstention le jour du scrutin. D'autres encore estimeront le mécanisme de rechange absolument vital pour l'exercice de leurs droits. Comme le vote est un acte de participation particulièrement sensible aux changements ténus influant sur les avantages, les coûts et les possibilités (Crewe 1981), l'abstention augmenterait sans doute de façon exponentielle, et par incréments, au fur et à mesure que s'accroîtrait la gravité des inconvénients. Qui plus est, en maints cas, les mécanismes de votation spéciale entraînent des frais supplémentaires (prise de dispositions pour se procurer et mettre à la poste le bulletin de vote par correspondance, déplacements de plus grande distance pour voter par anticipation, etc.). Aussi est-il probable qu'un grand nombre, sinon la majorité des électeurs qui ont l'intention de se prévaloir de dispositions de vote spéciales, soient disposés à assumer ces coûts tellement ils tiennent à leurs droits électoraux. Ce fait suggère que beaucoup de citoyens et de citoyennes n'auraient pas, ou n'auraient pas pu voter le jour ordinaire du scrutin. Bref, pour poursuivre avec le même exemple, si le vote par anticipation comptait pour 10 % dans le total des voix, nous inclinerions à penser que son impact sur la participation serait plus près de 10 % que de 0 %.

Une autre méthode d'évaluation des implications de la participation électorale est, bien sûr, l'analyse des données transnationales. Dans le cas présent, cette analyse implique l'examen des relations statistiques entre les variations de la participation de pays à pays ainsi que des différences dans les dispositions microinstitutionnelles constatées entre eux. Nous pourrions même en agrandir le champ pour mesurer l'impact de ces dispositions et, relativement, les effets plus puissants liés aux caractères macroinstitutionnels. Malheureusement, nous n'avons pu exploiter ce filon avec toute la rigueur souhaitable. La raison en est principalement le manque d'informations sur le contexte microinstitutionnel de chaque pays et l'ambiguïté des mesures transnationales. Tout en ayant réuni ici plus d'informations que quiconque sur les dispositions microinstitutionnelles (voir à l'annexe C les sources utilisées), il nous a été impossible de recueillir des données suffisamment précises sur des caractères clés du vote. Ainsi, pour le vote par anticipation, l'idéal aurait été de construire des mesures comme sa durée en jours ou, mieux, en heures. Nous aurions également préféré la quantification des règles d'admissibilité au vote par anticipation, ce qui aurait permis le calcul de variables telles que les proportions de ces citoyens.

Hélas ! trop nombreux sont les cas où les données recueillies ne se prêtent pas à des opérationnalisations aussi précises.

Toutefois, en second ressort, nous avons fait appel à l'analyse multivariée du cadre macroinstitutionnel, effectuée dans la partie précédente, en ajoutant aux modèles analysés des variables fictives pour représenter certains pays. Ceux-ci, objecteront d'aucuns, semblent tout particulièrement souples quant à la qualité d'électeur. Quoique le coefficient positif affecté à la variable pays indique dans une certaine mesure un effet correspondant des dispositions propres à faciliter le vote, les preuves ne sont pas concluantes. La possibilité que ce coefficient soit attribuable à quelque autre caractère (comme la culture politique du pays) subsiste. Néanmoins, pareille analyse est loin d'être dénuée de valeur et, concurremment aux preuves fournies par l'expérience de pays donnés, elle contribue à corroborer l'existence d'une connexion entre les dispositions microinstitutionnelles propres à faciliter le vote et l'élévation de la participation électorale.

## Quelques définitions opératoires

Pour examiner à l'échelle internationale la pertinence des dispositions légales et administratives de nature à faciliter le vote, il est souhaitable d'établir quelques définitions opératoires, quitte à déroger à certaines règles, car à une même dénomination correspondent des pratiques nationales différentes. La façon dont s'enchevêtrent le temps et la géographie dans l'emploi des termes *absents* et vote *par anticipation* constitue un bon exemple de potentiel de désordre en analyse comparative. Globalement, les dispositions relatives au vote des absents sont censées faciliter le vote des électeurs empêchés d'exercer leurs droits dans leur section de vote. En réalité, cependant, ce terme fait référence au déplacement non seulement dans l'espace (certains électeurs pouvant voter dans une autre section le jour du scrutin [vote hors-circonscription]), mais aussi dans le temps (certains pouvant voter avant le jour normal du scrutin grâce à des mécanismes de vote par anticipation). En Autriche, quiconque prévoit être appelé à se déplacer peut, s'il peut en fournir une preuve documentée, voter hors de sa circonscription le jour du scrutin, et cela aussi bien personnellement que par correspondance.

Une autre facette de l'interpénétration du temps et de l'espace est évidente dans le vote des nationaux à l'étranger. Dans un nombre croissant de pays démocratiques, le droit de vote pour les citoyens et citoyennes à l'étranger est en passe de devenir la norme. Et si l'on permet habituellement à ces personnes de voter par anticipation, les manières de le faire varient considérablement. On vote tantôt par correspondance, tantôt par procuration ou encore, par anticipation dans des centres de vote organisés dans les ambassades et les consulats. Qui plus est, ces manières varient selon que les citoyens résident à l'étranger ou y sont en déplacement.

Le vote postal (que nous appellerons désormais *vote par correspondance*) est un autre exemple de source potentielle de confusion qui n'a guère à voir avec le fait que la poste est un mécanisme permettant le vote des absents. Par exemple, en Suède, quiconque souhaite voter par anticipation n'a qu'à se rendre dans un bureau de poste. (D'aucuns y voient un exemple de vote dit postal. C'est d'ailleurs le terme utilisé par les Suédois.) Mais le trait saillant, du point de vue de l'examen des possibilités d'adoption de caractères d'autres systèmes, est que le votant, la votante ne met pas son bulletin à la poste. Ce mécanisme ne diffère donc guère du vote dans tout autre bureau de vote[17]. Le vote postal à la suédoise s'apparente plutôt au vote par anticipation.

Les définitions que nous utilisons ici ne constituent certes pas l'unique approche possible, mais elles conviennent très bien aux tâches à exécuter. Les distinctions qui suivent, passablement hiérarchisées, contribuent à leur formulation. D'abord, une dichotomie est établie entre les dispositions relatives au vote sur le territoire national et, quand elles existent, les dispositions relatives au vote des nationaux à l'étranger. Nous traiterons ce dernier comme un mécanisme distinct, sans égard à la manière dont s'exerce le suffrage (vote par procuration, vote direct par correspondance). L'examen adéquat des procédures internes des pays, beaucoup plus nombreuses, nécessitent des distinctions plus nuancées entre le vote des absents, d'une part, et les dispositions spéciales pour le vote des malades et des personnes âgées, d'autre part.

Les dispositions relatives au vote des absents reconnaissent que des électeurs peuvent se trouver éloignés de leur section de vote. Elles forment bien sûr une vaste catégorie regroupant divers mécanismes de votation que nous aborderons séparément dans l'ordre des définitions opératoires suivantes :

1. Vote par anticipation : vote personnel de l'électeur ou de l'électrice avant le jour du scrutin, dans un bureau de vote reconnu.

2. Vote par correspondance : vote par mise à la poste de son bulletin de vote; le moment est secondaire.

3. Vote par procuration : vote à la place de l'électeur ou de l'électrice par un mandataire qu'il ou elle a désigné. Ici aussi, le moment est secondaire.

4. Vote hors-circonscription : vote dans un autre lieu (bureau de vote, circonscription) que le lieu de résidence, le jour même du scrutin.

(Le cas de l'Autriche ci-dessus constituerait un exemple de vote hors-circonscription.)

Le vote par messager est une forme de vote des absents : l'électeur charge une personne (par exemple, le conjoint ou la conjointe en Suède) de porter au bureau de vote le bulletin qu'il a rempli lui-même, souvent en présence d'un témoin autorisé. Très proche du vote par procuration, le vote par messager a pour bénéficiaires les personnes diminuées physiquement. Aussi sera-t-il considéré comme un moyen de faciliter le vote de catégories spéciales de citoyens, les malades et les personnes âgées.

Le vote assisté constitue également une disposition spéciale. Le jour du scrutin, l'électeur ou l'électrice incapable d'exercer en toute autonomie ses droits électoraux (en raison d'une cécité, d'une infirmité ou de l'analphabétisme) se rend à son bureau de vote où il ou elle se fait assister par un autre électeur. Les bureaux de vote itinérants constituent une troisième disposition spéciale. Dans la plupart des pays, ces bureaux sont installés dans les établissements où sont en traitement ou en pension des personnes diminuées physiquement, surtout des malades et des personnes âgées. Nous envisagerons les bureaux de vote itinérants en tant que disposition propre à faciliter le vote de ces catégories d'électeurs. Qui plus est, dans certains pays, de tels bureaux sont également organisés à l'intention d'autres segments de la population, comme les prisonniers et les militaires. Sans compter qu'ils peuvent être installés en des lieux inhabituels. Ainsi, signale Crewe (1981, 248), en Nouvelle-Zélande, « des bureaux de vote desservant différentes circonscriptions sont organisés dans des hippodromes, des centres commerciaux et d'autres lieux que fréquentent normalement les foules. Un bureau de vote flottant visite même les petits villages des détroits de Marlborough la semaine précédant le jour du scrutin. » Ces installations s'apparentent aux possibilités de vote dont peuvent bénéficier les électeurs en déplacement, et qu'il est convenu d'appeler vote des absents. Le fait de s'en tenir à cette distinction atténue le risque de confusion. Quoi qu'il en soit, le bureau de vote itinérant est typique en ce sens, crucial, qu'il va au-devant de l'électeur.

Enfin, il y a le jour du scrutin proprement dit. Une des réformes envisagées est axée sur les possibilités de vote personnel. Au nombre des questions approfondies se trouve la durée du vote en heures et en jours, y compris la coïncidence de ces derniers avec des jours de repos.

L'examen des conditions propres à faciliter le vote débute par le traitement du vote des absents, puis aborde la question de la modification du caractère du vote, le jour du scrutin. Vient ensuite la considération du vote des nationaux à l'étranger suivie finalement de celle des bureaux de vote spéciaux. Dans chaque cas, nous mettons en évidence la situation actuelle du Canada et, lorsque la chose est pertinente, les principales réformes proposées, en particulier dans le Livre blanc et dans le projet de loi C-79. Nous présentons également un bref historique de quelques mécanismes de votation, comme le vote par anticipation. Nous effectuons aussi divers rapprochements avec les usages des autres démocraties, mais toujours en vue de baliser l'orientation des réformes et de justifier les recommmandations formulées dans cette optique en conclusion des diverses sections. Certaines ont pour toute inspiration le souci de la justice des procédures électorales, par exemple la facilitation du vote des malades et des personnes âgées; d'autres visent non seulement à donner aux citoyens suffisamment de possibilités de voter, mais visent aussi à maximiser la participation de l'électorat en général et de chacune des catégories sociales en particulier. À cet égard, l'analyse tente de réunir le plus possible de matériel empirique probant. Ultime remarque préliminaire, nous tenons à signaler que l'analyse est pratiquement toujours muette sur les dispositions relatives au vote des électeurs et électrices de l'administration publique fédérale et des militaires. Presque tous les systèmes, y compris le canadien, ménagent aux membres de leur fonction publique en service extérieur et aux personnes qu'ils ont à charge, d'amples occasions d'exercer leurs droits électoraux. Les dispositions vraiment dignes d'intérêt sont celles dont le citoyen moyen est le bénéficiaire.

### Le vote des absents

Pour ce qui est du vote des électeurs et électrices en déplacement le jour du scrutin, nous traiterons dans l'ordre du vote par anticipation, du vote par correspondance, du vote par procuration et du vote hors-circonscription. De plus, l'analyse comparative s'intéressera à la fin de la présente partie au caractère des dispositions propres à chaque pays. Ce *modus operandi* s'impose, chacune des manières de voter ne s'appliquant pas forcément à tous les cas d'éloignement du lieu de résidence.

### *Le vote par anticipation au Canada*

L'étude rétrospective du vote par anticipation au Canada révèle un élargissement graduel des catégories de bénéficiaires et des possibilités leur étant offertes. Toutefois, le rythme de ces progrès ou réformes s'est accéléré récemment.

Pendant longtemps, le vote par anticipation ne sera admis que pour quelques groupes restreints d'électeurs. À son institution, en 1920, seuls peuvent y prétendre les cheminots, les marins et les voyageurs de commerce, à condition « de prévoir être appelés en déplacement, dans le cadre de leur emploi, le jour du scrutin » (Qualter 1970, 31) et d'être inscrits dans une municipalité où sont organisés des bureaux de vote à cet effet. Enfin, ces personnes doivent attester par affidavit leur incapacité de voter le jour du scrutin. En 1934, deviennent bénéficiaires du vote par anticipation, et aux mêmes conditions, les militaires et les agents de la Gendarmerie royale du Canada. En 1948, les militaires perdent cette qualité en raison de l'adoption en leur faveur de *Règles électorales spéciales*, tandis que les pêcheurs se la voient reconnaître. En 1951, les membres de l'armée de réserve l'acquièrent à leur tour.

Les conditions rigoureuses de détermination des catégories d'électeurs bénéficiaires illustrent fort bien la conception répandue à l'époque que ce vote constitue une exception à la règle établie. En effet, de 1934 à 1960, les multiples versions de la *Loi électorale du Canada* l'assimilent à un « privilège » (Canada, Élections, communiqué 1990). Il n'est donc pas étonnant que les possibilités de vote par anticipation soient alors en proportion de leurs peu nombreux bénéficiaires. Cela vaut assurément pour le nombre effectif de bureaux établis à cet effet. Durant toute cette période, leur moyenne par élection avoisine 218, contre 30 533 pour les bureaux de vote ordinaire.

Cependant, cela n'empêche pas d'augmenter le nombre total d'heures d'ouverture de ces bureaux. De 1921 à 1930, les bénéficiaires du vote par anticipation disposent, pour exercer leurs droits, de neuf heures réparties sur trois jours; à l'élection de 1935, de quatorze heures sur trois jours; et de 1940 à 1958, de vingt-quatre heures, également sur trois jours.

Le tableau 3.11 montre, pour chaque élection tenue de 1945 à 1988, le nombre total de votes par anticipation et de votes ordinaires et les ratios entre les types de bureaux de vote. Un écart considérable entre les élections de 1958 et de 1962 ressort clairement. La première élection est l'occasion de la mise sur pied de 256 bureaux de vote par anticipation, tandis que la dernière les fait pratiquement octupler pour atteindre le nombre de 1 863. Ce changement important est également apparent dans la chute vertigineuse du ratio bureaux de vote ordinaire - bureaux de vote par anticipation, qui passe de 174:1 à 27:1. La multiplication de ces derniers atteste d'abord et avant tout les modifications d'envergure inscrites dans la loi de 1960. Les catégories professionnelles de bénéficiaires sont supprimées au profit d'une disposition reconnaissant l'admissibilité à quiconque prévoit être empêché de voter personnellement le jour du scrutin. Cette définition élargie se répercute sur le nombre des bureaux de vote spéciaux qui se multiplient.

Tableau 3.11
**Nombre de bureaux de vote ordinaire et de bureaux de vote par anticipation
aux élections générales au Canada, 1945–1988**

| | Bureaux de vote | | |
| --- | --- | --- | --- |
| Élection | Ordinaire | Par anticipation | Ratio |
| 1945 | 33 725 | 191 | 177:1 |
| 1949 | 38 030 | 207 | 183:1 |
| 1953 | 40 742 | 243 | 168:1 |
| 1957 | 44 055 | 230 | 192:1 |
| 1958 | 44 595 | 256 | 174:1 |
| 1962 | 49 837 | 1 863 | 27:1 |
| 1963 | 50 380 | 1 807 | 28:1 |
| 1965 | 52 567 | 1 822 | 29:1 |
| 1968 | 51 253 | 1 792 | 29:1 |
| 1972 | 61 233 | 2 334 | 26:1 |
| 1974 | 64 416 | 2 919 | 22:1 |
| 1979 | 70 841 | 2 832 | 25:1 |
| 1980 | 70 620 | 2 833 | 25:1 |
| 1984 | 65 726 | 2 755 | 24:1 |
| 1988 | 55 397 | 2 463 | 23:1 |

*Sources* : Canada, Élections Canada, *Rapports du directeur général des élections* et tableaux
spéciaux.

Le tableau 3.12 présente le total des votes pour la période de 1945 à 1974, ainsi que celui des votes par anticipation en chiffres absolus et en pourcentage des premiers. Les données démontrent clairement que beaucoup d'électeurs ont effectivement tiré parti des nouvelles possibilités introduites dans la loi de 1960. Jusqu'à 1958, les votes par anticipation ne dépassent guère les 10 000, soit entre 0,15 % et 0,19 % du total des votes, mais en 1962, leur nombre décuple presque, pour atteindre le taux de 1,27 %. Après 1962, les pourcentages fluctuent énormément, mais, de façon générale, il émerge des données une tendance à un recours accru au vote par anticipation. En 1974, 444 334 personnes ont voté par anticipation, soit 4,59 % du total des votants.

En 1970, le législateur institue des critères d'admissibilité supplémentaires. Il devient alors possible de voter par anticipation si, « en raison de son grand âge, d'une infirmité ou d'un accouchement prochain », il est plus commode de ce faire (Canada, *Loi électorale* 1970, alinéa 93*b*)) ou, si « à cause de ses croyances religieuses ou de son appartenance à une congrégation religieuse », on est incapable de voter dans une section de vote durant les heures d'ouverture du bureau de vote, le jour ordinaire du scrutin (*ibid.*, alinéa 93*c*)). Il est difficile de chiffrer les bénéficiaires de ces deux catégories qui auront voté aux élections ultérieures, mais, de toute façon, ils seraient trop peu nombreux pour entrer dans les pourcentages présentés au tableau 3.12.

L'élection générale de 1979 est précédée de deux innovations importantes qui sont toujours en vigueur. En 1977, l'affidavit cesse d'être obligatoire. Aussi devient-il plus facile de voter par anticipation, bien que le scrutateur puisse toujours demander la production d'une pièce d'identité ou la prestation de serment dans la forme prescrite. D'égale importance est le vote par anticipation chez le directeur du scrutin, devant le titulaire de la fonction ou devant le directeur adjoint du scrutin. Pour ce faire, l'électeur ou l'électrice doit fournir une pièce d'identité et signer une déclaration motivant son empêchement de voter les jours de scrutin par anticipation et de scrutin ordinaire (Canada, *Loi électorale* 1970, alinéa 97(4)*b*)(ii)).

Si peu rigoureuses que soient ces conditions, elles constituent néanmoins des empêchements potentiels, en particulier pour les personnes qui n'ont ni la personnalité ni les capacités voulues pour traiter avec des agents de l'État et accomplir des formalités administratives. Ces mesures limitent sans doute quelque peu l'accessibilité au vote au bureau du directeur du scrutin. En revanche, la durée de ce vote en heures et en jours est supérieure à celle du vote par anticipation classique[18]. Le tableau 3.13 présente des chiffres sur l'incidence du vote anticipé. En 1979, seulement 28 231 Canadiens et Canadiennes ont voté au bureau du directeur du scrutin, ce qui équivaut à 0,24 % du total des votes. Les données de l'élection de l'hiver 1980 révèlent une progression spectaculaire, les suffrages exercés de cette manière atteignant le chiffre de 47 607 ou 0,43 %. Les résultats les plus élevés sont ceux de 1984, année où 125 232 électeurs et électrices constituant 0,99 % de l'électorat ont voté de cette façon. En 1988, il y a un léger fléchissement (107 520 votants ou 0,85 %), mais l'impression générale qui se dégage du tableau est que beaucoup de Canadiens ont tiré parti de ces assouplissements, malgré les désagréments causés par les formalités administratives et les déplacements.

Les données relatives au vote par anticipation dans un bureau organisé à cet effet indiquent qu'une forte proportion d'électeurs canadiens continuent de s'en prévaloir. Bien sûr, on ne peut imaginer ce que seraient les chiffres si le vote au bureau du directeur du scrutin

**Tableau 3.12**
**Votes par anticipation aux élections générales au Canada, 1945–1974**

| | Voix | | |
|---|---|---|---|
| Élection | Total | Votes par anticipation | Votes par anticipation en % du total |
| 1945 | 5 305 193 | 10 086 | 0,19 |
| 1949 | 5 903 572 | 11 189 | 0,19 |
| 1953 | 5 701 963 | 10 479 | 0,18 |
| 1957 | 6 680 690 | 11 780 | 0,18 |
| 1958 | 7 357 139 | 11 228 | 0,15 |
| 1962 | 7 772 656 | 98 447 | 1,27 |
| 1963 | 7 958 636 | 85 276 | 1,07 |
| 1965 | 7 796 728 | 119 285 | 1,53 |
| 1968 | 8 217 916 | 193 922 | 2,36 |
| 1972 | 9 974 661 | 154 385 | 1,55 |
| 1974 | 9 671 002 | 444 334 | 4,59 |

*Sources* : Canada, Élections Canada, *Rapports du directeur général des élections* et tableaux spéciaux.

**Tableau 3.13**
**Votes au bureau du directeur du scrutin et votes par anticipation**
**aux élections générales au Canada, 1979–1988**

| | | Au bureau du directeur du scrutin | | Par anticipation | |
|---|---|---|---|---|---|
| Élection | Total des voix | N | % du total des voix | N | % du total des voix |
| 1979 | 11 541 000 | 28 231 | 0,24 | 301 978 | 2,62 |
| 1980 | 11 015 514 | 47 607 | 0,43 | 428 990 | 3,89 |
| 1984 | 12 638 424 | 125 232 | 0,99 | 585 102 | 4,63 |
| 1988 | 13 281 191 | 107 520 | 0,85 | 507 926 | 3,82 |

*Sources* : Canada, Élections Canada, *Rapports du directeur général des élections* et tableaux spéciaux.

n'existait pas. Malgré tout, les données effectives sont en soi impressionnantes. Pour les deux dernières élections, les votes par anticipation dépassent le demi-million, ce qui représente 4,63 % et 3,82 % du total des voix (pour 1984 et 1988 respectivement).

L'addition des totaux des votes recueillis au bureau du directeur du scrutin et des votes par anticipation nous donne une perspective sommaire. Dans la mesure où les preuves fournies par les trois dernières élections permettent de porter un jugement, il semblerait que l'importance de ces totaux n'a jamais fléchi. Pour 1980, le total des électeurs et électrices ayant voté par anticipation s'établit à 476 597, soit 4,32 % du total des voix, tandis que, pour 1984, le total atteint 710 334 ou 5,62 %. Enfin, pour 1988, il s'élève à 615 446 ou 4,67 % du total des voix. Si, au vu de ces données, nous ne pouvons conclure à la progression de scrutin en scrutin du recours à ce mécanisme de votation, nous pouvons sans risque affirmer qu'un nombre extraordinairement élevé de citoyens et citoyennes, en chiffres absolus, tirent régulièrement parti des possibilités offertes.

Répétons-le, dans l'impossibilité de savoir combien de personnes auraient voté de toute façon, nous ne pouvons affirmer que le vote par anticipation compte pour quatre ou cinq points dans la participation globale au scrutin[19]. Cependant, comme nous l'avons déjà indiqué, l'impact serait sans doute plus près de quatre ou cinq que de zéro. Il conviendrait également de signaler que, pour toutes sortes de raisons, beaucoup de Canadiens et de Canadiennes sont appelés à se déplacer à un moment ou l'autre, y compris le jour du scrutin. Des déplacements professionnels ou touristiques de plus en plus nombreux signifient probablement que, sans ces possibilités, beaucoup d'électeurs et d'électrices ne pourraient voter.

Il s'ensuit que les réformes envisagées dans le Livre blanc et le projet de loi C-79 contribueraient à accroître non seulement les possibilités de vote par anticipation, mais aussi la participation électorale. Tout d'abord, elles prévoient que tout éloignement du domicile le jour du scrutin constitue un motif suffisant pour voter de cette manière dans un bureau spécial. Elles facilitent également le vote au bureau du directeur du scrutin, sous réserve uniquement de la signature d'une déclaration attestant de l'empêchement d'exercer ses droits électoraux d'une autre manière. Qui plus est, elles préconisent également le vote devant les directeurs adjoints du scrutin ou d'autres agents désignés par le directeur du scrutin.

Toutefois, ces réformes n'envisagent aucune modification de la durée. Signalons que les trois jours de vote par anticipation dans un bureau à cet effet sont maintenus. Les autres pays qui admettent ce vote sont plus généreux dans l'ensemble. L'examen de ces usages nationaux apportera des preuves supplémentaires de l'importance de ce mécanisme de votation pour la participation électorale.

*Le vote par anticipation dans les autres démocraties*
L'existence du vote par anticipation au Canada trouve un écho dans l'expérience démocratique de très nombreux pays, mais pas de tous, cependant. Des trois pays à vote obligatoire (Australie, Belgique et Italie), seule l'Australie met à la disposition de ses citoyens despossibilités de vote par anticipation dites *pre-poll votes* (voir le tableau 3.14, première colonne). Par ailleurs, la moitié des 15 autres nations admet, au moins à un certain degré, cette manière de voter. D'un point de vue régional, les possibilités se concentrent principalement dans les quatre pays d'Europe septentrionale. Mais le Japon et la Nouvelle-Zélande ont également de telles dispositions ainsi que la Suisse, où elles varient de canton à canton.

Tableau 3.14
**Dispositions relatives au vote des absents dans 18 démocraties**

| Pays | Par anticipation | Par correspondance | Par procuration | Hors-circonscription |
|------|------------------|--------------------|-----------------|----------------------|
| Vote obligatoire | | | | |
| Australie | Oui | Oui | Non | Oui |
| Belgique | Non | Non | Oui | Non |
| Italie | Non | Non | Non | Non |
| Vote non obligatoire | | | | |
| Allemagne | Non | Oui | Non | Non |
| Autriche | Non | Non | Non | Oui |
| Danemark | Oui | Non | Non | Non |
| États-Unis | Non | Oui | Varie | Non |
| Finlande | Oui | Non | Non | Non |
| France | Non | Non | Oui | Non |
| Irlande | Non | Non | Non | Non |
| Israël | Non | Non | Non | Non |
| Japon | Oui | Oui* | Non | Non |
| Norvège | Oui | Non | Non | Non |
| Nouvelle-Zélande | Oui | Non | Non | Oui |
| Pays-Bas | Non | Non | Oui | Oui |
| Royaume-Uni | Non | Oui | Oui | Non |
| Suède | Oui | Non | Non | Oui |
| Suisse | Oui | Oui | Oui | Non |

*Source* : Voir l'annexe C.

*Personnes handicapées seulement.

Le tableau 3.15 fournit, pour ces huit pays, des précisions sur deux dimensions clés du vote par anticipation : les catégories d'électeurs admissibles et la durée. Un coup d'œil à la distribution des critères d'admissibilité indique que le Canada, en proposant d'admettre quiconque est empêché de voter personnellement le jour du scrutin, se rapproche de la position prise par la plupart des pays. Six sur huit permettent déjà à leurs citoyens et citoyennes de voter d'avance. Seuls font exception la Nouvelle-Zélande et le Japon. Ce dernier pays, le plus restrictif, admet seulement les électeurs appelés en déplacement professionnel ou dont la mobilité est réduite (malades, femmes enceintes, infirmes et détenus). En Nouvelle-Zélande, cette possibilité dite *early voting* est reliée à l'admissibilité au vote spécial. Si les critères de reconnaissance de cette qualité sont assez peu rigoureux, les éventuels votants par anticipation sont néanmoins tenus à certaines formalités, notamment à une déclaration motivée.

**Tableau 3.15**
**Vote par anticipation dans huit démocraties : bénéficiaires et durée**

| Pays | Bénéficiaires | Durée |
|------|---------------|-------|
| Australie | tous | toute la campagne |
| Danemark | tous | 21 jours |
| Finlande | tous | 13 jours |
| Japon | déplacement professionnel ou mobilité réduite | toute la campagne |
| Nouvelle-Zélande | « vote spécial », mais subordonné à une demande et à une déclaration, pour quiconque trouve compliqué de voter personnellement le jour du scrutin | toute la campagne |
| Norvège | tous | 18 jours |
| Suède | tous | 24 jours |
| Suisse | tous | varie selon le canton |

*Source* : Voir l'annexe C.

Toutefois, la grande lacune de la situation canadienne, c'est la dimension de la durée du vote, limitée à trois jours, alors qu'elle est beaucoup plus longue dans les autres pays. En Suisse, il appartient aux cantons de fixer cette durée, mais le gouvernement fédéral prescrit que doivent être consacrés à l'organisation de bureaux de vote par anticipation au moins 2 des 4 jours précédant immédiatement le scrutin. Dans les autres pays, elle tend à se confondre avec la période électorale, en général deux ou trois semaines. Aussi, avec ses trois jours, le Canada semble isolé. D'aucuns pourraient arguer qu'il faudrait tenir compte des quatorze jours de vote aux bureaux des directeurs de scrutin.

L'ennui, c'est qu'il est assez compliqué de se prévaloir de cette modalité. La plupart des autres pays qui ont institué ce vote admettent, pendant toute sa durée, le recours à sa modalité la plus simple.

En plus de démontrer que ce vote est moins compliqué dans les autres démocraties, la comparaison semble indiquer qu'il est l'un des points d'appui le plus sûr du processus électoral. En effet, les preuves dont nous disposons pour au moins quatre pays (Australie, Nouvelle-Zélande, Danemark et Suède) indiqueraient que ce vote contribue à l'élévation du niveau de participation électorale. Nous allons examiner brièvement la situation de chacun de ces pays.

Les preuves fournies par le cas de l'Australie où le vote est obligatoire sont peut-être les moins appropriées en termes d'enseignements à tirer, sans compter que le vaste éventail des possibilités offertes à l'électorat rend ce pays quelque peu atypique. En effet, il est le seul à admettre également le vote par correspondance et le vote hors-circonscription. Aussi n'est-il sans doute pas dénué d'intérêt, du fait même de sa pluralité de manières de voter.

Les critères souples d'admissibilité et la durée prolongée du vote par anticipation s'y traduisent par une modeste, mais appréciable, contribution à la participation électorale globale. Les données les plus récentes sur la dernière élection (mars 1990) de la Chambre des représentants publiées par la Commission électorale australienne (Australie, Australian Electoral Commission, communiqué 1990) font état d'un total de 299 926 votes par anticipation (*pre-poll*), dont, à ce qu'il semble, quelques votes d'Australiens à l'étranger, non ventilés, mais probablement peu nombreux. Une estimation prudente fixe à un quart de million les votes par anticipation sur le territoire national, soit 2,5 % du total des voix. Ce pourcentage modeste n'en est peut-être pas moins digne de mention, étant donné la pluralité des manières spéciales de voter.

Les chiffres publiés par le Bureau du directeur général du scrutin de Nouvelle-Zélande, pour l'élection de 1987, révèlent que 41 680 électeurs et électrices ont voté d'avance dans leur propre circonscription, ce qui équivaut à 2,2 % du total des voix (Nouvelle-Zélande, Chief Electoral Office, communiqué 1990). Toutefois, d'autres ont tiré parti de la possibilité de voter hors de leur district électoral; non seulement la Nouvelle-Zélande est-elle généreuse à ce chapitre, mais encore ne tient-elle pas de statistiques distinctes. Aussi ignorons-nous le total en chiffres absolus des votes par anticipation, qui sont sans doute plus nombreux. Le pourcentage précité est donc un minimum.

Au Danemark, le vote par anticipation est à toutes fins utiles universel. Peut s'en prévaloir, sans avoir à en faire la demande, quiconque prévoit être empêché de voter personnellement le jour du scrutin. En règle générale, ce vote est possible au bureau national d'inscription ouvert dans chaque municipalité au cours des trois semaines précédant le jour du scrutin. Cette durée, fixée en 1965, contraste avec la limite de trois jours en vigueur de 1953 à 1964, et avec la période de sept jours en vigueur de 1964 à 1965.

Les informations fiables dont nous disposons relativement aux nombres et aux pourcentages de votants par anticipation remontent au scrutin de 1971. Les chiffres fournis par le gouvernement (Danemark, Ministère de l'Intérieur, communiqué 1990) englobent les votes des Danois à l'étranger. Mais il vaut la peine de s'y attarder, car seule une faible proportion du total déclaré pourrait être attribuable aux deux catégories de Danois à l'étranger : les résidents à l'étranger (membres de l'administration publique fédérale, étudiants) et les personnes ayant leur résidence permanente sur le territoire national dont elles sont absentes temporairement, autrement dit en déplacement professionnel ou touristique à l'étranger. Seuls les premiers sont comptabilisés à part, mais, étant donné leur nombre restreint, certaines inductions touchant le total des votes par anticipation sur le territoire national sont possibles. Ainsi, l'élection de 1988 a donné lieu à un total de 150 835 votes par anticipation et de votes de Danois à l'étranger (4,5 % de tous les votes). Les statistiques révèlent qu'au plus 3 119 membres de l'administration publique fédérale et étudiants auraient voté à l'étranger. En supposant avec beaucoup de générosité qu'à peu près autant de Danois en déplacement à l'étranger y ont voté, nous pouvons, sans grand risque de nous tromper, estimer à 145 000 les votes par anticipation sur le territoire national, soit environ 4,25 % du total.

Le tableau 3.16 présente à l'état brut les pourcentages de votes par anticipation et de votes des Danois à l'étranger par élection pour la période de 1971 à 1990. Comme nous pouvons le voir, si ce n'était du dernier scrutin, il serait possible de soutenir qu'il y a eu un accroissement graduel de la fréquence relative du vote par anticipation au Danemark. Néanmoins, il ne faudrait pas minimiser le fait qu'un noyau non négligeable et constant de suffrages s'exercent de cette manière. Cela dit, certains pourraient tout de même s'étonner de leur petit nombre, étant donné l'assez longue durée du vote par anticipation dans ce pays et le minimum de formalités dont il s'accompagne. En outre, des pourcentages analogues s'observent dans le cas du Canada, qui est pourtant plus rigoureux. La distance à franchir pour se rendre à l'unique bureau municipal d'inscription explique peut-être en partie cette concordance.

**Tableau 3.16**
**Vote anticipé au Danemark, 1971–1990**

| Élection | % du total des voix* |
|----------|----------------------|
| 1971 | 3,1 |
| 1973 | 2,7 |
| 1975 | 2,7 |
| 1979 | 3,6 |
| 1981 | 2,9 |
| 1984 | 3,5 |
| 1987 | 5,3 |
| 1988 | 4,5 |
| 1990 | 3,5 |

*Source* : Danemark, Ministère de l'Intérieur.

*Inclut un petit nombre de votes de nationaux à l'étranger; voir l'étude.

C'est avec l'examen du cas de la Suède que nous pouvons enfin mesurer l'ampleur que peut prendre le vote par anticipation. Dans ce pays, et c'est peut-être ce qui le distingue le plus du Danemark, il suffit de se rendre au bureau de poste pour voter par anticipation. À son institution, en 1942, le système permet aux militaires, à quelques membres de la fonction publique, aux travailleurs des transports et aux personnes absentes de leur lieu de résidence le jour du scrutin de voter dans les trente jours précédant l'élection. La mise à jour de 1970 universalise le vote par anticipation, mais, cette fois, les droits électoraux doivent s'exercer dans un délai de vingt-quatre jours avant le scrutin (Suède, Administration fiscale suédoise, communiqué 1990). Le législateur n'a apporté aucune modification depuis, mais les données des élections tenues à compter de 1973 (voir le tableau 3.17) révèlent nettement l'importance initiale de ce vote, importance qui ira croissant. Ces chiffres, soulignons-le, tiennent également compte des votes hors-circonscription, mais les résultats détaillés dont nous disposons sur le scrutin de 1985 révèlent clairement que cette manière de voter représente une fraction minime du total. Pour 1985, sur 2 077 905 votes, seulement 39 073 sont des votes hors-circonscription, ce qui signifie bel et bien 36,3 % des votes par anticipation. Par conséquent, les 37,0 % dont fait état le tableau n'ont rien d'excessif. De façon générale, les données démontrent de façon non équivoque l'importance initiale du vote par anticipation, et sa croissance subséquente. Dans les années 80, plus du tiers de l'électorat suédois aura tiré régulièrement parti de ces deux modalités du vote par anticipation.

**Tableau 3.17**
**Vote anticipé en Suède, 1973–1988**

| Élection | Vote anticipé* | |
|---|---|---|
| | *N* | % du total des voix |
| 1973 | 689 940 | 13,3 |
| 1976 | 1 143 748 | 21,0 |
| 1979 | 1 466 231 | 26,8 |
| 1982 | 1 917 771 | 34,2 |
| 1985 | 2 077 905 | 37,0 |
| 1988 | 1 944 865 | 36,5 |

*Source* : Suède, Office national de la fiscalité.
*Inclut un petit nombre de votes hors-circonscription; voir l'étude.

Ce qui ajoute du poids à la signification de ces données, c'est la constance de l'admissibilité et des possibilités de vote caractérisant cette période. Nous ne pouvons soutenir que les votes par anticipation sont plus nombreux en Suède du fait d'un plus grand nombre de personnes admissibles ou d'une plus longue durée. De fait, si tant est qu'il y ait eu changement, les possibilités ont diminué avec le temps par suite de la suppression de bureaux de poste : 2 070 pour l'ensemble du pays, en 1988 comparativement à 3 383 en 1965 (Suède, Administration fiscale suédoise, communiqué 1990). En dernière analyse, c'est uniquement le volume des votes par anticipation qui rend si intéressante l'expérience suédoise, volume qui constitue une preuve patente d'une connexion positive avec la participation électorale. Bref, quand les chiffres atteignent les niveaux sensationnels qu'enregistre la Suède, quand 1 citoyen sur 3 vote d'avance, comment ne pas conclure que la participation électorale, généralement très élevée dans le pays, serait dans une certaine mesure défavorisée si le vote par anticipation n'y était pas admis ? Cela implique que ce vote compte pour quelque chose dans le taux supérieur de participation dont se flatte ce pays[20].

De façon générale, les preuves fournies par les quatre pays d'Europe du Nord et, il va sans dire, le Canada, indiquent que le vote par anticipation est l'un des points d'appui importants de l'exercice des droits électoraux. Nous sommes autorisés à penser que, faute de ce vote, les niveaux de participation baisseraient et, inversement, que sa facilitation pourrait les relever.

### Le vote par correspondance

À en juger par le Livre blanc, le Canada n'admet toujours pas le vote par correspondance (sauf pour les militaires et les membres de l'administration publique fédérale à l'étranger) et n'envisage pas de l'admettre. Il est vrai que dans les démocraties, ce mécanisme n'a pas la valeur de norme empirique du vote par anticipation. Alors que 8 pays admettent le vote par anticipation, la deuxième colonne du tableau 3.14 révèle que seulement 6 pays ont institué le vote par correspondance sur leur territoire national. Signalons que ce compte suppose une lecture très généreuse du cas du Japon, où seules peuvent en bénéficier les personnes diminuées physiquement.

Quant aux pays où le vote est obligatoire, l'Australie fait une fois de plus cavalier seul en le permettant sur une base pratiquement universelle. L'électeur ou l'électrice qui en fait la demande au moyen d'un formulaire disponible dans tout bureau de poste reçoit par retour du courrier son bulletin de vote à remplir et à retourner par la poste, à la Commission électorale, avant le jour du scrutin. Certaines personnes peuvent s'inscrire à titre de bénéficiaires d'office, s'assurant ainsi de recevoir automatiquement les formulaires requis. Qui plus est, en certaines circonstances, les électeurs handicapés peuvent recevoir automatiquement les bulletins de vote (Australie, Australian Electoral Commission s.d.).

Il est à remarquer qu'un autre pays à vote obligatoire, la Belgique, a institué ce vote en 1970, au bénéfice des électeurs et électrices qui, selon van den Berghe (1979, 9) « en raison d'une maladie ou d'une infirmité, ne pourraient se déplacer ou quitter leur lieu de travail pour voter », et y a renoncé six années plus tard « en raison des abus auxquels il aurait donné lieu », indique laconiquement l'auteur. C'est également à cause des abus que la France l'a supprimé (Georgel 1979, 100), en 1975, une trentaine d'années après l'avoir admis. Le risque de fraudes et d'abus pourrait bien sûr contribuer à expliquer l'attrait limité du vote par correspondance, sans compter les facteurs économiques (coûts).

Il n'est pas clair que les fraudes posent de graves problèmes ailleurs. Nous n'avons trouvé nulle trace de difficultés pour l'Allemagne où le vote par correspondance est pratiquement universel depuis 1957. Des sauvegardes y préviennent peut-être les délits. Les électeurs et les électrices doivent compléter leur demande de bulletin de vote devant des responsables électoraux de leur commune d'inscription. Les bulletins mis à la poste doivent « être accompagnés d'une déclaration sous serment attestant que le vote est l'expression du libre choix de l'électeur », et leur validité est ensuite « déterminée par le comité des présidents du vote par correspondance » (Sasse 1979, 65 et 66).

En Grande-Bretagne, où le vote par correspondance remonte au lendemain de la Seconde Guerre mondiale, les critères d'admissibilité se sont assouplis avec le temps. Depuis 1987, peuvent en bénéficier « toutes les personnes, y compris les vacanciers, dont on peut raisonnablement penser qu'elles ne pourront voter personnellement au bureau de vote le jour du scrutin » (Royaume-Uni, Central Office of Information 1987, 7). Les bulletins de vote, envoyés sur demande, doivent être retournés accompagnés d'une déclaration d'identité dûment certifiée. Leur comptabilisation est précédée d'un pointage de la liste électorale. Il a été difficile de trouver des preuves convaincantes de fraudes, du moins à une échelle digne de mention. Certes, la presse fait sporadiquement écho à des allégations de fraudes sans gravité ou localisées (en particulier en rapport avec l'Irlande du Nord), mais rien ne prouve que de graves abus sont commis, par suite, peut-être, de l'efficacité des sauvegardes établies.

Les preuves de l'incidence relative du vote par correspondance sont parfois difficiles à réunir. Nous n'avons rien trouvé pour la Suisse, tandis que, pour l'Allemagne, Phillips et Blackman (1975, 92) font une fois allusion au fait que ces votes comptent pour 5 % dans le total des voix, pourcentage élevé, dont les auteurs omettent de préciser la provenance. En revanche, il s'agit de l'unique manière de voter dont puisse bénéficier l'électeur allemand éloigné de son lieu de résidence. Son utilisation massive en cas d'empêchement le jour du scrutin est donc concevable.

Cela est compatible avec le cas de l'Australie qui admet plusieurs modalités de vote des absents et a par conséquent la plus faible proportion de votes par correspondance, évaluée à un quart de million ou 2,2 % du total des voix pour l'élection de la Chambre des représentants de 1990. Il s'agit là d'une estimation, faute d'une comptabilité distincte. Mais les données disponibles permettent un ajustement raisonnablement précis dont le résultat est l'estimation fournie (Australie, Australian Electoral Commission, communiqué 1990). Reconnaissons-le, l'argument selon lequel les bas niveaux de vote par correspondance pourraient s'expliquer par l'existence d'autres manières de voter pour les absents souffre de la nature incertaine des comparaisons entre les pays à vote obligatoire et ceux à vote non obligatoire. En outre, l'examen du cas de la Grande-Bretagne ne nous éclaire pas, car nous ignorons combien de sujets britanniques recourent à l'unique autre vote des absents, le vote par procuration. Aussi est-ce difficile de déterminer la proportion exacte des votants par correspondance, qui varierait de 2 à 2,5 %. Cette fourchette n'a guère varié avec le temps (Butler 1989; Royaume-Uni, Home Office, communiqué 1990).

Enfin, il faudrait mentionner quelques conclusions touchant le cas des États-Unis, qui, globalement, indiquent une corrélation entre la participation électorale et l'accès plus général au vote par correspondance. Même si les études portent sur des élections infranationales, il semble y avoir consensus quant à l'effet favorable de ce vote sur la participation électorale (Hamilton 1988; Magleby 1987; Patterson et Caldeira 1985).

### Le vote par procuration au Canada

À son institution, en 1944, le vote par procuration était réservé aux prisonniers de guerre. En 1970, le législateur a reconnu d'autres électeurs admissibles : « pêcheur, marin, prospecteur, électeur présentant une incapacité physique et étudiant à plein temps ». En 1977, il ajoute les catégories suivantes : « membre de l'équipage d'un avion, membre d'une équipe de forestiers, membre d'une équipe topographique et trappeur ». Ces individus ne pouvaient toutefois obtenir de certificat de procuration qu'en cas d'empêchement de voter par anticipation. En outre, le mandataire désigné devait être inscrit dans la même circonscription (Canada, Élections, communiqué 1990). Au total, le processus ne pèche pas par excès de simplicité. Par exemple, les étudiants doivent, dans leur demande, fournir une preuve de leur inscription à une université et, comme le signale le Livre blanc, certains électeurs ruraux doivent parcourir de grandes distances pour obtenir leur certificat.

Aussi n'y a-t-il rien d'étonnant à ce que les votes par procuration constituent une fraction minime du total des voix. De fait, il n'est pas facile de trouver des statistiques sur leur nombre. Cependant, Élections Canada a publié des renseignements sur le nombre de certificats de procuration délivrés lors d'élections récentes : 12 574, en 1972; 6 915 en 1974 et 13 400 en 1980 (Canada, Élections, communiqué 1990). À supposer, ce qui est improbable, que tous ces certificats aient donné lieu à des votes, ceux-ni ne constitueraient qu'un minime pourcentage, tout au plus de 0,07 % à 0,13 %, du total des voix.

Le Livre blanc et le projet de loi C-79 préconisent la généralisation du vote par procuration. Pourrait en bénéficier quiconque est éloigné de sa circonscription. En outre, la délivrance du certificat ne serait pas subordonnée à la production de pièces justificatives. Qui plus est, cette manière de voter serait possible jusqu'à la veille du jour du scrutin, par opposition au vendredi précédent et, point important, l'électeur mandataire serait seulement tenu d'être inscrit dans la même circonscription[21]. Ces modifications auraient sans doute favorisé un accroissement de ces votes, mais il est difficilement chiffrable.

*Le vote par procuration dans les autres démocraties*
La troisième colonne du tableau 3.14 montre que, comme pour le vote par correspondance, une poignée de pays seulement admettent le vote par procuration : en Belgique, pour les pays à vote obligatoire; en France, aux Pays-Bas, au Royaume-Uni et en Suisse, pour les démocraties à vote non obligatoire; ainsi qu'aux États-Unis où il est possible dans quelques États. Fait aisément prévisible, les pratiques nationales présentent des traits communs et des traits spécifiques. Par exemple, elles ont le plus souvent un caractère universel, quoique la Belgique exige la justification de l'éloignement du domicile aux fins d'emploi. La demande préalable, formulée par écrit, est la règle, sauf aux Pays-Bas où elle peut être présentée verbalement. En outre, le nombre de mandats dont peut disposer le mandataire est la plupart du temps limité (à deux, par exemple, en France et au Royaume-Uni, à moins, dans ce dernier pays, qu'il ne soit confié par des proches). En Belgique, il a été illimité jusqu'en 1976, mais le législateur, préoccupé de ce que certains électeurs en faisaient « collection », a modifié la loi de façon que seul un proche parent du mandant puisse voter à sa place.

Grâce à l'augmentation des catégories d'électeurs admissibles au vote par procuration, le Canada se rapproche de la position déjà occupée par les pays qui admettent cette manière de voter. Malheureusement, nous n'avons pu réunir pour aucun de ces pays des données susceptibles de déterminer la relation entre ce vote et la participation électorale. De fait, nous n'avons pu en mesurer l'incidence pour aucun d'eux. Les seules informations dont nous disposions nous ont été transmises par un membre du personnel électoral de la Belgique, qui a souligné un recul après que l'on eut limité l'émission des procurations aux proches parents du mandant.

La conjecture la plus plausible, c'est que les procédures et les formalités administratives ont sur les électeurs admissibles un effet dissuasif qui met une sourdine à l'impact sur la participation électorale. Comme pour le vote par correspondance, le risque de fraude constitue également, mais à un moindre degré, un sujet d'inquiétudes auquel s'ajoute le risque que le mandataire puisse ne pas exécuter les instructions qu'il a reçues.

## Le vote hors-circonscription

Le Canada n'a pas de mécanisme permettant aux citoyens et citoyennes de déposer leur bulletin hors de leur section de vote. Deux catégories restreintes d'électeurs peuvent néanmoins obtenir des certificats de transfert qui leur en confèrent la capacité juridique. Il s'agit des scrutateurs et des membres du personnel électoral local, des candidats et de leurs représentants. À ces catégories s'ajoutent les personnes handicapées, pour leur permettre de voter dans des bureaux de vote par anticipation avec accès de plain-pied. Outre ces cas d'exception, cette manière de voter n'a pas davantage été envisagée comme variante du vote des absents. Le Livre blanc n'en fait nulle mention.

Le refus d'accorder cette possiblité à la masse des électeurs et électrices n'est pas exclusif au Canada, comme le montre le tableau 3.14. Seulement cinq démocraties l'admettent, une où le vote est obligatoire, l'Australie, et quatre où il ne l'est pas, l'Autriche, les Pays-Bas, la Nouvelle-Zélande et la Suède. Comme toujours, les modalités varient plus ou moins selon les pays. En Autriche, ainsi que nous l'avons vu, la demande peut se faire d'avance. Il en va de même aux Pays-Bas où, de source officielle, l'informatisation du système aurait simplifié les procédures. Le vote à l'improviste est possible dans tout bureau de vote de l'État ou du territoire, en Australie; du pays, en Nouvelle-Zélande. Dans les deux cas, la signature d'une déclaration ou d'une attestation suffit.

Les informations reçues de ces pays indiquent le nombre potentiel des votes hors-circonscription. À l'élection australienne de 1990, ils se sont élevés à 646 476, soit non moins de 6,3 % du total des voix. Encore une fois, l'obligation légale du vote ne permet pas d'utiliser l'expérience australienne comme norme. Toutefois, les données relatives au cas plus approprié de la Nouvelle-Zélande ne sont pas aussi concluantes que nous l'aurions souhaité. Le vote hors-district y constitue l'une des multiples catégories de vote spécial admises, lesquelles, toutefois, ne donnent lieu à aucune ventilation. Mais cette catégorie semblerait importante et compterait donc pour beaucoup dans les 10,4 % de votes spéciaux (Nouvelle-Zélande, Royal Commission 1986, 259).

Enfin, en Suède, certains chiffres indiquent que peu d'électeurs et électrices recourent au vote hors-circonscription. Au scrutin de 1985, 39 073 s'en seraient prévalus, ce qui équivaut à tout juste 0,70 % du total des voix (Suède, Administration fiscale suédoise, communiqué 1990). Peu importe, il ne faudrait pas s'étonner que cette manière de voter ait si peu d'adeptes, étant donné l'apparente facilité avec laquelle peut s'exercer le vote par anticipation.

### Les tendances des dispositions relatives au vote des absents

L'observation qui précède révèle la nécessité d'un examen des tendances générales des dispositions relatives au vote des absents, compte tenu du chevauchement de beaucoup de mécanismes de votation institués pour satisfaire les besoins des votants. À en juger par le cas de la Suède, les possibilités générales de vote par anticipation rendent beaucoup moins nécessaire le vote hors-circonscription.

Le tableau 3.18 récapitule sous une autre forme les dispositions relatives au vote des absents admises dans chaque pays, ainsi que les niveaux moyens de participation pour les années 80. Il est tentant de vérifier l'existence d'une corrélation entre quelques tendances et la participation, mais, d'emblée, le véritable défi semble plutôt de vérifier tout bonnement l'existence d'une relation. De tous les pays où le vote est volontaire, seule la Suisse, qui a pourtant le plus bas niveau de participation de notre base de comparaison, admet non moins de trois mécanismes (vote par anticipation, vote par correspondance et vote par procuration). Toutefois, les dispositions varient beaucoup de canton à canton, et la part des plus restrictifs dans cette anomalie est difficile à déterminer. Mais il est acquis que certains facteurs systémiques sans lien avec la facilitation du vote sont d'une extrême importance dans l'abstentionnisme des Suisses. Sans les trois dispositions susmentionnées, la participation pourrait bien être moindre. Par contre, deux pays, l'Irlande et Israël, qui n'ont pas de disposition équivalente, ont des niveaux inférieurs. De tous les pays où le vote est obligatoire, seule l'Australie reconnaît trois formes de vote des absents, à l'exception du vote par procuration. Peut-être cette générosité explique-t-elle ses taux élevés de participation par rapport à ceux de l'Italie, qui n'a rien prévu. À l'élection australienne de 1990, les votes des absents ont compté globalement pour 11 % dans le total des voix (voir ci-dessous les totaux par pays).

Pour les pays à vote non obligatoire, la position modale (sept pays, huit si nous incluons le Japon) consiste à n'admettre qu'une seule forme de vote des absents, et la tendance est au vote par anticipation (Danemark, Finlande, Norvège); le Japon pourrait également figurer dans la liste, étant donné le caractère passablement restrictif de sa disposition relative au vote par correspondance. Suit le vote par procuration, admis dans deux pays si l'on tient compte des États américains qui l'ont institué. L'Allemagne et l'Autriche ne reconnaissent à leurs électeurs absents qu'un mécanisme de votation. Quatre pays où le vote n'est pas obligatoire en autorisent deux. Deux pays à très hauts niveaux de participation, la Nouvelle-Zélande et la Suède, ont institué le vote par anticipation et le vote hors-circonscription; un pays à haut niveau de participation, les Pays-Bas, admet le vote par procuration et le vote hors-circonscription, tandis que le Royaume-Uni a instauré le vote par correspondance et le vote par procuration. Il pourrait être tentant de laisser croire à un rôle déterminant du vote hors-circonscription dans ces hauts niveaux, sauf que celui-ci a manifestement peu d'adeptes en Suède. Au contraire, à en juger par la faveur qu'y connaît le vote par anticipation, il pourrait ne pas être pertinent pour ce pays.

**Tableau 3.18**
**Vote des absents et participation électorale dans 18 démocraties**

| Pays | Vote par anticipation | Vote par correspondance | Vote par procuration | Vote hors-circonscription | Participation moyenne pour les années 80 (%) |
|---|---|---|---|---|---|
| **Vote obligatoire** | | | | | |
| Australie | Oui | Oui | — | Oui | 94,3 |
| Belgique | — | — | Oui | — | 93,8 |
| Italie | — | — | — | — | 89,8 |
| **Vote non obligatoire** | | | | | |
| Allemagne | — | Oui | — | — | 87,3 |
| Autriche | — | — | — | Oui | 91,5 |
| Danemark | Oui | — | — | — | 86,1 |
| États-Unis | — | Oui | Varie | — | 52,0 |
| Finlande | Oui | — | — | — | 78,2 |
| France | — | — | Oui | — | 86,2 |
| Irlande | — | — | — | — | 74,2 |
| Israël | — | — | — | — | 79,0 |
| Japon | Oui | Oui | — | — | 71,4 |
| Norvège | Oui | — | — | — | 83,1 |
| Nouvelle-Zélande | Oui | — | — | Oui | 90,5 |
| Pays-Bas | — | — | Oui | Oui | 83,4 |
| Royaume-Uni | — | Oui | Oui | — | 74,0 |
| Suède | Oui | — | — | Oui | 89,1 |
| Suisse | Oui | Oui | Oui | — | 47,5 |

*Sources* : Voir les annexes B et C; tableau 3.5.

Ces survols sont trop superficiels pour permettre la reconnaissance précise de la relation existant entre la facilitation de l'exercice du droit du vote des absents et la participation électorale. Comme nous l'avons suggéré dans l'introduction, l'analyse des données transnationales devrait pouvoir convertir les différentes facettes des dispositions propres à favoriser le vote en classements ou en indicateurs communs. Mais ces données ne sont ni assez précises ni assez complètes pour rendre cela possible. Aussi, n'avons-nous mieux à faire que de vérifier si les pays particulièrement généreux en matière de vote des absents ont des niveaux de participation supérieurs, au moyen d'un test tenant compte des facteurs qui jouent un rôle crucial dans l'explication des écarts transnationaux de participation, autrement dit des facteurs macro-institutionnels analysés dans la partie précédente.

Pour ce faire, l'Australie, la Nouvelle-Zélande et la Suède ont été retenues. Ces trois pays sont relativement souples en matière de vote des absents et peuvent prouver qu'un certain nombre de leurs citoyens et citoyennes recourent aux dispositions admises. Nous avons introduit les variables fictives correspondantes dans les équations de régression représentant les deux modèles privilégiés dans l'analyse susévoquée. L'une, on s'en souviendra, utilise les types de scrutin comme variables indépendantes; la seconde leur substitue la mesure de la disproportionnalité dans les suffrages.

Les résultats des deux modèles font l'objet du tableau 3.19. Étant donné le petit nombre de degrés de liberté dans l'analyse statistique et l'hypothèse que les facteurs macroinstitutionnels soient les principaux déterminants des variations dans la participation électorale, les résultats ne manquent pas d'intérêt. Non seulement le coefficient pour la Nouvelle-Zélande est-il positif dans les deux modèles, mais il frappe par son élévation et parvient aisément à la signification statistique. Pour le modèle intégrant les variables types de scrutin, le coefficient de régression, de non moins de 20,17, est le plus élevé de tous, sauf celui de la Suisse. Le même phénomène s'observe dans l'autre modèle (16,95). Le résultat reflète sans doute d'autres facettes spécifiques de la situation de la Nouvelle-Zélande, peut-être sa culture de participation électorale ou ses fortes liaisons partis-groupes sociaux, mais ce qu'il est tentant et non complètement déraisonnable d'envisager, c'est la perspective que ce résultat soit en parti déterminé par l'approche particulièrement souple du pays en matière de vote des absents.

Pour la Suède, le résultat, moins spectaculaire, est malgré tout d'un intérêt considérable. Ses coefficients sont également positifs dans les deux modèles, ce qui indique un taux de participation de six à huit points supérieur à un taux basé sur les effets des forces macroinstitutionnelles, mais ces coefficients n'atteignent pas les niveaux habituels de signification statistique. Néanmoins, un coefficient (7,97) s'en approche. Le résultat est digne de mention étant donné le grand nombre de variables de l'équation. Pour l'Australie, les coefficients varient dans les deux équations, encore que, pour être affectés des signes prévus (positifs), ils restent en deçà des niveaux classiques de signification statistique.

Tableau 3.19
**Modèles de régression de la participation électorale et des caractères institutionnels comportant des variables fictives supplémentaires, années 80**

| Variables indépendantes | (1) | (2) |
|---|---|---|
| Vote obligatoire | 10,02 (4,20/,044) | 13,93 (4,28/,010) |
| Variable fictive pour la Suisse | -40,40 (5,51/,001) | -33,81 (5,73/,001) |
| Monocaméralisme | -0,22 (1,11/,850) | 1,10 (1,13/,350) |
| Fédéralisme | 5,90 (3,15/,099) | 6,32 (3,41/,096) |
| Système à majorité simple | -10,80 (3,15/,009) | — |
| Système à majorité absolue | -11,57 (4,76/,014) | — |
| Disproportionnalité | — | -0,66 (0,22/,013) |
| Variable fictive pour l'Australie | 7,95 (7,94/,346) | 2,43 (6,87/,732) |
| Variable fictive pour la Suède | 7,97 (4,68/,127) | 6,29 (5,23/,261) |
| Variable fictive pour la Nouvelle-Zélande | 20,17 (5,48/,006) | 16,95 (5,50/,013) |
| Constante | 82,00 | 80,45 |
| $R^2$ | ,94 | ,91 |
| F-ratio | 12,92 | 11,70 |
| (N =18) | | |

*Note* : Il s'agit de coefficients de régression non standardisés; les erreurs standard et les niveaux de signification statistique figurent entre parenthèses.

Il convient également de relever quelques autres aspects des résultats, dont l'augmentation considérable de la variation expliquée dans la participation, que provoque l'addition de trois variables fictives (voir le tableau 3.10), sans compter les résultats, supérieurs pour les variables types de scrutin, mais décidément inférieurs pour la mesure du monocaméralisme, qui s'avèrent tout particulièrement fascinants. Ils impliquent quelques aspects complexes qui exigeraient notamment un retour sur certains éléments du débat concernant les effets macroinstitutionnels examinés dans la partie précédente. Nous nous contenterons de signaler que cette analyse statistique supplémentaire, pour être modeste et de portée restreinte, apporte des preuves tout au moins compatibles avec l'idée de l'efficacité, en termes d'élévation des niveaux de participation électorale, des dispositions libérales relatives au vote des absents admises dans quelques pays. Ajoutées aux arguments logiques développés à l'appui de cette relation et aux données de l'étude de cas déjà analysées, ces preuves confèrent encore un peu plus de crédibilité à l'influence positive qu'auraient sur la participation électorale des réformes propres à faciliter le vote.

Que des réformes aient le potentiel d'augmenter la participation revêt une importance toute particulière pour les dispositions propres à faciliter le vote des absents, car la fraction visée de l'électorat est considérable. Les décisions doivent toutefois tenir compte de quelques dimensions pratiques, tout particulièrement financières, que nous n'avons pas envisagées ici. Il ressort également de la présente analyse comparative que le Canada, avec ses deux mécanismes de votation pour les absents, est proche de la norme démocratique. Mais il est non moins vrai que d'autres pays tendent à permettre un usage plus généreux des mécanismes mis à leur disposition.

## Recommandations relatives au vote par anticipation

La première recommandation vise l'accroissement des possibilités de vote par anticipation, bien au-delà de ce qu'envisagent le Livre blanc et le projet de loi C-79. Le point crucial n'est pas ici la détermination des catégories d'électeurs admissibles. À cet égard, les partisans d'une réforme favorable à la généralisation de cette manière de voter sont bien en selle, et tendent vers les dispositions admises dans la plupart des pays. La question se résume aux possibilités ménagées à l'électeur et à l'électrice. La durée du vote par anticipation, actuellement limitée à trois jours, est restrictive et ne fait l'objet d'aucune prolongation dans le projet de loi C-79. Le vote au bureau du directeur du scrutin et les modifications envisagées sont certes souhaitables, ainsi que la durée de quatorze jours préconisée pour cette forme de vote par anticipation. Mais celle-ci se présente surtout comme une solution de rechange. Aussi, elle n'a probablement pas la légitimité du vote par anticipation classique. En effet, même le projet de loi C-79 oblige le votant potentiel à attester par écrit son impossibilité de voter autrement. En outre, les réformes envisagées ne prévoient pas la prolongation du vote au bureau du directeur du scrutin.

Tout en reconnaissant qu'il en coûterait moins d'augmenter le nombre des heures de vote chez ce dernier que le nombre des jours de vote par anticipation (à cause, sans doute, de la présence permanente du personnel électoral), la thèse opposée veut que le coût de l'empêchement de voter soit encore plus élevé en termes de nombre d'électeurs. Il faudrait donc augmenter la durée de ce vote, mais il est difficile d'en préciser le nombre souhaitable de jours. La norme transnationale serait de trois semaines.

Les arguments en faveur de la limitation de la durée du vote par anticipation ou, mieux, du nombre d'électeurs admissibles, ne manquent pas. L'un est propre aux partis politiques qui auraient fort à faire pour étaler leurs activités de sollicitation des votes, actuellement axées sur un seul jour de scrutin. Il en serait de même pour leurs campagnes de publicité. Le second veut que la « libéralisation du vote par anticipation diminue, aux yeux de beaucoup de votants, l'importance intrinsèque du vote » (Nouvelle-Zélande, Royal Commission 1986, 261) et porte atteinte à la légitimité du jour normal de scrutin. Certaines de ces réserves sont loin d'être futiles, mais il reste que d'autres pays où le vote par anticipation est élevé ne semblent pas avoir de problèmes à cet égard.

De toute façon, l'effet recherché n'est pas de détourner la masse des électeurs et électrices du vote personnel le jour normal du scrutin, mais de permettre à quiconque en serait vraisemblablement empêché d'exercer quand même son droit de vote. Nous avons fortement l'impression que peu de pays rivaliseraient avec la Suède à ce chapitre. Mais même des taux avoisinant simplement 10 % seraient significatifs. En outre, à l'élévation des niveaux de vote par anticipation correspondrait sans doute la participation accrue d'électeurs autrement peu enclins à exercer leur droit. En d'autres termes, lorsque les possibilités de vote par anticipation sont optimales, lorsque leur généralisation se traduit par une augmentation du nombre des voix, il est probable que beaucoup de personnes démunies, présumément abstentionnistes, se trouvent attirées dans l'arène politique.

Il est recommandé que soit prolongée de plusieurs semaines la durée du vote par anticipation classique.

Il est également recommandé d'étudier la possibilité d'imiter la Suède où les bureaux de poste sont utilisés comme bureaux de vote par anticipation. Faute d'un approfondissement de la recherche, en particulier, sur les besoins en personnel et le coût global du vote (y compris l'inclusion dans le réseau des bureaux de poste exploités en franchise), il est impossible d'apprécier les conséquences de l'idée avancée. Mais celle-ci est suffisamment prometteuse (abaissement du coût global des opérations électorales et accroissement des possibilités de vote) pour qu'on s'y attarde.

Il est recommandé que soit étudiée la possibilité d'utiliser les bureaux de poste comme bureaux de vote par anticipation.

### Recommandations relatives à d'autres formes de vote des absents

De nombreuses possibilités de vote par anticipation rendraient moins nécessaire l'institution d'autres mécanismes de votation. Qui plus est, ce vote personnel diminue le risque de fraude associé au vote par correspondance ou au vote par procuration. Cela dit, il faudrait à coup sûr admettre d'autres formes de vote pour certaines catégories de citoyens incapables de se prévaloir des possibilités précitées, telles les personnes âgées et les malades à domicile qui ne peuvent le quitter pour se rendre au bureau de vote, ainsi que les électeurs éloignés de leur circonscription pendant toute la durée du vote par anticipation, si longue soit-elle. (Il serait même possible d'envisager une autre catégorie, si le jour du scrutin était toujours un dimanche ainsi que nous le recommandons plus loin. Les électeurs opposés au vote un jour saint pourraient bénéficier du vote par anticipation dans un bureau à cet effet ou par correspondance.)

Le mieux serait sans doute d'instaurer, de façon limitée, une forme de vote par correspondance pour ces catégories d'électeurs et électrices. L'objectif visé étant la facilitation de la participation électorale, les données comparatives et peut-être aussi l'expérience du Canada en matière de vote par procuration indiquent que les procédures moins compliquées du vote par correspondance découragent moins de votants. Au surplus, certaines personnes pourraient ne pas être en mesure de désigner un mandataire inscrit dans la circonscription prescrite, sans compter l'inquiétude lancinante que le vote ne soit pas conforme aux instructions données. Un risque de fraude est également associé au vote par correspondance, mais il peut être évité par des sauvegardes appropriées, par exemple la simple signature d'une déclaration, ce qui se fait déjà apparemment avec succès dans quelques pays.

Il incomberait vraisemblablement aux malades et aux personnes âgées de faire la demande des pièces voulues (probablement par le biais d'un système à double enveloppe) à un moment donné de la campagne et de les retourner par la poste pour le jour indiqué[22]. Les électeurs et électrices que l'éloignement de leur circonscription d'inscription empêche de voter par anticipation devraient également être habilités à se procurer auprès du personnel électoral local un bulletin de vote qu'ils devraient accompagner d'une déclaration d'électorat et d'incapacité de voter en personne.

La date limite de retour des bulletins pourrait être fixée à quelques jours après l'élection (l'oblitération de la poste faisant foi de leur expédition le jour du scrutin au plus tard). Quelques pays admettent déjà ce *modus operandi*. Les électeurs et électrices en déplacement imprévu pourraient aussi demander et retourner par courrier au personnel électoral de leur circonscription les pièces voulues. Avant de comptabiliser le vote, le personnel pourrait scruter toute déclaration signée en bonne et due forme et s'assurer que l'individu est inscrit sur la liste électorale. Comme le dépouillement de la plupart des votes aurait lieu le jour du scrutin, il est peu probable que ces bulletins tardifs influent sur l'issue du scrutin dans la plupart des circonscriptions.

Cette manière de faire peut sembler un peu compliquée, mais elle permet l'économie des dispositions prises par d'autres pays pour assurer le vote hors-circonscription, et notamment la tenue d'une liste permanente des électeurs. La formule proposée a l'avantage de n'ajouter au vote par anticipation qu'un seul mécanisme de votation, quoique limité, le vote par correspondance, pour accommoder les électeurs absents.

Il est recommandé que soit admise, au bénéfice de quiconque est empêché de voter personnellement, une forme limitée de vote par correspondance.

### L'adoption d'un nouveau jour ordinaire du scrutin

Il y a tout lieu de croire que ces recommandations susciteront dans maintes catégories d'électeurs canadiens, y compris les franges les plus démunies de la population, une participation accrue au scrutin. Cependant, nous ne savons au juste combien de ces personnes pourront surmonter les contraintes intellectuelles et bureaucratiques, si minimes soient-elles, dont sont assorties les dispositions proposées. En effet, il n'est pas impossible que l'écart de participation se creuse davantage, advenant l'utilisation massive des possibilités offertes par les bien nantis. C'est l'une des raisons pour lesquelles l'analyse porte sur des réformes propres à faciliter la participation au scrutin de la population en général, y compris du grand nombre de personnes économiquement faibles, peu portées au départ à aller aux urnes.

Une réforme d'importance concerne le jour du scrutin et, répétons-le, la durée en heures du vote. Au Canada, les élections générales, qui ne durent qu'un jour, se tiennent normalement un lundi (ou un mardi, si le lundi est un jour férié), et les bureaux de vote sont ouverts onze heures d'affilée, de 9 h à 20 h. Cette pratique courante semble demeurer acceptable, car ni le Livre blanc ni le projet de loi C-79 n'en prévoit la modification.

Le tableau 3.20 présente la durée en jours et en heures du vote dans les 18 autres démocraties. Les variations de nation à nation dans le nombre d'heures réservées au vote sont frappantes. La Belgique n'accorde que cinq heures alors que l'Italie ouvre ses bureaux de vote durant vingt-trois heures étalées sur deux jours, ce qui nous donne deux perspectives diamétralement opposées quant aux possibilités offertes dans les systèmes à vote obligatoire. Dans les pays où le vote est volontaire, les variations sont également considérables, quoique de moindre amplitude. Elles oscillent entre dix heures dans certains pays et dix-neuf heures étalées sur deux jours en Finlande. Si nous excluons les États-Unis, la moyenne avoisine douze heures. Les onze heures qu'accorde le Canada à ses citoyens sont donc très proches de la norme démocratique.

**Tableau 3.20**
**Heures et jour(s) du scrutin dans 18 démocraties**

| Pays | Jour(s) | Heures |
|---|---|---|
| Vote obligatoire | | |
| Australie | Samedi | 10 |
| Belgique | Dimanche | 5 |
| Italie | Dimanche et lundi | 23 |
| Vote non obligatoire | | |
| Allemagne | Dimanche | 10 |
| Autriche | Dimanche | 10 |
| Danemark | Mardi | 11 |
| États-Unis | Mardi | Varie |
| Finlande | Dimanche et lundi | 19 |
| France | Dimanche | 10–12 |
| Irlande | Mardi | 12 |
| Israël | Jour férié | 14 |
| Japon | Dimanche | 11–13 |
| Norvège | Dimanche et lundi | Au moins 10 |
| Nouvelle-Zélande | Samedi | 10 |
| Pays-Bas | Mercredi | 11 |
| Royaume-Uni | Jeudi | 15 |
| Suède | Dimanche | 12 |
| Suisse | Dimanche | 12 |

*Source* : Voir l'annexe C.

Le fait intéressant, toutefois, c'est l'absence apparente de relation entre des taux élevés de participation électorale et le grand nombre d'heures d'ouverture des bureaux de vote. En effet, pour tous les pays à vote non obligatoire, sauf le Canada, la corrélation est légèrement négative. Il s'agit probablement d'une relation fortuite, car il est difficile de soutenir que des possibilités accrues de voter dissuadent les électeurs et électrices de ce faire. Par contre, elle est loin de convaincre que l'augmentation des heures de vote pourrait élever les niveaux de participation. Mieux vaudrait examiner d'autres caractéristiques du jour du scrutin.

Comme l'indique le tableau 3.20, le jour unique de scrutin adopté au Canada est la règle à l'échelle transnationale. Le vote ne dure effectivement qu'un jour dans 15 des 18 autres démocraties et dans 13 des 15 pays où le vote est non obligatoire. Toutefois, le cas de notre pays s'écarte de la norme à un double et important égard. D'abord, dans la plupart des pays, y compris les pays à vote non obligatoire, le jour du scrutin est toujours un jour de repos (ou un jour de repos et un jour ouvrable). Ensuite, dans les cinq pays où on vote en semaine, le jour retenu n'est jamais le lundi. Il est toujours un mardi au Danemark, aux États-Unis et en Irlande; toujours un mercredi aux Pays-Bas; et toujours un jeudi au Royaume-Uni.

La première recommandation doit favoriser la tenue du scrutin un dimanche, mais certains pourraient estimer que l'institution du vote en semaine par cinq démocraties milite en faveur d'un changement moins radical, c'est-à-dire de l'adoption du mardi, du mercredi ou du jeudi. Aucun auteur ne semble avoir supputé l'existence d'une connexion avec l'élévation de la participation électorale. La variation n'est pas non plus suffisante pour justifier une analyse empirique, le Canada faisant cavalier seul, sans compter que les niveaux de participation accusent des hauts et des bas dans les cinq autres pays. Néanmoins, il se pourrait que le choix du lundi soit préjudiciable à la participation électorale chez nous, des votants potentiels pouvant profiter de l'occasion pour prolonger le week-end, peut-être en s'accordant une journée entière de congé au lieu des quatre heures auxquelles ils ont droit.

Outre cette possibilité, la recommandation la plus significative tient à ce que font la plupart des autres démocraties, à savoir tenir le scrutin un jour de repos. Cette pratique est, et de très loin, la norme démocratique. Des 15 pays où le scrutin dure un seul jour, 10 le tiennent un jour de repos (un dimanche dans sept cas); des 13 pays du sous-ensemble où le vote n'est pas obligatoire, 8 ont adopté un jour de repos. On peut évidemment ajouter les trois pays où on vote un dimanche et un lundi. En tout, 13 démocraties appellent leurs citoyens et citoyennes aux urnes un jour de repos.

Mais le choix de ce jour accroît-il la participation électorale ? Les tenants s'appuieraient sans doute massivement sur le fait que l'électorat disposerait de plus de temps pour aller voter. La chose serait particulièrement vraie pour la grande majorité de la population active, en congé ce jour-là. Les familles pourraient plus aisément faire le nécessaire pour que leurs membres adultes se rendent aux urnes : la garde des enfants et l'accompagnement des aînés au bureau de vote s'en trouveraient sans doute facilités. De façon générale, le dimanche réserve aux votants suffisamment de temps et d'occasions de faire l'économie de ce qui pourrait constituer les *coûts* du vote, dissuasifs pour une fraction de l'électorat.

L'expérience d'autres démocraties nous fournit la preuve d'une incontestable connexion empirique entre le scrutin un jour de repos et de hauts niveaux de participation. Le tableau 3.21 illustre, pour les années 80, les relations observées dans différents sous-ensembles, excluant chaque fois le Canada. Le scrutin a lieu un dimanche dans les trois pays à vote obligatoire, si bien que le taux de 92,6 % n'est inscrit dans cette colonne que par souci d'exhaustivité. Quant aux pays à vote non obligatoire, la première ligne donne les moyennes globales pour les cinq pays où le scrutin se tient un jour ouvrable, puis pour les 10 où il a lieu un jour de repos. Pour le premier groupe, le taux de 73,9 % est relativement faible contre un taux élevé de 80,4 % pour le second, soit une différence marquée de 6,5 points. Le coefficient de Pearson correspondant est de 0,24. Un écart sensible subsiste, même si nous ne tenons pas compte des cas américain et suisse, susceptibles d'êtres jugés anormaux. La deuxième rangée fait état de la remontée des moyennes pour les deux catégories après exclusion de ces deux pays, mais il subsiste une différence de 4,6 % (et, fait intéressant, un coefficient de corrélation de 0,33). De toute façon, les taux de participation semblent supérieurs dans les pays où le scrutin se tient un jour de repos.

On pourrait à juste titre se demander si ces écarts sont attribuables à d'autres facteurs systémiques. En particulier, certains lecteurs pourraient observer que le scrutin majoritaire est un peu plus répandu dans les pays où le scrutin se tient un jour ouvrable. Pour les 15 pays où le vote n'est pas obligatoire, le coefficient de corrélation entre le scrutin à majorité simple et sa tenue un jour ouvrable est de +0,21. Comme les données indiquent déjà une moindre participation dans les systèmes majoritaires, il se peut que la relation entre la tenue du scrutin un jour de repos et la hausse de la participation électorale soit due à l'impact des types de scrutin. Pourtant, il ne semble pas en être ainsi. Pour les 15 pays, une analyse de corrélation partielle comportant des contrôles pour les types de scrutin donne un coefficient un tout petit peu moins élevé : 0,17 contre 0,24. Pour le sous-ensemble des 13 pays, il demeure inchangé : 0,33. Il semble donc y avoir une association tout au moins modeste entre la tenue du scrutin un jour de repos et la hausse de la participation électorale[23].

**Tableau 3.21**
**Relation entre le jour du scrutin et la participation dans les années 80**

| | Pays à vote non obligatoire | | Pays à vote obligatoire |
|---|---|---|---|
| | Jour ouvrable | Jour de repos | Jour de repos |
| 15 démocraties[a] | 73,9 | 80,4 | |
| N | (5) | (10) | |
| | | | 92,6 |
| | | | (N = 3) |
| 13 démocraties[b] | 79,4 | 84,0 | |
| N | (4) | (9) | |

*Sources* : Voir l'annexe C; tableau 3.5.

*Note* : Il s'agit de taux transnationaux moyens basés sur la participation moyenne pour les années 80.

[a]Pays où le vote n'est pas obligatoire, sauf le Canada.

[b]Pays où le vote n'est pas obligatoire, sauf le Canada, la Suisse et les États-Unis.

## Recommandation relative à la tenue du scrutin un jour de repos

Aux élections fédérales canadiennes, le jour du scrutin devrait toujours être un jour de repos, de préférence un dimanche. Ce changement contribuerait sans doute à accroître la participation électorale en général et à réduire l'écart de participation (ou peut-être à en empêcher l'agrandissement sous l'effet d'autres réformes et recommandations favorables aux bien nantis). Le fait que, dans la plupart des pays, y compris des pays de culture religieuse différente, le jour du scrutin soit toujours un jour de repos pourrait être invoqué à l'appui de la décision et à la réfutation des objections qu'elle ne manquera pas de soulever. Le gouvernement fédéral aurait assurément à prendre sur lui de promouvoir et d'expliquer ce changement. L'accroissement de la participation électorale qui en résulterait vraisemblablement en vaut la peine.

En prévision de problèmes plus précis, les personnes appelées à travailler le dimanche devraient toujours disposer de quatre heures pour aller voter. Quant aux personnes réfractaires au vote un jour saint, le vote des absents (par anticipation ou, peut-être, par correspondance) pourrait constituer une solution de rechange intéressante.

Il est recommandé que, pour les élections générales au Canada, le jour du scrutin soit toujours un dimanche.

## Le vote des nationaux à l'étranger

Le vote des nationaux à l'étranger vise les citoyens et citoyennes en déplacement à l'étranger et les citoyens résidant à l'étranger. L'analyse qui suit concerne en majeure partie ce dernier groupe, bien que certaines observations puissent également s'appliquer au premier.

### Les citoyens résidant à l'étranger : analyse et recommandation

Le Canada envisage depuis un certain temps de reconnaître à tous ses citoyens établis à l'étranger le droit de vote, droit d'ores et déjà acquis aux membres des Forces armées et aux agents du ministère des Affaires extérieures. Ce changement de cap a été généralement bien accueilli, car il mettrait fin à la violation du principe de l'égalité des citoyens. Si l'institution du vote des Canadiens à l'étranger devait attendre la prochaine élection, le gouvernement continuera sans nul doute d'être l'objet d'une publicité gênante, comme cela a été le cas lors du dernier scrutin où des étudiants, tout particulièrement, se sont plaints avec véhémence de la privation de leurs droits de vote.

Le Comité permanent des privilèges et élections a déjà recommandé, en juin 1981 et en juin 1984, une modification de la *Loi électorale du Canada* pour garantir le droit de voter aux résidents canadiens à l'étranger. Cette réforme que préconisent également le Livre blanc et le projet de loi C-79 concorde parfaitement avec une disposition commune aux autres pays démocratiques. En effet, nulle autre disposition propre à faciliter le vote n'est aussi répandue. Sur 18 démocraties, 12 l'admettent. Elle a un caractère particulièrement général dans les pays à vote non obligatoire. Les deux tiers la permettent, comme le montre le tableau 3.22, le dernier à ce faire étant l'Autriche qui l'a institué peu avant l'élection de 1990, pour obtempérer à une décision judiciaire déclarant inconstitutionnelle l'absence de disposition autorisant le vote des Autrichiens à l'étranger. Ce cas ne fait cependant que confirmer un mouvement déjà bien amorcé. Ainsi, depuis 1980, au Danemark, le vote à l'étranger, auparavant réservé aux seuls agents du service extérieur, est maintenant acquis aux étudiants et aux nationaux installés à l'étranger pour cause de maladie. Les Pays-Bas en font bénéficier tous leurs citoyens résidant à l'étranger depuis 1983; l'Allemagne, depuis 1985; et le Royaume-Uni, depuis 1987. En outre, les Suisses envisagent sérieusement l'institution d'un tel système.

Alors, non seulement le vote des nationaux à l'étranger est-il une réalité dans un grand nombre de pays, mais la revendication croissante de son adoption indique qu'il est en passe de devenir un caractère important de la vie démocratique. Le Canada serait avisé de donner suite à la réforme envisagée.

Les critères de détermination des catégories d'électeurs admissibles ne sont pas uniformes, en particulier quant à la durée de la non-résidence autorisée. Des tendances générales sont toutefois discernables. Dans la plupart des démocraties (Allemagne, Australie, Danemark, Norvège, Nouvelle-Zélande, Royaume-Uni, Suède) le droit de vote est réservé à quiconque a vécu à un moment donné sur le territoire national ou y a été inscrit sur une liste électorale. Dans la majorité d'entre elles (Autriche, États-Unis, Finlande, France, Norvège, Pays-Bas et Suède), aucune durée de résidence à l'étranger n'est déterminée, alors que dans certaines autres, elle varie entre vingt ans (Royaume-Uni) et trois ans (Nouvelle-Zélande). Nous n'avons pu savoir si chaque pays exige d'être informé de l'intention de rentrer au pays. Cette règle semble toutefois peu répandue. Le Royaume-Uni y a renoncé en 1990. Seule fait encore exception l'Australie.

**Tableau 3.22**
**Vote des résidents à l'étranger pour 18 démocraties**

| Pays | Vote des résidents à l'étranger |
|------|---------------------------------|
| **Vote obligatoire** | |
| Australie | Oui |
| Belgique | Non |
| Italie | Non |
| **Vote non obligatoire** | |
| Allemagne | Oui |
| Autriche | Oui |
| Danemark | Oui |
| États-Unis | Oui |
| Finlande | Oui |
| France | Oui |
| Irlande | Non |
| Israël | Non |
| Japon | Non |
| Norvège | Oui |
| Nouvelle-Zélande | Oui |
| Pays-Bas | Oui |
| Royaume-Uni | Oui |
| Suède | Oui |
| Suisse | Non |

*Source* : Voir l'annexe C.

Quant aux critères de détermination des catégories d'électeurs admissibles, souplesse et rigueur sont également défendables. Par exemple, un régime des plus libéral, se fondant sans doute sur le principe absolu de l'égalité des citoyens, n'imposerait pas de condition de résidence ni n'exigerait de preuve de l'attachement au pays par voie d'une attestation de l'intention d'y revenir. Le critère décisif serait la simple possession de la citoyenneté, non la parfaite concordance de la citoyenneté et de l'itinéraire personnel ou des intentions relatives à la résidence.

Mais l'inverse est également valable. À preuve cette objection soulevée par le député Jacques Guilbault lors du débat en deuxième lecture du projet de loi C-79 :

> Certaines personnes ont la citoyenneté canadienne simplement parce qu'elles sont nées au Canada. Elles ont pu quitter le pays à l'âge de quelques mois et n'y avoir jamais vécu depuis [...]. Je ne trouve pas juste que quelqu'un qui n'est pas vraiment un Canadien, même s'il a la citoyenneté canadienne, ait le droit de vote. (Canada, Chambre des Communes, Débats 1988, 13 817.)

La crainte que des Canadiens à l'étranger puissent n'éprouver ni attachement ni compréhension pour le pays et sa vie politique se manifeste par des réserves quant à l'indétermination de la durée de résidence hors du territoire national. Dans son rapport de 1989, l'ex-directeur général des élections, Jean-Marc Hamel, préconise un plafond afin que puissent exercer leur droit de vote seulement les Canadiens et Canadiennes qui participent et s'intéressent activement aux affaires du Canada (Canada, Élections 1989, 27). Selon lui, cinq ans constituerait un délai acceptable pour que la rupture soit consommée.

C'était également l'avis du Comité permanent des privilèges et élections en 1981 et en 1984. Par contre, le Livre blanc recommande sans plus de justification que ne soit déterminée aucune durée, recommandation que suit effectivement le projet de loi C-79. Toutefois, le respect d'autres obligations assurerait que l'admissibilité au vote à l'étranger découle d'une sorte de lien avec le Canada. Citons à cet égard la résidence antérieure en territoire national, jugée contestable par le député Guilbault, et l'intention de rentrer au pays.

Nous avons signalé que l'indétermination de la durée de la résidence à l'étranger est de règle dans une faible majorité de démocraties admettant le vote de leurs nationaux à l'étranger. Parmi les six autres, les prescriptions sont des plus variables. Le Royaume-Uni autorise une non-résidence de vingt ans, encore que, signalons-le, l'inscription annuelle soit obligatoire. Le Danemark accepte une non-résidence de douze à treize ans; l'Allemagne, de dix, sauf si le pays d'adoption est un État membre du Conseil de l'Europe; l'Australie, de quatre maximum et la Nouvelle-Zélande de trois.

Aussi le Canada suivrait-il la norme démocratique en ne fixant aucune durée, même si le caractère empirique du standard laisse quelque peu à désirer. De toute façon, la nature de la procédure d'inscription assurerait que l'admissibilité au vote à l'étranger soit tributaire de l'intérêt permanent pour la réalité politique canadienne. En particulier, l'exercice du droit de vote serait subordonné à l'inscription préalable auprès du directeur général des élections, à la demande de l'électeur ou de l'électrice. Qui plus est, pour éviter la radiation, il serait probablement nécessaire de répondre à une demande annuelle de renseignements réitérant probablement l'intention de revenir au pays.

L'inscription est universellement exigée, il va sans dire, mais il est difficile d'en tirer des enseignements applicables au cas du Canada. Il existe une grande variabilité des procédures et, surtout, en maints pays, une indissociabilité des systèmes d'inscription et de vote en territoire national. Nous avons vu, toutefois, que le Royaume-Uni exige l'inscription annuelle, ce qui, par comparaison, pourrait justifier le parti envisagé par le Canada à cet égard.

Les démocraties n'ont pas davantage de mécanisme commun de vote. Selon le projet de loi C-79, l'électeur ou l'électrice recevrait les pièces voulues (système de la double enveloppe) avant le 28e jour précédant le jour ordinaire du scrutin, et serait responsable de faire le nécessaire pour qu'elles parviennent chez le directeur général des élections, avant 9h00, le jour du scrutin. Elles pourraient être acheminées par correspondance ou remises à une ambassade ou à un consulat. Parmi les autres pays, quatre (Allemagne, Australie, États-Unis et Pays-Bas) admettent le vote par correspondance : deux (Australie et Nouvelle-Zélande), le vote par correspondance et le vote dans une ambassade ou un consulat; quatre (Danemark, Finlande, Norvège et Suède), le vote dans une ambassade ou un consulat; et deux (France et Royaume-Uni) le vote par procuration[24]. Il semblerait qu'en envisageant le vote par correspondance et le vote dans une ambassade ou un consulat, le Canada se montrerait plus généreux que la plupart des autres pays.

Les données transnationales indiquent que, quelles que soient les dispositions, la contribution des nationaux à l'étranger à la participation électorale globale est marginale. Que la simplicité ou la complexité des procédures d'inscription aient ou non un rapport avec le nombre des voix, l'indifférence est probablement l'explication la plus plausible de l'abstentionnisme massif observé.

Les chiffres potentiels laissent songeurs. L'ambassade d'Autriche (communiqué 1990) estime à environ 400 000 les Autrichiens à l'étranger. Pourtant, 39 000 à peine ont voté à l'élection de 1990. Les porte-parole des Pays-Bas évaluent à quelque 650 000 les non-résidents ou les touristes hollandais à l'étranger, dont 550 000 seraient électeurs s'ils étaient inscrits. Pourtant, les inscriptions préalables à la consultation de 1989 se sont limitées à 23 598 (Pays-Bas, Ministerie van Binnenlandse Zaken, communiqué 1991). L'écart est encore plus grand dans d'autres pays tels que le Royaume-Uni, les Britanniques à l'étranger étant estimés à 2,25 millions (à l'exclusion des agents du service extérieur). Malgré tout, au scrutin de 1987, les inscriptions n'ont pas dépassé 11 000 à 12 000 (Royaume-Uni, Home Office, communiqué 1990).

Or, pourrait-on faire valoir, il y a des explications aux bas niveaux d'inscription et de vote dans ces pays. Après tout, le vote des Autrichiens et des Britanniques à l'étranger est récent (1990 et 1987 respectivement), sans compter le système passablement complexe des Hollandais. Cependant, les tendances ne diffèrent guère dans d'autres pays qui ont des systèmes éprouvés et des procédures d'inscription simplifiées. Par exemple, la procédure suédoise date de l'élection de 1970. Le tableau 3.23 fournit des données pertinentes. Malgré leur modestie en chiffres absolus, une étude datant de 1975 évalue à 75 000 les Suédois à l'étranger potentiellement admissibles au vote (Suède, Administration fiscale suédoise, communiqué 1990). Le rapprochement avec les 7 096 inscrits à l'élection de 1976 établit le taux d'inscription à 10 %. Rien n'atteste d'une élévation spectaculaire au fil du temps. En revanche, le tableau révèle une diminution de la proportion des inscrits qui votent effectivement.

Les données les plus sûres sur les niveaux de vote des nationaux à l'étranger proviennent de la Finlande. Non seulement ce pays tient-il une comptabilité distincte des votes à l'étranger à ses législatives, mais aussi un registre des Finlandais à l'étranger (qui bénéficient *ipso facto* de l'inscription électorale). Aussi connaissons-nous avec passablement de précision la proportion d'électeurs votants parmi eux. Comme dans le cas de la Suède, les taux sont bas et, qui plus est, en régression : 7,1 % sur un total de 305 972 électeurs admissibles, en 1975; 6,7 % sur un total de 306 175, en 1979; 6,7 % sur un total de 281 691 en 1983; et 5,8 % sur un total de 247 378, en 1987 (Finlande, Ambassade de Finlande, communiqué 1991). La conclusion à tirer est probablement que l'attachement au pays et l'intérêt pour sa politique diminuent avec le temps chez les résidents finlandais à l'étranger. Le fait que les inscriptions aillent diminuant (le registre de 1991 en compte seulement 228 826) est probablement révélateur de naturalisations. Les données finlandaises et suédoises touchant le recul graduel des niveaux de participation peuvent justifier l'exigence d'un lien avec la mère patrie, sous forme d'une inscription annuelle comportant la réitération de la volonté d'y retourner. Il semblerait que l'intérêt pour le pays natal s'estompe avec le temps; l'idée de limiter le vote à l'étranger aux seules personnes ayant conservé ces attaches est donc défendable.

**Tableau 3.23**
**Inscription et vote des résidents suédois à l'étranger, 1970–1988**

| | N | | |
|---|---|---|---|
| Élection | Inscrits | Votants | % de votants |
| 1970 | 1 721 | 1 462 | 85,0 |
| 1973 | 3 875 | 3 422 | 88,3 |
| 1976 | 7 096 | 6 331 | 89,2 |
| 1979 | 15 319 | 12 258 | 80,0 |
| 1982 | 16 889 | 13 679 | 81,0 |
| 1985 | 17 301 | 13 969 | 80,7 |
| 1988 | 18 581 | 13 513 | 72,7 |

*Source* : Suède, Office national de la fiscalité.

Ce que nous enseignent encore ces données comparatives, c'est la probabilité d'un effet mineur sur les taux de participation électorale au Canada. Même si l'absence de données fiables rend difficile l'évaluation de l'impact, les résultats transnationaux semblent indiquer que la réforme du vote des nationaux à l'étranger n'est pas une question de quantité. En effet, étant donné les faibles niveaux de participation au scrutin des Canadiens et Canadiennes, il n'est pas complètement inopportun de prévoir des mesures pour éviter un effet négatif de l'institution de ce vote. Ce souci milite en faveur des conditions d'inscription du projet de loi C-79, conditions qui augmentent la probabilité qu'à une inscription corresponde un vote.

Par rapport au projet de loi, le seul élément nouveau est le renouvellement bisannuel ou trisannuel de l'inscription, qui permettrait des économies sans trop compromettre l'effet visé par ce processus : le maintien chez le votant ou la votante à l'étranger d'un intérêt pour la politique canadienne.

Il est recommandé que soient instituées les dispositions relatives au vote des Canadiens et Canadiennes à l'étranger contenues dans le projet de loi C-79 et que soit envisagée la possibilité du renouvellement bisannuel ou trisannuel de l'inscription, si la mesure est de nature à permettre des économies importantes.

### Recommandation relative aux citoyens en déplacement à l'étranger
S'il faut reconnaître au projet de loi C-79 d'avoir engagé la réforme dans cette voie cruciale, il faut aussi s'interroger sur son mutisme à l'égard de la deuxième catégorie de citoyens à l'étranger, c'est-à-dire les

personnes en déplacement professionnel ou touristique. Les données comparatives indiquent que le Canada se démarque de la base de comparaison en orientant la réforme dans une seule voie. Tous les pays énumérés au tableau 3.22, sauf la Belgique, admettent le vote à l'étranger pour les deux catégories. Certes, les mécanismes varient considérablement. Les procédures d'inscription tantôt convergent, tantôt divergent, mais le droit est reconnu. Au contraire des autres démocraties, le Canada ne propose qu'une solution partielle au problème des votants à l'étranger.

La réponse, croyons-nous, ne réside pas dans la création d'un registre, mais dans la mise en œuvre de réformes, déjà recommandées par ailleurs. L'assouplissement du vote par anticipation accommoderait certainement les personnes fixées sur la date de leur éloignement, qui pourraient exercer leur droit avant leur départ. Pour les autres, le vote par correspondance depuis l'étranger pourrait constituer une solution. La délivrance des bulletins de vote pourrait incomber aux ambassades et aux consulats, voire au personnel électoral des circonscriptions. Et des sauvegardes pourraient être prévues pour assurer le respect de la procédure.

Il n'est pas déraisonnable d'envisager l'assouplissement de l'inscription électorale à l'intention des personnes en déplacement à l'étranger pendant le recensement. Sans compter l'inscription électorale le jour du scrutin, qui est non seulement envisageable en soi, mais susceptible de leur être étendue, sur production d'une pièce d'identité ou d'une déclaration.

Il est recommandé que soient adoptées des procédures permettant l'inscription et le vote à l'étranger des Canadiens et Canadiennes en déplacement professionnel ou touristique.

### Le vote par messager, le vote assisté et les bureaux de vote spéciaux

C'est par souci de justice envers deux catégories d'électeurs vulnérables, les malades et les personnes âgées, que doivent être envisagés le vote par messager, le vote assisté et les bureaux de vote spéciaux. Les implications de ces dispositions pour l'accroissement de la participation électorale sont d'intérêt secondaire. Cependant, il faut constater que ces catégories regroupent un nombre non négligeable de citoyens et citoyennes. Ainsi le recensement de 1981 nous apprend que quelque 2,3 millions de Canadiens et Canadiennes ont 65 ans et plus, que 158 000 vivent dans des maisons de retraite et des institutions pour malades chroniques, et que 19 000 vivent dans un centre hospitalier ou dans des établissements de soins (Canada, Statistique 1984, tableau 3). Pour ce qui est des personnes hospitalisées de tous âges, l'interprétation des chiffres en relation avec le vote est un peu plus complexe étant donné la variabilité des séjours. Mais il est à coup sûr probable qu'au moment d'une élection, de très nombreux Canadiens se trouvent en traitement ou en pension dans un établissement de soins. Pour 1988–1989, les hospitalisations s'élèvent chez nous à 3 644 520 (Canada, Statistique 1989, tableau 5); la durée moyenne du séjour est de 14,16 jours, quoique pour certains établissements comme les maisons de convalescence, elle atteigne 290,58 jours (*ibid.*, tableau 7). Le second point à considérer concerne l'avenir. L'importance des possibilités de vote pour les personnes âgées et les malades augmentera au fur et à mesure du vieillissement de la population.

### Le vote par messager

Le vote par messager, pourtant susceptible de permettre aux malades et aux personnes âgées d'exercer leurs droits électoraux, est le seul des trois mécanismes que n'admette pas le Canada et qui ne fasse l'objet d'aucune proposition de réforme. Toutefois, notre pays est en nombreuse compagnie, car peu de pays l'ont institué. Le Danemark, la Nouvelle-Zélande et la Suède le reconnaissent (voir le tableau 3.24), en général au bénéfice de toute personne à qui la maladie, une infirmité ou la vieillesse interdit de se rendre au bureau de vote. Mais les procédures varient suivant les pays. La Suède prévoit l'accomplissement de certaines formalités et l'insertion du bulletin de vote dans une enveloppe spéciale que le conjoint ou le facteur porte au bureau de vote. Au Danemark, deux représentants de la commune délivrent le bulletin de vote en mains propres à l'électeur ou l'électrice, surveillent le vote et rapportent le bulletin au bureau de vote.

Nous ne disposons d'aucune donnée sur le nombre des électeurs et électrices qui ont ainsi voté, mais nous doutons qu'il soit élevé. Ces pays admettent en effet d'autres dispositions telles que le vote assisté pour les personnes atteinte de cécité ou de tout autre handicap, et les bureaux de vote spéciaux organisés dans les maisons de retraite (voir ci-dessous).

### Le vote assisté

Tant aux bureaux de vote par anticipation qu'aux bureaux de vote ordinaire, les Canadiens et Canadiennes atteints de cécité ou de toute autre incapacité physique peuvent se faire assister par le scrutateur, des amis ou des parents. Cette pratique a, à n'en pas douter, valeur de norme dans les pays démocratiques, à en juger par les 18 autres pays (voir le tableau 3.24). Il nous manque des informations pour trois, mais, de tous les autres, seule l'Autriche n'a institué aucune forme d'assistance à l'intention de ses électeurs et électrices. (Aux États-Unis, les dispositions varient suivant les États.)

L'expérience transnationale plaide bien sûr en faveur d'une assistance généreuse pour faciliter le vote personnel, mais il faut également signaler que le Canada s'est d'ores et déjà engagé dans la voie du progressisme. Le projet de loi C-79 aurait prescrit pour les personnes handicapées des bureaux de vote judicieusement situés et, surtout, avec accès de plain-pied, terme en passe de faire tomber en désuétude le vocable facilité d'accès. Le Livre blanc plaide également pour des bureaux de vote avec accès de plain-pied.

**Tableau 3.24**
**Vote par messager, vote assisté et bureaux de vote spéciaux dans 18 démocraties**

| Pays | Vote par messager | Vote assisté | Bureaux spéciaux |
|---|---|---|---|
| **Vote obligatoire** | | | |
| Australie | — | Oui | Oui |
| Belgique | — | Oui | — |
| Italie | — | Oui | Oui |
| **Vote non obligatoire** | | | |
| Allemagne | — | Oui | — |
| Autriche | — | — | Oui |
| Danemark | Oui | Oui | Oui |
| États-Unis | — | Varie | — |
| Finlande | — | Oui | Oui |
| France | — | Oui | — |
| Irlande | — | Oui | — |
| Israël | — | n.d. | — |
| Japon | — | Oui | — |
| Norvège | n.d. | Oui | — |
| Nouvelle-Zélande | Oui | n.d. | Oui |
| Pays-Bas | n.d. | Oui | Oui |
| Royaume-Uni | — | Oui | — |
| Suède | Oui | Oui | Oui |
| Suisse | n.d. | n.d. | — |

*Source* : Voir l'annexe C.
n.d. : non disponible.

### Les bureaux de vote spéciaux

Les bureaux de vote spéciaux visent des catégories de Canadiens et de Canadiennes assujettis à des règles électorales spéciales, dont les militaires, certains fonctionnaires, les personnes à la charge d'électeurs compris dans ces deux catégories et les anciens combattants en traitement ou en pension dans un établissement de soins. Les dispositions assez particulières au bénéfice des Canadiens à l'étranger (militaires et membres de l'administration publique fédérale) comportent l'utilisation de deux enveloppes et le réacheminement des bulletins de vote par correspondance à la circonscription d'inscription. Pour les anciens combattants, des scrutateurs spéciaux visitent les établissements pour recueillir leur vote.

Pour ce qui est de la population institutionnalisée en général, la loi en vigueur institue l'établissement de bureaux de vote dans « un sanatorium, un foyer pour personnes âgées, un hôpital pour malades chroniques ou un établissement analogue pour le traitement de la tuberculose ou d'autres affections chroniques » (Canada, *Loi électorale* 1985, paragraphe 138(1)). Elle prévoit que le scrutateur et le greffier du scrutin doivent circuler de chambre en chambre pour recueillir les votes des électeurs et électrices. La volonté de faciliter le vote des personnes en pension dans un établissement de soins semble assez forte. Par exemple, les instructions données aux scrutateurs avant la dernière élection prévoyaient l'organisation de sections de vote dans les établissements où le nombre le justifie, de façon que « les personnes s'y trouvant en traitement ou en pension n'aient pas à les quitter pour voter » (Canada, Élections 1987, 8). Les instructions relatives aux établissements de moindre importance recommandent la création de bureaux de vote sur place à l'intention des pensionnaires et des citoyens du voisinage.

Deux dispositions du projet de loi C-79 prévoient l'amélioration des possibilités de vote à l'intention des personnes vivant en institution. La première abolit les règles spéciales régissant le vote des anciens combattants hospitalisés, ce qui aurait probablement pour effet de renforcer l'engagement d'installer les bureaux de vote sur les lieux même de traitement ou de pension. La seconde, et le fait importe, préconise carrément l'institution de bureaux de vote itinérants.

Nous n'avons pu réunir suffisamment d'informations sur les bureaux de vote spéciaux dans les autres démocraties pour pouvoir déterminer lesquelles ont institué des bureaux de vote itinérants. Les données présentées au tableau 3.24, forcément très sommaires, indiquent simplement la présence ou l'absence de bureaux spéciaux. Les bénéficiaires de ces dispositions sont de façon typique des personnes en traitement ou en pension dans un établissement de soins ou de retraite. Dans quelques cas (Danemark, Finlande, Italie, Suède), les détenus et les prévenus peuvent exercer leurs droits électoraux dans des bureaux de vote spéciaux. Ce qui frappe, c'est l'absence de possibilité de vote spécial dans la majorité des démocraties. Seulement huit nations prennent des dispositions pour faciliter le vote de leurs citoyens les plus vulnérables. Précisons que beaucoup de pays compensent cette lacune en admettant le vote assisté. Maigre consolation pour qui est incapable de se déplacer.

### Recommandations relatives au vote par messager, au vote assisté et aux bureaux de vote spéciaux

Le Canada s'est d'ores et déjà engagé dans la bonne voie en permettant le vote de bon nombre de ses citoyens et citoyennes en traitement ou en pension dans un établissement de soins ou d'assistance et, comme nous l'avons vu, envisage sérieusement d'en assouplir les conditions. Des recommandations favorables aux changements contenus dans le projet de loi C-79, en particulier quant aux accès de plain-pied pour les bureaux de vote et l'institution de bureaux de vote itinérants, ne devraient donc pas prêter à controverse. Non seulement ces changements s'imposent-ils d'eux-mêmes, mais ils placeraient le Canada à l'avant-garde des démocraties industrielles.

Il est recommandé que soient instituées les dispositions envisagées dans le projet de loi C-79, relatives aux accès de bureaux de vote de plain-pied avec la rue, et aux bureaux de vote itinérants.

Le fait de souligner les avantages du vote assisté n'est pas non plus de nature à soulever de controverses. Le vote par messager est une autre possibilité digne de considération, car les dispositions examinées accommoderaient moins les personnes âgées vivant seules que celles dont la mobilité est nulle ou réduite. Toutefois, la recommandation relative à l'institution du vote par correspondance pourrait aisément répondre à ce besoin. De fait, cela milite en faveur d'un tel mécanisme de votation.

Il est recommandé que soit maintenu le vote assisté et que le vote par correspondance soit étendu aux personnes âgées, malades, et handicapées qui ne peuvent se déplacer.

### RÉSUMÉ DES RECOMMANDATIONS

Sont reprises ci-dessous les recommandations formulées dans le corps de l'étude.

Que des études portant sur la possibilité de réformes du contexte du vote se penchent sérieusement sur le problème de l'abstentionnisme au Canada.

Que soit autorisée l'inscription sur la liste électorale le jour du scrutin dans des conditions qui ne gênent pas le déroulement de la procédure normale et qu'il soit permis à tout non-inscrit et toute non-inscrite de régulariser sa situation.

Que soit prolongé de plusieurs semaines le vote par anticipation classique.

Que soit examinée la possibilité d'utiliser les bureaux de poste comme bureaux de vote par anticipation.

Que soit instituée, au bénéfice de quiconque est empêché de voter personnellement, la forme limitée de vote par correspondance que nous avons décrite.

Que le jour d'une élection générale au Canada soit toujours un dimanche.

Que soient instituées les dispositions relatives au vote des Canadiens et Canadiennes à l'étranger contenues dans le projet de loi C-79 et que soit considérée la possibilité du renouvellement bisannuel ou trisannuel de l'inscription, s'il est de nature à permettre des économies importantes.

Que soient instituées des procédures d'inscription et de vote au bénéfice des Canadiens et Canadiennes en déplacement à l'étranger.

Que soient instituées les dispositions contenues dans le projet de loi C-79 touchant les bureaux de vote itinérants et les accès de plain-pied avec la rue pour tous les bureaux de vote.

Que soit maintenu le vote assisté et que le vote par correspondance soit étendu aux personnes âgées, malades, et handicapées qui ne peuvent se déplacer.

## ANNEXE A

Pour Eagles (1991), ce qui peut surtout poser problème, c'est l'illusion écologique et, en poussant les choses à l'extrême, la possibilité que les relations observées au niveau de la circonscription ne se manifestent tout simplement pas au niveau individuel. Toutefois, une lecture minutieuse de ses résultats, ajoutée à son expérience générale des inférences du tout à la partie, nous fait paraître fort lointaine la probabilité de conclusions fallacieuses, en particulier quant à l'association entre les personnes économiquement faibles et la participation électorale. Le revenu est en effet significatif dans les trois analyses de régression examinées. De plus, toute une série d'analyses comparatives corroborent l'hypothèse naturelle d'une moindre participation au scrutin chez les démunis. Cela dit, l'utilisation faite des données globales a probablement induit une surévaluation indéterminée de la force de la relation. En effet, l'application des mêmes modèles théoriques à la situation canadienne ne permet pas d'espérer une relation extrêmement forte. Après tout, la procédure étatique d'inscription empêche que les capacités et les ressources individuelles expliquent à elles seules le vote, et beaucoup de citoyens moins nantis vont bel et bien aux urnes.

Deux caractères de l'analyse de Pammett (1991) engendrent probablement une sous-évaluation de l'importance des corrélats socio-économiques de la participation électorale. L'utilisation de données de sondage a probablement fait émerger une relation appréciable. L'auteur lui-même rappelle que les sondages font ressortir des niveaux exagérés de participation, et ce pour deux raisons : les apolitiques sont peu susceptibles de participer aux sondages et aux élections, et quelques répondants mentent soit par embarras, soit par désir de plaire à l'enquêteur (Pammett, 2). Dans la mesure où les démunis de l'échantillon sont probablement plus politisés que ceux de la population en général, les niveaux de participation plus élevés des premiers ont pour effet d'atténuer la relation entre la catégorie socio-économique et la participation électorale. (L'hypothèse veut, croyons-nous à juste titre, que les bien nantis de l'échantillon représentent plus fidèlement leurs homologues de la population.) Un aplatissement se produira également dans la forme de la relation si, comme il est vraisemblable, les démunis de l'échantillon sont plus portés à mentir sur leur participation au scrutin. Et l'affaiblissement des corrélations est aussi possible en cas d'erreur aléatoire associée à des problèmes de fiabilité. Or, il n'est pas du tout impensable que les ensembles de données agrégées (sondages Gallup 1984–1985) qu'utilise Pammett présentent de tels problèmes, car quelques répondants ont été invités à se rappeler, une année après le fait, s'ils avaient voté ou non. Assurément, le pourcentage de répondants de son échantillon ayant déclaré s'être abstenus (19 %) est plus près de la réalité que les estimations de l'étude sur l'élection fédérale de 1984, mais il ne supprime pas toute possibilité d'erreur de fiabilité. Aussi, pour ces trois raisons ou, mieux, étant donné ces trois possibilités, les relations entre les variables socio-économiques et la participation électorale dont fait état Pammett pourraient bien sous-évaluer leur force réelle dans la population.

De même, Pammett n'attache pas suffisamment d'importance aux relations qui émergent des données, et c'est la seconde limite de son analyse. Son tableau 2.A3, qui ne présente que les coefficients bêta statistiquement significatifs d'une analyse de régression par ailleurs exhaustive, indique que l'âge, variable à laquelle il accorde à juste titre le plus d'importance, a le plus fort impact sur la participation électorale. En particulier, l'appartenance aux deux catégories d'âge regroupant les plus jeunes répondants (par opposition à la catégorie d'âge réservée aux plus âgés) est le principal facteur de variation de la participation électorale (coefficients bêta de -0,17 et -0,18). Les variables représentant les deux catégories faiblement scolarisées et la catégorie des revenus les plus faibles s'avèrent les prédicteurs les plus importants (coefficients bêta de -0,09, -0,07 et de -0,06 respectivement). Que le niveau d'instruction émerge des données comme variable pertinente présente un intérêt intrinsèque et extrinsèque, non pas que son impact soit très marqué (ses effets sont modestes), mais la relation initiale, c'est-à-dire de l'ordre de la somme nulle, est pratiquement inexistante. Cela indique l'action d'importants effets perturbateurs (en particulier en liaison avec l'âge). Une explication, qui concorde avec la forme des résultats observés, veut que la relation entre le niveau d'instruction et la participation électorale soit supprimée ou annulée par la concomitance d'une relation positive entre l'âge et la participation et une association négative entre l'âge et le niveau d'instruction. Le contrôle de la variable suppressive âge pourrait rendre apparent un certain impact du niveau d'instruction.

Des portions du tableau 2.A2 faisant état des niveaux de participation selon l'âge et le niveau d'instruction permettent une interprétation plus classique. L'impact de la première variable fluctue, et de façon sensible, selon les catégories d'âge. Dans les segments les plus âgés de la population, le niveau d'instruction a un impact infime, quatre ou cinq points seulement séparant les moins instruits des plus instruits. Par contraste, chez les groupes les plus jeunes, l'impact du niveau d'instruction atteint 21 % et 29 %. Cet effet d'interaction se trouve en outre confirmé par des études américaines (Rosenstone et Wolfinger 1978), bien qu'il soit plus fort dans ce pays par suite des conditions plus contraignantes d'inscription. Qui plus est, ce modèle multivarié est parfaitement logique : le manque d'instruction n'empêche pas qu'on puisse apprendre à la longue par l'expérience concrète et rattraper les plus instruits sur le plan de la participation.

Pammett, pourtant conscient de ces effets d'interaction, n'essaie pas de les modéliser. Nous supposons que l'utilisation de termes d'interaction dans son analyse de régression (ou, plus simplement, la mise en évidence de régressions pour différentes combinaisons de variables) aurait révélé le rôle important du niveau d'instruction. Ici encore, quelle que soit sa force, l'effet perçu n'aurait pas représenté fidèlement l'impact réel dans la population, par suite des problèmes méthodologiques posés par l'utilisation de données de sondage.

Ce sont essentiellement les points qui donnent à penser que l'impact des variables socio-économiques, sans avoir le poids que lui prête Eagles, est peut-être plus fort que ne le conclut Pammett.

Au sujet de l'étude d'Eagles et, tout particulièrement, de sa conclusion, à savoir l'existence d'une relation négative statistiquement significative entre le revenu et la participation électorale, peut-être faudrait-il signaler un dernier point. Ceci pourrait être attribuable à une opérationnalisation du revenu qui en capte directement l'effet subtil. Comme le soulignent Wolfinger et Rosenstone, les écarts de participation sont perceptibles uniquement dans les groupes économiquement faibles :

> Le revenu influe sur la participation électorale tant que n'est pas atteint un niveau de vie modestement confortable. Au-delà de ce seuil, l'enrichissement n'a aucun impact supplémentaire sur la probabilité du vote. Un revenu très élevé n'est pas un déterminant de vote plus vraisemblable qu'un revenu moyen. (Wolfinger et Rosenstone 1980, 34.)

Eagles (1991) ne fournit pas de précision, mais il mesure sa variable revenu par « la proportion de familles économiquement faibles dans chaque circonscription ». Ce raisonnement se trouve confirmé par l'analyse de régression de Pammett (1991) dans laquelle les bêtas baissent à mesure que s'élèvent les revenus : -0,05, -0,04, -0,02, -0,01, -0,01 (par rapport à la catégorie des revenus les plus élevés). Autrement dit, l'inégalité de la participation se manifesterait tout particulièrement dans les classes les plus défavorisées.

## ANNEXE B

**Élections et sources des données de participation pour 18 démocraties**

| | Années 40 | Années 50 | Années 60 | Années 70 | Années 80 |
|---|---|---|---|---|---|
| Allemagne | 1949 | 1953, 57 | 1961, 65, 69 | 1972, 76 | 1980, 83, 87 |
| Australie | 1946, 49 | 1951, 54, 55, 58 | 1961, 63, 66, 69 | 1972, 74, 75, 77 | 1980, 83, 84, 87 |
| Autriche | 1945, 49 | 1953, 56, 59 | 1962, 66 | 1970, 71 75, 79 | 1983, 86 |
| Belgique | 1946, 49 | 1950, 54, 58 | 1961, 65, 68 | 1971, 74, 77, 78 | 1981, 85, 87 |
| Danemark | 1945, 47 | 1950, 53, 57 | 1960, 64, 66, 68 | 1971, 73, 75 77, 79 | 1981, 84 87, 88 |
| États-Unis* | 1948 | 1952, 56 | 1960, 64, 68 | 1972, 76 | 1980, 84, 88 |
| Finlande | 1945, 48 | 1951, 54, 58 | 1962, 66 | 1970, 72, 75, 79 | 1983, 87 |
| France* | — | — | 1965, 69 | 1974 | 1981, 88 |
| Irlande | 1948 | 1951, 54, 57 | 1961, 65, 69 | 1973, 77 | 1981, 82 (fév.), 82 (nov.), 87 |
| Israël | 1949 | 1951, 55, 59 | 1961, 65, 69 | 1973, 77 | 1981, 84, 88 |
| Italie | 1946, 48 | 1953, 58 | 1963, 68 | 1972, 76, 79 | 1983, 87 |
| Japon | 1946, 47, 49 | 1952, 53, 55, 58 | 1960, 63, 67, 69 | 1972, 76, 79 | 1980, 83, 86 |
| Norvège | 1945, 49 | 1953, 57 | 1961, 65, 69 | 1973, 77 | 1981, 85, 89 |
| Nouvelle-Zélande | 1946, 49 | 1951, 54, 57 | 1960, 63, 66, 69 | 1972, 75, 78 | 1981, 84, 87 |
| Pays-Bas | 1945, 48 | 1952, 56, 59 | 1960, 63, 67 | 1971, 72, 77 | 1981, 82, 86, 89 |
| Royaume-Uni | 1945 | 1950, 51, 55, 59 | 1964, 66 | 1970, 74 (fév.), 74 (oct.), 79 | 1983, 87 |
| Suède | 1948 | 1952, 56, 58 | 1960, 64, 68 | 1970, 73, 76, 79 | 1982, 85, 88 |
| Suisse | 1947 | 1951, 55, 59 | 1963, 67 | 1971, 75, 79 | 1983, 87 |

*Sources* : Mackie et Rose, 1982; *European Journal of Political Research, Electoral Studies.*

*Note* : Participation basée sur les listes électorales, sauf pour les États-Unis où le dénominateur est la population en âge de voter.

*Présidentielles (dans le cas de la France, il s'agit de la participation moyenne après deux tours de scrutin).

## ANNEXE C
## SOURCES RELATIVES AUX MANIÈRES DE VOTER
## DANS LES AUTRES DÉMOCRATIES

### Études générales

*Chronicle of Parliamentary Elections and Developments*, divers volumes, Genève, International Centre for Parliamentary Documentation.

Crewe, Ivor, « Electoral Participation », dans David Butler, Howard R. Penniman et Austin Ranney (dir.), *Democracy at the Polls*, Washington (D.C.), American Enterprise Institute for Public Policy Research, 1981.

Hand, Geoffrey, Jacques Georgel et Christoph Sasse (dir.), *European Electoral Systems Handbook*, Londres, Butterworths, 1979.

Herman, Valentine, et Françoise Mendel, *Parliaments of the World*, Londres, Macmillan, 1976.

Phillips, Kevin P., et Paul H. Blackman, *Electoral Reform and Voter Participation*, Washington (D.C.), American Enterprise Institute for Public Policy Research, 1975.

### Sources nationales

#### Allemagne

Allemagne, *Electoral Law*, Documents on Politics and Society in the Federal Republic of Germany, Bonn, Inter Nationes, 1982.

———, Ambassade d'Allemagne, Bulletins polycopiés, Ottawa.

———, *Procedures, Programs, Profiles : The Federal Republic of Germany Elects the German Bundestag on 25 January 1987*, Bonn, Inter Nationes, n⁰ SO 5-86.

Sasse, Christoph, « Germany », dans Geoffrey Hand, Jacques Georgel et Christoph Sasse (dir.), *European Electoral Systems Handbook*, Londres, Butterworths, 1979.

#### Australie

Australie, Australian Electoral Commission, *Enrol to Vote; Your Vote : Absent, Postal and Special Voting; Your Vote : General Information*, Canberra.

———, Australian Electoral Commission, divers communiqués, Canberra.

———, Overseas Information Branch, « The Australian Electoral System », *Fact Sheet on Australia*, Canberra, n⁰ 45 (1989).

Hughes, Colin, « Australia and Electoral Reform », dans A. Sharp et L. Mackerras (dir.), *The People Say*, Canberra, Australian Electoral Commission, 1989.

Penniman, Howard R. (dir.), *Australia at the Polls : The National Election of 1975*, Washington (D.C.), American Enterprise Institute for Public Policy Research, 1977.

### Autriche

Autriche, Ambassade d'Autriche, divers communiqués, Ottawa.

————, Ambassade d'Autriche, Federal Press Service, *The Nationalrat Election in Austria : Information on October 7, 1990*, Vienne, 1990.

Sully, Melanie, *Political Parties and Elections in Austria*, New York, St. Martin's Press, 1981.

### Belgique

Belgique, Service des élections, divers communiqués, Bruxelles.

Gérard-Libois, Jules, « Élections et électeurs en Belgique », *Dossiers du CRISP*, no 31 (1990).

van den Berghe, Guido, « Belgium », dans Geoffrey Hand, Jacques Georgel et Christoph Sasse (dir.), *European Electoral Systems Handbook*, Londres, Butterworths, 1979.

### Danemark

Danemark, Ministère de l'Intérieur, divers communiqués, Copenhague.

Johansen, Lars Norby, « Denmark », dans Geoffrey Hand, Jacques Georgel et Christoph Sasse (dir.), *European Electoral Systems Handbook*, Londres, Butterworths, 1979.

### États-Unis

Wolfinger, Raymond E., et Steven J. Rosenstone, *Who Votes ?*, New Haven, Yale University Press, 1980.

### Finlande

Finlande, Ambassade de Finlande, divers communiqués, Ottawa.

————, Bulletin d'information du Bureau central de la statistique, Helsinki.

Torneblom, J., « The Finnish Parliamentary Election System », *Parliamentary Elections in Finland on March 15–16, 1987*, Helsinki, Ministère des Affaires étrangères, polycopié, 1987.

Uotila, Jaako (dir.), *The Finnish Legal System*, Helsinki, Finnish Lawyers' Publishing Company, 1985.

### France

France, *Quatrième assemblée plénière du Conseil des Français à l'étranger*, Paris, 1988.

Frémy, Dominique, et Michel Frémy, *Quid 1990*, Paris, Conseil supérieur des Français à l'étranger, 1989.

Georgel, Jacques, « France », dans Geoffrey Hand, Jacques Georgel et Christoph Sasse (dir.), *European Electoral Systems Handbook*, Londres, Butterworths, 1979.

*Guide des Français à l'étranger*, Paris, La documentation française, 1982.

### Irlande
Chubb, Basil, dans Howard R. Penniman (dir.), *Ireland at the Polls : The Dáil Election of 1977 and 1978*, Washington (D.C.), American Enterprise Institute for Public Policy Research, 1979.

Hand, Geoffrey, « Ireland », dans Geoffrey Hand, Jacques Georgel et Christoph Sasse (dir.), *European Electoral Systems Handbook*, Londres, Butterworths, 1979.

Irlande, *Manual for Presiding Officer at a Dáil Election*, Dublin.

———, *Report of the Working Party on the Register of Electors*, Dublin, 1983.

Whyte, J.H., « Ireland : Politics Without Social Bases », dans R. Rose (dir.), *Electoral Behavior : A Comparative Handbook*, New York, Free Press, 1974.

### Israël
Israël, *The Electoral System in Israel*, Jérusalem.

### Italie
Amoroso, Mario, « Italy », dans Geoffrey Hand, Jacques Georgel et Christoph Sasse (dir.), *European Electoral Systems Handbook*, Londres, Butterworths, 1979.

Wertman, Douglas, dans Howard R. Penniman (dir.), *Italy at the Polls : The Parliamentary Elections of 1976*, Washington (D.C.), American Enterprise Institute for Public Policy Research, 1977.

### Norvège
Norvège, The Royal Ministry of Local Government, *The Norwegian Electoral Systems : Main Features*, Oslo.

———, The Royal Ministry of Local Government, divers communiqués, Oslo.

### Nouvelle-Zélande
Nouvelle-Zélande, Chief Electoral Officer, divers communiqués, Wellington.

———, Royal Commission on the Electoral System, *Towards a Better Democracy*, Wellington, Government Printer, 1986.

Penniman, Howard R. (dir.), *New Zealand at the Polls : The General Election of 1978*, Washington (D.C.), American Enterprise Institute for Public Policy Research, 1980.

## Pays-Bas

Pays-Bas, Consulat des Pays-Bas, divers communiqués, Montréal.

————, Ministerie Van Binnenlandse Zaken, divers communiqués, La Haye.

————, *The Kingdom of the Netherlands, Facts and Figures : Elections and the Party System*, La Haye, 1983.

Seip, Dick, « The Netherlands », dans Geoffrey Hand, Jacques Georgel et Christoph Sasse (dir.), *European Electoral Systems Handbook*, Londres, Butterworths, 1979.


## Royaume-Uni

Brew, David, « The United Kingdom », dans Geoffrey Hand, Jacques Georgel et Christoph Sasse (dir.), *European Electoral Systems Handbook*, Londres, Butterworths, 1979.

Butler, David, *British General Elections Since 1945*, Oxford, Basil Blackwell, 1989.

Royaume-Uni, Central Office of Information, *Parliamentary Elections in Britain*, Londres, 1987.

————, Home Office, *Keeping Your Vote When Living Abroad*, Londres, 1990.

————, Home Office, divers communiqués, Londres.


## Suède

Suède, Ambassade de Suède, divers communiqués, Ottawa.

————, *Swedish Election Guide 1988*, Stockholm.

————, Administration fiscale suédoise, divers communiqués, Stockholm.

————, « Voting at Swedish Missions and Consulates Abroad », polycopié, Stockholm.


## Suisse

Codding, George, « The Swiss Political System and the Management of Diversity », dans Howard R. Penniman (dir.), *Switzerland at the Polls : The National Elections of 1979*, Washington (D.C.), American Enterprise Institute for Public Policy Research, 1983.

Suisse, Ambassade de Suisse, divers communiqués, Ottawa.

————, Chancellerie fédérale, divers communiqués, Bâle.

————, Ministère fédéral des Affaires étrangères, « Revision of the Federal Law Concerning the Political Rights of Swiss Citizens Abroad », communiqué de presse, Bâle.

## NOTES

La présente étude a été complétée en juin 1991.

L'auteur désire exprimer sa plus profonde reconnaissance à Maurice Dufour, David Hagen et Brian O'Neil, trois adjoints de recherche de l'Université McGill qui ont travaillé avec diligence à la réalisation de cette étude. Certaines facettes de l'analyse doivent une part de leur clarté aux commentaires utiles des deux réviseurs, et aux discussions avec Herman Bakvis et Elisabeth Gidengil. André Blais a aussi droit à des remerciements pour avoir rendu disponibles les données de Blais et Carty sur la participation électorale. Même si des données indépendantes ont été rassemblées dans le cadre de cette étude, l'apport des recherches de Blais et Carty a contribué à raffiner le processus de collecte de données. Il serait approprié, par ailleurs, de signaler la collaboration de nombreux fonctionnaires, canadiens et étrangers, qui se sont évertués à nous fournir tous les renseignements demandés. Enfin, l'auteur tient à remercier Susan Bartlett qui a su, malgré toute la pression, maintenir un excellent niveau de dactylographie.

1.  Cette manchette fait référence à une étude récente de la Bibliothèque du Congrès, selon laquelle les dernières performances du Canada en matière de participation électorale le classent 23$^e$ sur 28 démocraties. Nos efforts pour nous procurer ce texte en vue de la présente étude se sont avérés infructueux, mais notre analyse indépendante aboutit à un constat d'échec similaire.

2.  En Australie et en Nouvelle-Zélande, l'inscription est obligatoire. Pour la France, Powell (1980) signale que l'inscription incombe à l'électeur et à l'électrice, mais qu'elle lui est facilitée, car la délivrance de la carte d'identité est subordonnée à l'inscription électorale. Renseignements pris auprès du consulat, il n'y a aucun lien entre les deux procédures. En outre, l'inscription serait obligatoire en France, mais, fait étrange, la non-inscription n'y est pas sanctionnée.

3.  Des classements par ordre décroissant défavorables n'empêchent pas des chercheurs canadiens de rester au-dessous de la réalité. Mishler et Clarke (1990) font référence à l'étude de Crewe (1981), qui place le Canada au 12$^e$ rang des 16 pays à vote obligatoire, et en 20$^e$ position dans un autre classement. Pourtant, les deux auteurs se contentent de résultats partiels : « Plusieurs pays devancent le Canada, mais celui-ci se compare avantageusement à d'autres comme le Japon, la Suisse, l'Inde et, surtout, les États-Unis. » (Mishler et Clarke 1990, 161.) En fait, ils semblent juger impressionnants les résultats de notre pays (*ibid.*, 162).

4.  Les preuves susceptibles d'être invoquées à l'appui de l'impact des variables de culture politique sur la participation électorale au Canada se contredisent. Des données indiquent que, par rapport aux populations de bien d'autres pays démocratiques, les Canadiens et Canadiennes tendent à avoir, surtout en matière d'esprit de parti et d'efficacité politique, des

attitudes qui devraient les induire à voter (Black 1990). Selon cette même source, ils s'en tirent également bien à l'égard d'autres formes d'activité politique. Cela laisse supposer que la culture politique canadienne ne peut être caractérisée d'abstentionniste, tout au moins d'un point de vue comparatif. Elle ne peut donc expliquer les faibles taux de participation électorale des Canadiens. De fait, cet axe de raisonnement veut que la participation, non l'abstention, soit anormale, anomalie explicable notamment par des facteurs inhibiteurs du vote. D'autre part, dans son analyse des 16 démocraties, Crepaz (1990) constate que la polarisation des partis et la présence d'un parti postmatérialiste au sein du corps législatif sont des forts prédicteurs de la participation électorale, plus forts même que certaines variables institutionnelles. S'il s'agit vraiment d'indicateurs de « culture politique », le Canada, où les partis politiques sont faiblement polarisés et où aucun parti postmatérialiste ne siège au Parlement aurait une culture inhibitrice de la participation électorale.

5.  De façon générale, s'entendent par dénombrements *de facto* des décomptes de toutes les personnes physiques présentes dans un pays ou un secteur à la date de référence, et par dénombrements *de jure* des décomptes basés sur le total des résidants habituels, qu'ils y soient ou non physiquement présents à la date de référence. Voir les *Annuaires démographiques* des Nations Unies.

6.  Pour le Canada, les données de participation électorale proviennent de divers rapports du directeur général des élections. Hélas ! les numérateurs et les dénominateurs appellent une réserve supplémentaire. Les taux officiels de participation à l'échelle nationale ont été arrondis, si bien que nous ne disposons que d'entiers. Cela entraîne une perte déplorable de précision, car un demi-point de pourcentage équivaut à une fraction importante de la population. Qui plus est, dans l'impossibilité de savoir s'il y a eu arrondi ou non, les jugements sur les changements chronologiques pourraient y perdre en finesse. Bien sûr, nous ne savons au juste si l'arrondi a sous-estimé (légèrement) les taux réels de participation. En revanche, les mêmes tableaux récapitulatifs fournissent les totaux des inscriptions et des votes, qu'il est toutefois impossible de diviser pour assurer la précision décimale souhaitée. La raison en est que le dénominateur, soit le nombre d'inscriptions, ne comprend pas les personnes à charge des membres des forces armées, des électeurs de l'administration publique fédérale ni des anciens combattants, pourtant compris dans les totaux des voix. Le pourcentage ainsi obtenu exagérerait légèrement les taux effectifs de participation. Les écarts de pourcentage sont presque toujours faibles. Le plus important de ces écarts est celui de l'élection générale de 1958. Le taux officiel est 79 %, mais la division du total des voix indiquées (7 357 139) par le total des inscriptions (9 131 200) donne 80,6 %. Dans ce cas particulier, la logique de la situation veut que le premier soit plus précis. Nos efforts d'élucidation, y compris nos démarches auprès d'Élections Canada, ne nous ont pas valu de réponse nette.

7. Eagles (1991) n'a pas tenu compte des fluctuations intrasaisonnières. Cette omission explique probablement pourquoi il n'a pu établir de connexion entre la participation électorale et la saison.

8. L'explication de la deuxième tendance observée dans les données, soit le recul de la participation dans les années 70 et les années 80, résiderait dans le fait que les enfants du *baby-boom* sont devenus majeurs. L'argument est plausible, car le Canada est l'un des pays industrialisés qui ont connu les plus fortes explosions démographiques d'après-guerre (Kettle 1980) et, comme chacun sait, les jeunes votent en général moins que leurs aînés (Pammett 1991). En effet, à l'élection de 1974, près du tiers de toutes les personnes jouissant du droit de vote avait moins de 30 ans (Clarke *et al.* 1979, 382 et 383). Toutefois, une certaine incertitude subsiste. Le taux de participation au scrutin de 1972, le premier tenu après l'abaissement de l'âge électoral de 21 à 18 ans, a en fait surpassé d'un point celui de 1968 (77 % contre 76 %). Celui du scrutin de 1974 a accusé un recul considérable (71 %), mais une autre explication fait concurrence au facteur âge : la tenue de l'élection en juillet. De fait, une fois exclues les consultations hors demi-saison de 1974 et de 1980, la baisse s'avère beaucoup plus modeste.

   Une autre explication plausible est l'accession à la citoyenneté de beaucoup d'immigrants arrivés au Canada dans les années 50 et 60. Vraisemblablement, ces personnes, une fois bénéficiaires du droit de vote, se sont pourtant signalées par une moindre participation, pour une foule de raisons (habitude d'autres régimes politiques, réaction d'évitement face à la chose politique, marginalité associée à un statut de minoritaires, etc.). Toutefois, les recherches effectuées donnent à penser que les néo-Canadiens participent tout autant aux élections que les Canadiens de souche (Black 1982, 1984, 1991).

9. Voir également les rangements de Jackman (1987) et Powell (1984, 1986).

10. Les Pays-Bas ont renoncé au vote obligatoire en 1970.

11. Dans le cas des États-Unis, les procédures d'inscription électorale expliquent en grande partie les niveaux de participation relativement bas. Pour les diverses explications de leur dégradation voir, notamment Cassel et Luskin (1988), Piven et Cloward (1988) et Teixeira (1987). En Suisse, c'est la démobilisation voulue par les partis fédéraux qui explique la faiblesse générale de la participation électorale (Przeworski 1975). « Depuis la fin des années 30, les quatre grands partis, rattachés individuellement à une division du corps électoral, ont convenu de se partager à peu près également l'exercice du pouvoir exécutif à l'échelle nationale, chacun assurant à tour de rôle la présidence. À moins qu'une nouvelle formation politique ne vienne soudainement brouiller les cartes, l'issue des élections nationales est à toutes fins utiles connue d'avance. [...] Qui plus est, la plupart des grandes décisions se prennent à l'échelle cantonale. »

(Powell 1980, 20.) Une seconde explication pourrait être la persistance de ces facteurs de démobilisation, sans compter l'ampleur qu'ils ont prise avec le temps.

12. En tout, 1 024 300 non-citoyens sont dénombrés, mais il n'est fait état d'aucune ventilation par catégories d'âge. Pour déterminer combien de ces personnes sont en âge de voter, on a utilisé le taux de 75 %, soit la proportion de la population globale ayant au moins 18 ans. Le résultat de l'estimation est 768 225, total qu'il faudrait soustraire du total estimatif de la population en âge de voter en 1988 (19 093 419). D'autres sources fournissent des informations à jour qui permettent de tenir compte des changements survenus dans la population pour 1987 et 1988. Le nombre d'immigrants pour ces deux années est d'environ 314 027. Il s'agit bien sûr de personnes ne pouvant satisfaire à l'obligation des trois années de résidence préalable à la naturalisation. En supposant que 75 % d'entre elles avaient atteint l'âge électoral, nous obtenons le chiffre de 235 520, également à soustraire de la population estimative en âge de voter. Enfin, l'actualisation des données relatives aux non-citoyens (1 024 300) du recensement de 1986 est nécessaire. Les personnes naturalisées en 1987 et 1988 se chiffrent à 132 448; 75 % de ce nombre doit être ajouté à l'estimation de la population en âge de voter.

13. Peut-être faudrait-il noter que ce résultat vaut seulement pour les 24 pays pour lesquels nous disposons de données touchant une liaison groupe social-partis.

14. Pour la France, les données de participation sont nécessairement celles des législatives des années 80 (à l'exclusion du scrutin de 1986, qui, exceptionnellement, a été à la proportionnelle), car quelques-unes des variables indépendantes clés envisagées ici, comme les variations bicaméralisme-monocaméralisme, ne concernent que ces élections. C'est une erreur que commet Jackman (1987), par exemple.

15. La mesure indiquée dans les résultats est basée sur le nombre réel de partis ayant pris part à l'élection. Une autre mesure basée sur le nombre effectif de partis ayant remporté des sièges a donné les mêmes résultats (peu spectaculaires).

16. Voir la note 11.

17. Le personnel électoral envoie les bulletins par la poste à la circonscription d'inscription. Au Danemark, le vote par anticipation se nomme aussi vote par correspondance, mais seulement à cause de cette manière de retourner les bulletins. En effet, le vote se tient dans les bureaux municipaux d'inscription.

18. À l'heure actuelle, la durée du vote au bureau du directeur du scrutin est de quatorze jours ou de cent douze heures, alors que celle du vote par anticipation ne dépasse pas trois jours ou vingt-quatre heures.

19. En effet, il pourrait sembler difficile d'envisager une relation vote par anticipation-participation électorale positive, car la participation globale au Canada n'a pas progressé lors des dernières élections, malgré l'accroissement du nombre des électeurs et électrices admissibles au vote par anticipation. Une réfutation possible est que les conditions de vote anticipé ont contribué à neutraliser d'autres forces qui auraient abaissé encore plus les niveaux de participation.

20. Le taux de participation a effectivement augmenté au cours des périodes pertinentes. Les électeurs et électrices ont voté dans une proportion de 86,4 % dans les années 60 et de 90,4 % dans les années 70, mais le taux de participation a fléchi légèrement dans les années 80 pour s'établir à 89,1 %. Comme on peut s'en douter, il est difficile d'attribuer les progrès de la participation directement au vote par anticipation, quoique au moins un auteur évoque une connexion au sujet de l'élection de 1970 (Forsell 1971, 204). La difficulté générale, c'est qu'il s'est produit dans les années 70 beaucoup d'autres réformes institutionnelles et d'importants changements politiques susceptibles d'expliquer l'augmentation. En 1970, l'institution d'un système universel de vote par anticipation s'est accompagnée de celle d'un système monocaméral de représentation qui a fait progresser la participation électorale en Suède, selon Jackman (1987, 415); la même année a été institué un jour unique de scrutin pour tous les paliers de gouvernement, mesure qui aurait pu se répercuter sur la participation, par suite de l'importance nouvelle conférée à ce jour. La scène politique a également été le lieu d'importants développements (Sainsbury 1984) qui ont principalement eu pour effet d'accroître la compétition entre les partis, le Parti social-démocrate des travailleurs s'aliénant progressivement l'électorat pendant toute la période à l'étude, pour subir la défaite en 1976, après quarante-quatre années de pouvoir. Essentiellement, pendant la majeure partie des années 70, la population a senti qu'un véritable changement de gouvernement devenait possible, ce qui pourrait également avoir contribué à la hausse de la participation électorale. (Pour la politique électorale de cette période, voir Lindstrom 1982; Petersson 1974, 1978; Sarlvik 1977.)

S'il est difficile d'attribuer l'accroissement de la participation directement (ou uniquement) au vote par anticipation, on pourrait objecter que sans les importantes dispositions permettant ce vote, le surcroît de motivation attribuable à ces autres facteurs institutionnels et politiques ne se serait peut-être pas traduit par des suffrages.

21. Selon le projet de loi C-79, le certificat de procuration ne serait pas nécessaire dans les secteurs ruraux. Le mandat établi dans la forme prescrite et dûment signé devant témoin suffirait.

22. Les recenseurs pourraient s'acquitter de cette tâche dans l'exercice de leurs fonctions habituelles, suggère Brian O'Neal, l'un des auxiliaires de recherche de la présente étude.

23. L'introduction d'une variable jour de repos par opposition à jour ouvrable dans les modèles multivariés examinés dans la partie précédente (données non fournies) a un impact très faible (entre un et trois points) et, de plus, le résultat n'est pas statistiquement significatif. Toutefois, il ne serait peut-être pas sage de conclure à l'impact nul du vote un jour de repos. Il y a, après tout, un assez grand danger de parasites statistiques associé à ces modèles, en partie à cause du nombre limité de cas.

24. Pour les présidentielles, la France organise des centres dans les consulats, où le justifient les populations de Français à l'étranger.

## BIBLIOGRAPHIE

Abréviations :
L.R.C.    Lois révisées du Canada
S.C.      Statuts du Canada
S.R.C.    Statuts révisés du Canada

Voir aussi l'annexe C, « Sources relatives aux manières de voter dans les autres démocraties ».

Almond, G., et S. Verba, *The Civic Culture : Political Attitudes and Democracy in Five Nations*, Princeton, Princeton University Press, 1963.

Australie, Australian Electoral Commission, divers communiqués, Canberra.

———, Australian Electoral Commission, brochures, Canberra, s.d.

Autriche, Ambassade d'Autriche, divers communiqués, Ottawa.

Black, Jerome H., « Immigrant Political Adaptation in Canada : Some Tentative Findings », *Revue canadienne de science politique*, vol. 15 (1982), p. 3–27.

———, « Confronting Canadian Politics : Some Perspectives on the Rate of Immigrant Political Adaptation ». Communication faite à l'assemblée générale annuelle de l'Association canadienne de science politique, Guelph, 1984.

———, « National Voter Turnout in Canada : Problems and Challenges ». Document de réflexion rédigé pour la Commission royale sur la réforme électorale et le financement des partis, Ottawa, 1990.

———, « Ethnic Minorities and Mass Politics in Canada : Some Observations in the Toronto Setting », *International Journal of Canadian Studies*, vol. 3 (1991), p. 129–151.

Blais, André, « The Classification of Electoral Systems », *European Journal of Political Research*, vol. 16 (1988), p. 99–110.

Blais, André, et R.K. Carty, « The Impact of Electoral Formulae on the Creation of Majority Governments », *Electoral Studies*, vol. 6 (1987), p. 209–218.

———, « Does Proportional Representation Foster Voter Turnout ? », *European Journal of Political Research*, vol. 18 (1990), p. 167–181.

Boyer, J. Patrick, *Election Law in Canada : The Law and Procedure of Federal, Provincial and Territorial Elections*, vol. 1 et 2, Toronto, Butterworths, 1987.

Butler, David, *British General Elections Since 1945*, Oxford, Basil Blackwell, 1989.

Butler, David, Howard R. Penniman et Austin Ranney, « Introduction : Democratic and Nondemocratic Elections », dans David Butler, Howard R. Penniman et Austin Ranney (dir.), *Democracy at the Polls : A Comparative Study of Competitive National Elections*, Washington (D.C.), American Enterprise Institute for Public Policy Research, 1981a.

——— (dir.), *Democracy at the Polls : A Comparative Study of Competitive National Elections*, Washington (D.C.), American Enterprise Institute for Public Policy Research, 1981b.

Canada, Bureau du Conseil privé, *Livre blanc sur la réforme de la Loi électorale*, Ottawa, Imprimeur de la Reine, 1986.

———, Chambre des communes, *Débats*, 6 mars 1988.

———, Élections Canada, « Délimitation des sections de vote », Ottawa, Élections Canada, 1987.

———, Élections Canada, *Rapport du directeur général des élections du Canada selon le paragraphe 195(1) de la Loi électorale du Canada*, Ottawa, Ministre des Approvisionnements et Services Canada, 1989.

———, Élections Canada, divers communiqués, Ottawa, Élections Canada.

———, *Loi électorale du Canada*, S.C. 1960, chapitre 39.

———, *Loi électorale du Canada*, S.R.C. 1970, chapitre 14 (1er supplément), articles 93 et 97, modifiée par S.C. 1977–1978, chapitre 3, article 56.

———, *Loi électorale du Canada*, L.R.C. (1985), chapitre E-2 (actuellement en vigueur).

———, *Loi modifiant la Loi électorale du Canada et d'autres lois à cet égard* (Projet de loi C-79), deuxième session, trente-troisième législature, 30 juin 1987.

———, Statistique Canada, *Les personnes âgées au Canada*, Ottawa, Ministre des Approvisionnements et Services Canada, 1984.

———, Statistique Canada, *Rapports sur la santé du Centre canadien d'information sur la santé*, Supplément, vol. 1, nº 2, Ottawa, Statistique Canada, 1989.

————, Statistique Canada, *Rapports sur la santé du Centre canadien d'information sur la santé*, Supplément no 5, vol. 2, no 2, Ottawa, Statistique Canada, 1990.

Cassel, Carol A., et Robert C. Luskin, « Simple Explanations of Turnout Decline », *American Political Science Review*, vol. 82 (1988), p. 1321–1330.

Clarke, Harold D., Lawrence LeDuc, Jane Jenson et Jon H. Pammett, *Political Choice in Canada*, Toronto, McGraw-Hill Ryerson, 1979.

Crepaz, Markus M.L., « The Impact of Party Polarization and Postmaterialism on Voter Turnout : A Comparative Study of 16 Industrial Democracies », *European Journal of Political Research*, vol. 18 (1990), p. 183–205.

Crewe, Ivor, « Electoral Participation », dans David Butler, Howard R. Penniman et Austin Ranney (dir.), *Democracy at the Polls : A Comparative Study of Competitive National Elections*, Washington (D.C.), American Enterprise Institute for Public Policy Research, 1981.

Dahl, Robert A., *Polyarchy : Participation and Opposition*, New Haven, Yale University Press, 1971.

Danemark, Ministère de l'Intérieur, divers communiqués, Copenhague.

Downs, Anthony, *An Economic Theory of Democracy*, New York, Harper and Row, 1957.

Eagles, Munroe, « La participation et l'abstentionnisme aux élections fédérales canadiennes — Une analyse écologique », dans Herman Bakvis (dir.), *La participation électorale au Canada*, vol. 15 des études de la Commission royale sur la réforme électorale et le financement des partis, Ottawa et Montréal, CRREFP/Dundurn et Wilson & Lafleur, 1991.

Finlande, Ambassade de Finlande, divers communiqués, Ottawa.

Forsell, H., « The Elections in Sweden in September 1970 : Politics in a Multi-level Election », *Scandinavian Political Studies*, vol. 6 (1971), p. 201–211.

Gastil, Raymond D., *Freedom in the World : Political Rights and Civil Liberties 1984–1985*, New York, Freedom House et Greenwood Press, 1985.

Georgel, Jacques, « France », dans Geoffrey Hand, Jacques Georgel et Christoph Sasse (dir.), *European Electoral Systems Handbook*, Londres, Butterworths, 1979.

Glass, David P., Peverill Squire et Raymond E. Wolfinger, « Voter Turnout : An International Comparison », *Public Opinion*, vol. 6 (décembre/janvier 1984), p. 49–55.

Hamilton, Randy H., « American All-Mail Balloting : A Decade's Experience », *Public Administration Review*, vol. 8 (septembre/octobre 1988), p. 850–866.

Hand, Geoffrey, Jacques Georgel et Christoph Sasse (dir.), *European Electoral Systems Handbook*, Londres, Butterworths, 1979.

Herman, Valentine, et Françoise Mandel, *Parliaments of the World*, Londres, Macmillan, 1976.

Jackman, Robert W., « Political Institutions and Voter Turnout in Industrial Democracies », *American Political Science Review*, vol. 81 (1987), p. 405–423.

Jackson, Robert, et Doreen Jackson, *Politics in Canada*, Scarborough, Prentice-Hall, 1990.

Kettle, J., *The Big Generation*, Toronto, McClelland and Stewart, 1980.

Laasko, M., et R. Taagepera, « Effective Number of Parties : A Measure with Application to West Europe », *Comparative Political Studies*, vol. 12 (1979), p. 3–27.

Lijphart, Arend, *Democracies : Patterns of Majoritarian and Consensus Government in Twenty-One Countries*, New Haven, Yale University Press, 1984.

————, « The Political Consequences of Electoral Laws, 1945–85 », *American Political Science Review*, vol. 84 (1990), p. 481–489.

Lindstrom, U., « The Changing Scandinavian Voter : When, Where, How, Who, Why ? », *European Journal of Political Research*, vol. 10 (1982), p. 321–332.

Loosemore, John, et Victor J. Hanby, « The Theoretical Limits of Maximum Distortion : Some Analytical Expressions for Electoral Systems », *British Journal of Political Science*, vol. 1 (1971), p. 467–477.

Mackie, Thomas T., et Richard Rose, *The International Almanac of Electoral History*, 2ᵉ éd., New York, Facts on File, 1982.

Magelby, David B., « Participation in Mail Ballot Elections », *Western Political Quarterly*, vol. 40 (1987), p. 79–91.

Mishler, William, *Political Participation in Canada*, Toronto, Macmillan, 1979.

Mishler, William, et Harold D. Clarke, « Political Participation in Canada », dans Michael S. Whittington et Glen Williams (dir.), *Canadian Politics in the 1990s*, Scarborough, Nelson Canada, 1990.

Nations Unies, *Annuaire démographique*, New York, Nations Unies, années variées.

Nouvelle-Zélande, Chief Electoral Officer, divers communiqués, Wellington, 1990.

————, Royal Commission on the Electoral System, *Towards a Better Democracy*, Wellington, Government Printer, 1986.

Pammett, Jon H., « L'exercice du droit de vote au Canada », dans Herman Bakvis (dir.), *La participation électorale au Canada*, vol. 15 des études de la

Commission royale sur la réforme électorale et le financement des partis, Ottawa et Montréal, CRREFP/Dundurn et Wilson & Lafleur, 1991.

Patterson, Samuel C., et Gregory A. Caldeira, « Mailing in the Vote : Correlates and Consequences of Absentee Voting », *American Journal of Political Science*, vol. 29 (1985), p. 766–788.

Penniman, Howard R. (dir.), *Australia at the Polls : The National Elections of 1975*, Washington (D.C.), American Enterprise Institute for Public Policy Research, 1977a.

—— (dir.), *Italy at the Polls : The Parliamentary Elections of 1976*, Washington (D.C.), American Enterprise Institute for Public Policy Research, 1977b.

—— (dir.), *Ireland at the Polls : The Dáil Election of 1977 and 1978*, Washington (D.C.), American Enterprise Institute for Public Policy Research, 1979.

—— (dir.), *New Zealand at the Polls : The General Election of 1978*, Washington (D.C.), American Enterprise Institute for Public Policy Research, 1980.

—— (dir.), *Switzerland at the Polls : The National Elections of 1979*, Washington (D.C.), American Enterprise Institute for Public Policy Research, 1983.

Petersson, O., « The 1973 General Election in Sweden », *Scandinavian Political Studies*, vol. 9 (1974), p. 219–227.

——, « The 1976 Election : New Trends in the Swedish Electorate », *Scandinavian Political Studies* (nouvelle série), vol. 1 (1978), p. 109–121.

Phillips, Kevin P., et Paul H. Blackman, *Electoral Reform and Voter Participation*, Washington (D.C.), American Enterprise Institute for Public Policy Research, 1975.

Piven, F.F., et R. Cloward, *Why Americans Don't Vote*, New York, Pantheon, 1988.

Powell, G. Bingham Jr., « Voting Turnout in Thirty Democracies », dans Richard Rose (dir.), *Electoral Participation : A Comparative Analysis*, Beverly Hills, Sage Publications, 1980.

——, *Contemporary Democracies : Participation, Stability and Violence*, Cambridge, Harvard University Press, 1982.

——, « American Voter Turnout in Comparative Perspective ». Communication faite à la conférence « Where Have All the Voters Gone ? », University of Chicago, 1984.

——, « American Turnout in Comparative Perspective », *American Political Science Review*, vol. 80 (1986), p. 17–44.

Przeworski, A., « Institutionalization of Voting Patterns : Is Mobilization a Source of Decay ? », *American Political Science Review*, vol. 69 (1975), p. 49–67.

Qualter, Terrence H., *The Election Process in Canada*, Toronto, McGraw-Hill, 1970.

Rae, Douglas, *The Political Consequences of Electoral Laws*, New Haven, Yale University Press, 1969.

Rose, Richard (dir.), *Electoral Behaviour : A Comparative Handbook*, New York, Free Press, 1974.

Rosenstone, Steven J., et Raymond E. Wolfinger, « The Effect of Registration Laws on Voter Turnout », *American Political Science Review*, vol. 72 (1978), p. 22–45.

Royaume-Uni, Central Office of Information, *Parliamentary Elections in Britain*, Londres, 1987.

———, Home Office, divers communiqués, Londres.

Sainsbury, D., « Scandinavian Party Politics Re-examined : Social Democracy in Decline ? », *West European Politics*, vol. 7 (1984), p. 67–102.

Sarlvik, B., « Recent Electoral Trends in Sweden », dans K. Cerny (dir.), *Scandinavia at the Polls*, Washington (D.C.), American Enterprise Institute for Public Policy Research, 1977.

Sasse, Christoph, « Germany », dans Geoffrey Hand, Jacques Georgel et Christoph Sasse, *European Electoral Systems Handbook*, Londres, Butterworths, 1979.

Suède, Administration fiscale suédoise, divers communiqués, Stockholm.

Sully, Melanie, *Political Parties and Elections in Austria*, New York, St. Martin's Press, 1981.

Taagepera, Rein, et Matthew S. Shugart, *Seats and Votes : The Effects and Determinants of Electoral Systems*, New Haven, Yale University Press, 1989.

Teixeira, Ruy A., *Why Americans Don't Vote : Turnout Decline in the United States 1960–1984*, Westport, Greenwood Press, 1987.

Uotila, Jaako (dir.), *The Finnish Legal System*, Helsinki, Finnish Lawyers' Publishing Company, 1985.

van den Berghe, Guido, « Belgium », dans Geoffrey Hand, Jacques Georgel et Christoph Sasse, *European Electoral Systems Handbook*, Londres, Butterworths, 1979.

Wolfinger, Raymond E., et Steven J. Rosenstone, *Who Votes ?*, New Haven, Yale University Press, 1980.

# RECHERCHE ET RÉDACTION, VOLUME 15

Jerome H. Black          Université McGill
Munroe Eagles            State University of New York
                         at Buffalo
Jon H. Pammett           Université Carleton

~

Conformément à l'objectif de la Commission de favoriser une pleine participation de tous les segments de la société canadienne au système électoral, nous avons utilisé, dans la mesure du possible, le masculin et le féminin dans les études publiées.

# LA COLLECTION D'ÉTUDES

VOLUME 8
*Les jeunes et la vie politique au Canada :*
*Engagement et participation*
Sous la direction de Kathy Megyery

| | |
|---|---|
| RAYMOND HUDON, BERNARD FOURNIER ET LOUIS MÉTIVIER, AVEC LE CONCOURS DE BENOÎT-PAUL HÉBERT | L'intérêt des jeunes pour la politique : une question de mesure ? — Enquêtes auprès de jeunes de 16 à 24 ans |
| PATRICE GARANT | La remise en question de l'âge électoral à la lumière de la Charte canadienne des droits et libertés |
| JON H. PAMMETT ET JOHN MYLES | L'abaissement de l'âge électoral |

VOLUME 9
*Les peuples autochtones et la réforme électorale au Canada*
Sous la direction de Robert A. Milen

| | |
|---|---|
| ROBERT A. MILEN | Les Autochtones et la réforme constitutionnelle et électorale |
| AUGIE FLERAS | Les circonscriptions autochtones au Canada — Les leçons de la Nouvelle-Zélande |
| VALERIE ALIA | Les peuples autochtones et la couverture médiatique des campagnes électorales dans le Nord |
| ROGER GIBBINS | La réforme électorale et la population autochtone du Canada — Évaluation des circonscriptions autochtones |

VOLUME 10
*Les droits démocratiques et la réforme électorale au Canada*
Sous la direction de Michael Cassidy

| | |
|---|---|
| JENNIFER SMITH | Le droit de vote et les théories en faveur d'un gouvernement représentatif |
| PIERRE LANDREVILLE ET LUCIE LEMONDE | Le droit de vote des personnes incarcérées |
| YVES DENONCOURT | Réflexion sur les critères du vote des personnes ayant un désordre mental |

VOLUME 12
## L'éthique et la politique au Canada
Sous la direction de Janet Hiebert

| | |
|---|---|
| PIERRE FORTIN | Les enjeux éthiques de la réforme électorale au Canada — Analyse éthicologique |
| VINCENT LEMIEUX | L'éthique du secteur public |
| IAN GREENE | Allégations d'abus d'influence dans le cadre de la politique canadienne |
| WALTER I. ROMANOW, WALTER C. SODERLUND ET RICHARD G. PRICE | La publicité électorale négative — Une analyse des résultats de recherche à la lumière des pratiques au Canada |
| JANE JENSON | Citoyenneté et équité — Variations dans l'espace et le temps |
| KATHY L. BROCK | Justice, équité et droits |
| JANET HIEBERT | Un code d'éthique pour les partis politiques |

VOLUME 13
## Les partis politiques au Canada : Chefs, candidats et candidates, et organisation
Sous la direction de Herman Bakvis

| | |
|---|---|
| KEITH A. ARCHER | Le choix du chef au sein du Nouveau Parti démocratique |
| GEORGE PERLIN | Attitudes des délégués au congrès du Parti libéral du Canada sur les propositions de réforme du processus de désignation du chef |
| R. KENNETH CARTY ET LYNDA ERICKSON | L'investiture des candidats au sein des partis politiques nationaux du Canada |
| WILLIAM M. CHANDLER ET ALAN SIAROFF | Partis et gouvernement de parti dans les démocraties avancées |
| RÉJEAN PELLETIER | Les structures et le fonctionnement des partis politiques canadiens |
| KEITH A. ARCHER | Le Nouveau Parti démocratique et le mouvement syndical face à la perspective d'une réforme électorale |

VOLUME 14
## Les partis politiques au Canada : Représentativité et intégration
Sous la direction de Herman Bakvis

| | |
|---|---|
| DAVID J. ELKINS | Les partis en tant qu'institutions nationales — Un essai comparatif |
| MAUREEN COVELL | Les partis en tant qu'institutions de gouvernement national |
| RAND DYCK | Les liens entre les partis politiques nationaux et provinciaux et les régimes de partis au Canada |
| PAUL G. THOMAS | Les partis et la représentation des régions |
| DONALD E. BLAKE | La concurrence entre les partis et la versatilité de l'électorat au Canada |
| JOHN FEREJOHN ET BRIAN GAINES | Le vote pour l'individu au Canada |
| SHARON L. SUTHERLAND | Les conséquences de la versatilité de l'électorat — Ministres inexpérimentés entre 1949 et 1990 |
| NEIL NEVITTE | Nouvelle politique, Charte des droits et participation à la vie politique |
| RÉJEAN LANDRY | Les incitations créées par les institutions de démocratie représentative — L'incidence sur les électeurs, les partis et les politiques publiques |

VOLUME 15
## La participation électorale au Canada
Sous la direction de Herman Bakvis

| | |
|---|---|
| MUNROE EAGLES | La participation et l'abstentionnisme aux élections fédérales canadiennes — Une analyse écologique |
| JON H. PAMMETT | L'exercice du droit de vote au Canada |
| JEROME H. BLACK | La réforme du contexte du vote au Canada — L'expérience d'autres démocraties |

# ORGANIGRAMME DE LA COMMISSION

**PRÉSIDENT**
Pierre Lortie

**COMMISSAIRES**
Pierre Fortier
Robert Gabor
William Knight
Lucie Pépin

**PERSONNEL CADRE**

*Directeur exécutif*
Guy Goulard

*Directeur de la recherche*
Peter Aucoin

*Conseiller spécial du président*
Jean-Marc Hamel

*Recherche*
F. Leslie Seidle
  Coordonnateur principal

*Coordonnateurs et coordonnatrices*
Herman Bakvis
Michael Cassidy
Frederick J. Fletcher
Janet Hiebert
Kathy Megyery
Robert A. Milen
David Small

*Adjoints à la coordination*
David Mac Donald
Cheryl D. Mitchell

*Législation*
Jules Brière, conseiller principal
Gérard Bertrand
Patrick Orr

*Communications et publications*
Richard Rochefort, directeur
Hélène Papineau, directrice adjointe
Paul Morisset, rédacteur-conseil
Kathryn Randle, rédactrice-conseil

*Finances et administration*
Maurice R. Lacasse, directeur

*Personnel et contrats*
Thérèse Lacasse, chef

# Services d'édition, de conception graphique et de production

## Commission royale sur la réforme électorale et le financement des partis

*Réviseurs*   Denis Bastien, Ginette Bertrand, Louis Bilodeau, Claude Brabant, Louis Chabot, Danielle Chaput, Norman Dahl, Susan Becker Davidson, Carlos del Burgo, Julie Desgagners, Chantal Granger, Volker Junginger, Denis Landry, André LaRose, Paul Morisset, Christine O'Meara, Mario Pelletier, Marie-Noël Pichelin, Kathryn Randle, Georges Royer, Eve Valiquette, Dominique Vincent.

## Centre de documentation juridique du Québec inc.

*Président*   Hubert Reid
*Contrôleur*   Claire Grégoire

*Directrice de la production*   Lucie Poirier
*Adjointe au projet*   Gisèle Gingras

*Traducteurs*   Pierre-Yves de la Garde, Richard Lapointe, Marie-Josée Turcotte.

*Techniciens*   Stéphane Côté Coulombe, *coordonnateur*; Josée Chabot, Danielle Morin.

*Réviseurs*   Martine Germain, Lise Larochelle, Élizabeth Reid, Carole St-Louis, Isabelle Tousignant, Charles Tremblay, Sébastien Viau.

*Traitement de texte*   André Vallée.

*Mise en page*   Typoform, Claude Audet; Lynda Goudreau, *coordonnatrice*.

## Wilson & Lafleur ltée

*Président-directeur général*   Claude Wilson

Achevé d'imprimer au Canada par
Best Gagné Book Manufacturers